코무니타스

공동체의 기원과 운명

Communitas. Origine e destino della comunità
Roberto Esposito

코무니타스

공동체의 기원과 운명

로베르토 에스포지토

윤병언 옮김

Critica

1. 저자 주는 미주로, 옮긴이 주는 각주로 처리했다.
2. 본문 속의 [ ]은 옮긴이 첨언이다.
3. 미주 속의 [ ]와 'trad. it.'는 저자가 외서의 이탈리아어 번역본을 표시하기 위해 사용하는 기호다.
4. 원서에서 이탤릭체로 쓰인 부분 외에도 저자가 ' '를 비롯해 다양한 방식으로 강조하는 용어들을 굵은 고딕체로 표시했다.
5. 고어의 기본형 앞에 붙은 기호 *는 역사언어학에서 출처가 불분명한 요소들을 가리킬 때 사용하는 약호다.

공통점이라고는 조금도 없는 공동체

1. 공동체의 철학만큼 오늘날의 현실적인 과제로 다가오는 것도 드물다. 역사적으로 모든 공동체주의의 실패가 곧장 새로운 개인주의의 병폐로 이어졌다는 점을 필연으로 간주하며, 고유의 관점을 절실하게 요구하고 주장하며 표명하는 것이 바로 공동체의 철학이다.[1] 하지만 공동체의 철학만큼 눈에 띄지 않는 것도 드물다. 공동체의 사상만큼 먼 곳으로 밀려나 거세된 상태로 남아 있거나, 저 멀리서 도래하는 미래 혹은 해독이 불가능할 만큼 까마득한 지평으로 밀려나 있는 것도 드물다. 공동체를 구체적으로 연구하는 철학이 부재했거나 부재하기 때문은 아니다. 공동체의 철학은 오히려 국제 토론의 무대를 지배하는 테마들 가운데 하나다.[2] 그럼에도 불구하고 공동체의 철학은 앞서 언급한 비가시성과 사유 불가능성의 고랑에 남아 있을 뿐 아니라 이러한 현상을 가장 뚜렷하게 보여주는 징후의 표현이기도 하다. 바로 이 지점에서 우리가 주목해야 할 것은—현대 정치철학이 때에 따

라 수용하는 공동체적, 공통적, 소통적 차원을 뛰어넘어—공동체 자체의 양태와 직결되는 한 가지 특징, 즉 공동체는 20세기의 인류가 지독히도 비극적인 방식으로 경험했던 것과 유사한 종류의 극단적인 왜곡과 심지어 타락을 대가로 치르지 않고서는 정치적-철학적 담론으로 번역되지 않는다는 사실이다. 물론 이러한 해석은 공동체를 직접적인 연구 대상으로 고찰하는 몇몇 정치철학 사조의 입장과 전적으로 모순되는 듯이 보인다. 하지만 사실은 공동체의 문제를 오로지 철학적-정치적 담론의 '대상'으로만 축약하려는 성향이 오히려 '공동체'를 다름 아닌 개념적 언어에 복종하도록 만든다. 왜냐하면 공동체를 언급하는 순간 그것을 왜곡할 수밖에 없는 '개인과 전체'의 논리, '정체성과 특수성', '기원과 종국'의 논리에 순응하도록, 혹은 아주 단순하게 '주체의 통일성', '절대성', '내면성' 같은 불가항력적인 형이상학의 의미론적 언어에 복종하도록 만들기 때문이다.[3] 정치철학이 이와 유사한 전제들을 바탕으로 공동체를 "보다 광범위한 주체성"[4]의 관점에서 사유하려고 애쓰는 것은 결코 우연이 아니다. 이러한 유형의 정치철학은 개인주의적 패러다임과 맞서 싸운다는 명분을 내세우며 신공동체주의 철학을 지배하지만, 결과적으로는 주체의 '자아'를 "통일체의 통일체"[5]라는 비대한 형상으로 무한정 팽창시킬 뿐이다. 상호주체성을 중시하는 공동체 문화의 경우 '또 다른 자아alter ego'에서 대안을 발견하지만, 이 '또 다른 자아' 역시 모든 면에서 전적으로 '자기ipse'와 유사하기 때문에 결국에는 애초에 부정하고자 했던 '자기'의 복제품을 생산해낼 뿐이다.

실제로 이러한 관점들은 '공동체'가 공동체로 집결되는 주체들 고유의 '속성'에 불과하다는 무분별한 전제를 '공통점'으로 지닌다. 다시 말해 이 관점들은, '공동체'가 곧 다수의 주체를 하나의 동일한 전체에 소속된 존재로 특징짓는 어떤 특성, 정의, 수식어에 불과하거나 구성원들의 결속이 생산하는 일종의 '본질'이라는 전제를 공통분모로 지닌다. 여기서 '공동체'는 어떤 식으로든 구성원들의 주체적 본성에 **추가되는** 또 하나의 특성으로 간주되고, 결과적으로 구성원인 주체 역시 **공동체의 주체**, 즉 **더 큰** 주체로 간주된다. 다시 말해 단순한 개인의 정체보다 더 풍부하고 고차원적인 실재, 심지어는 우월한 실재의 주체로 간주되는 것이다. 하지만 이 공동체적 주체 역시 개인에서 유래하기 때문에 결국에는 개인의 거울로 남는다. 이러한 관점에서 보면, 공동사회 Gemeinschaft의 유기주의 사회학은 물론 미국의 신공동체주의, 다양한 형태의 소통 윤리학, 그리고 어떤 측면에서는 범주적으로 상이한 공산주의마저도―그저 명백한 역사적, 개념적, 표현적 이질성을 지녔을 뿐―이들을 공동체의 사유 불가능성 속에 가두는 동일한 한계 안에 머문다. 이러한 철학들의 입장에서 공동체는 사실상 '충만'하거나 '전체'적인 무언가에 가깝다. 이것이 바로 인도유럽어의 여러 방언에서 민중, 민족Volk, 종족Ethnos 같은 사회공동체의 '충만함', '잠재력', '포화 상태'를 가리키는 밑말 teuta의 원래 의미다.[6] 여기서 공동체는―용어만 다를 뿐 실제로는 이러한 뜻에서 크게 벗어나지 않는―'자산', '가치', '본질'로 간주된다. 그런 의미에서 공동체는―'자산'처럼―경우에 따라 잃을 수도 있고 되찾을 수도 있는, 다시 말해 이미 우리의 것이었거나 다시 우리의 것으로 되돌아올 수도 있는 무언가에 가깝다. 완벽한 균형을 유지하는 '원형arche과 목적telos'의 결속 관계에서처럼, 공동체는 그리워해야 할 '기원'이나 예견해야 할 '운명'이다. 어떤 경우에든 공동체는 우리의 가장 '고유한' 것으로 정의된다. 사회주의나 공동체주의처럼 우리에게 '공통된' 것을 '우리만의' 것으로 만들기 위해 노력하든, 소통 윤리학처럼 우리에게 고유한 것을 '공유'하기 위해 노력하든 결과는 바뀌지 않는다. 공동체는 이처럼 이중적인 경로로 '고유한 것proprium'의 의미론에 결속되어 있다. 이러한 특징을 파악하기 위해 군이 퇴니에스Ferdinand Tönnies의 포스트-낭만주의적 방법론까지 살펴볼 필요는 없을 것이다. 퇴니에스가 공동사회Gemeinschaft와 이익사회Gesellschaft를 구분하는 기준 역시 '고유한 본질의 원천적인 체화'다. 사실은 좀더 분명하고 널리 통속화된 막스 베버의 공동체 개념만 살펴보아도 얼마든지 동일한 양태의 '소속 의식'을—부자연적인 형태로나마—발견할 수 있다. 베버의 입장에서도 "행위를 뒷받침하는 자세의 기반이 공동체의 구성원들 각자가 주체의 입장에서 감지하는—감성적이거나 전통적인—'공통의 소속 의식'이라면, 사회관계의 일면은 '공동체화Vergemeinschaftung'로 정의되어야 한다."[7] 여기서 거론되는 소속 혹은 소유가 무엇보다 영토[8]와 직결된다고 해서 크게 바뀌는 것은 없다. 왜냐하면 영토를 규정하는 것이 '점유'의 범주이고 이것이 결국에는 뒤이어 나타나는 모든 '소유'의 모체가 되기 때문이다.[9] 따라서 잠시 도식적인 관점의 틀을 벗어나 살펴보면, 우리가 다루고 있는 문제의 가장 모순적인 특징이 무엇인지 분명하게 드러난다. 모순은 여기서 '공통된' 것이 사실상 그것과 가장 명백하게 반대되는 '고유한' 것에 의해 정의된다는 데 있다. 공동체의 구성원들 각자에 가장 '고유한' 종족적, 지역적, 정신적 특성들을 하나의 유일한 정체성 안에 통합한 것이 바로 '공통적'인 것으로 간주된다. 이 공동체의 구성원들은 이들만의 **고유한** 특성들을 **공통점**으로 지닌다. 이들은 바로 이 공통점의 소유주들이다.

2. 이 책의 일차적인 목표는 이러한 유형의 변증법과 뚜렷하게 거리를 두려는 데 있다. 하지만 앞서 살펴본 것처럼, 이 변증법이 정치철학 자체의 개념적 언어를 구축하는 요소라면, 여기서 벗어나는 유일한 길은 변증적인 관계 바깥에서 독립적인 출발점 내지 해석학적 버팀목을 찾아내는 것뿐이다. 나는 이 버팀목을 문제점 자체의 기원에서, 다시 말해 '공동체'를 뜻하는 라틴어 '코무니타스communitas'의 어원에서 발견했다. 이를 추적하는 과정에서 나는 결코 쉽지 않고 용어상의 함정과 해석적 난점으로 가득한 탐색의 경로를 거쳐야만 했다. 하지만 독자들의 입장에서 이 경로에 대한 다소 장황한 설명을 몇 쪽 정도 참을성 있게 읽을 수 있다면, 아울러 탐색의 방향과 복합적인 목표를 시야에서 놓치지만 않는다면, 지금까지 살펴본 것과는 근본적으로 다른 공동체 개념을 만나게 될 것이다.

　　라틴어 명사 '코무니타스communitas'와 이에 상응하는 형용사 '코무니스communis'의 사전적 정의가 제시하는 첫 번째 의미는 실제로 '고유한' 것의 정반대다. 라틴어에서 파생된 모든 언어를 비롯해 기타 언어권에서도 '공통적'이라는 뜻의 commun, comun, common, kommun 등은 바로 고유하지 **않은** 것을 가리킨다. '공통된' 것은 '고유한' 것이 사라지는 곳에서 나타난다. "타자와 공유하는 것은 더 이상 고유한 것이 아니다Quod commune cum alio est desinit esse proprium."[10] '공통된' 것은 한 사람 이상이나 다수 혹은 모두와 연관되며, '사적인' 것과 반대되는 '공적인' 것, 혹은 '특별한' 것과 반대되는 '일반적'이거나 '집단적인' 것을 가리킨다. '공동체'의 이 첫 번째 의미는 그리스어 koinos에서는 물론 고트어 gemein과 여기서 유래하는 Gemeinde, Gemeinschaft, Vergemeinschaftung에서도 발견된다. 하지만 여기서 우리는 공동체의 또 다른 의미에도 주목할 필요가 있다. 의미론적으로 훨씬 더 복잡한 구도를 지녔기 때문에 앞서 살펴본 전통적인 의미와 평화로운 관계를 유지할 의향이 없어 보이는 이 두 번째 의미의 모체가 되는 용어는 '무누스munus'다. Munus는 어근 *mei-와 사회적인 성격을 부여하는 어미 -nes의 합성어다.[11] 실제로 이 용어는 결코 동질적이라고 볼 수 없는 세 가지 의미로 활용된다. 이 의미들은 앞서 살펴본 '공적/사적'의 기본적인 병치 구도를—"'무누스'란 말이 사적으로뿐만 아니라 공적으로도 쓰이는munus dicitur tum de privatis, tum de publicis" 만큼—배척하거나 적어도 그 중요성을 감소시키면서, 대략 '의무'로 집약될 수 있는 개념 영역을 형성한다.[12] 이 세 가지 의미는 '책무onus', '업무officium', '선사donum'다.[13] 하지만 첫 번째와 두 번째 용어에서 의무라는 뜻이—'책무', '업무', '임무', '직무', '직책'의 경우처럼—즉각적으로 부각되는 반면 세 번째 용어는 의무와 전혀 어울리지 않는 것처럼 보인다. 어떤 의미에서 '선사'가 '의무'란 말인가? 의무라기보다는 오히려 자연스러워야 하고 하기 나름인 것이 '선사' 아닌가? 그러나 '무누스'가 가리키는 이 독특한 '선사'의 특수성은—'도눔donum'이 가리키는 통상적인 의미의 선사와는 달리—선사와 의무 간의 거리를 좁히고 선사의 의미를 의무의 의미론과 동일 선상에 위치시킨다는 데 있다. '무누스'와 '도눔'의 관계는 "종種과 속屬의"[14] 관계와도 유사하다. 왜냐하면 '무누스'는 물론 '선사'지만 아주 특별한 선사를 의미하며 "'교환'을 뜻하는 어근 *mei-에 함축되어 있는 의무적인 성격"이 특징이기 때문이다.[15] 선사와 교환의 순환 관계에 대해서는 에밀 뱅베니스트[16]의 중요한 연구서와 무엇보다도 마르셀 모스[17]의 유명한 저서를 참조할 수 있을 것이다. 반면에 여기서 우리가 주목해야 할 것은 '의무'라는 요소다. 무누스를, 즉 선물을 일단 받아들인 누군가는 자산의 형태로든 봉사officium의 형태로든 그것을 되갚아야 할 의무onus를 지닌다. '선사'와 '업무'의 의미가 중첩되는 것은 이 때문이다. 이 두 용어의 의미는, 예를 들어 '선사의 임무를 다하다'라는 뜻의 'munere fungi'[18]라는 표현 속에 노골적으로 결속되어 있다. 뱅베니스트가 일찍이 모스의 이론을 바탕으로 어근 do-와 '선물'을 뜻하는 doron, dorea, dosis에서 '보답' 혹은 '선사에 대한 응답'의 필요성을 추적한 것은 사실이다. 그런 식으로, 선사 방향의 교차 현상이—'주고받는', '~를 위해(주기 위해) 받는', 'to take to'—donum에 전이되었다고 본 것이다.[19] 하지만 뱅베니스트는 donum의 특수성이 오히려 일방적인 선물이라는 데 있다는 결론을 내린다. 즉 donum은 보상이나 적절한 보답을 요구하지 않는다. 토마스 아퀴나스의 표현대로, "진정한 의미에서 선물이란 주고 되돌려 받을 수 없는 것이다. 즉, 대가를 바라지 않고 주는 것이 선물이다donum proprie est 'datio

irredibilis'(...), id est quod non datur intentione retributionis'."[20] 하
지만 이처럼 의무의 요구에서 벗어나는 성격을 지녔기 때문에
'도움'이 지닌 선물의 강도는 '무누스'의 냉혹하고 강제적인 성격
에 견주어 미약할 수밖에 없다. 무누스는 이를 테면 **반드시** 주어
야 하는, 주지 **않을 수 없기** 때문에 주는 선물이다. 무누스는 주
는 자와 받는 자의 이원론적 관계를 변형시키거나 심지어는 파
괴할 수 있을 정도로 강렬한 의무의 성격을 지녔다. 앞서 받은
모종의 혜택으로 인해 발생했음에도 불구하고, '무누스'는 오로
지 '주는 선물'만을 가리키며 '받는 선물'을 가리키지 않는다.[21] '무
누스'의 모든 의미는 '주는' 행위의 타동적 의미에 고정되어 있다.
다시 말해 '무누스'는 안정적인 소유를 추구하거나 이익을 취하
려는 일말의 의도도 동반하지 않고 오히려 상실, 감소, 양도라는
결과로 이어진다. '무누스'는 의무의 형태로 대가를 지불하는 '담
보' 내지 '공물'이다. 무누스는 타자를 상대로 발생할 뿐 아니라
적절한 방식으로 해소되어야 하는 의무사항이다. 달리 말하자면,
무누스는 새로운 선사를 **촉구하는** 감사의 표현이다. 그런 의미에
서, 누군가에 감사를 표한다는 뜻의 '무니스Munis'뿐만 아니라 납
세의 의무를 다한다거나 너그럽다는 뜻의 '무니피쿠스munificus'
역시, 자신만을 위해 간직하면 **안 되는** 무언가를—여하튼 더 이
상은 자신이 완전한 주인이라고 할 수 없는 무언가를—제공하며
'은혜'를 베푸는 사람을 가리킨다. 플라우투스는 이를 '감사하는
마음으로 베푸는 은혜'를 뜻하는 'gratusmunus'[22]라는 합성어로 표
현한 바 있다. 물론 여기서 '무니스'보다는 더 의미심장한 표현이
라고 해야 할 '보은'의 개념이 어느 정도 지나치게 강조되었다는

점은 인정한다. 하지만 '보은'의 주체가 정말 느끼는 것은 무엇인가? 사실상 그가 다른 누군가를 '위해', 혹은 보다 과감하게 누군가가 '원하는 대로' 기꺼이 봉사하며 자신이 받았던 혜택을 '반드시' 보답하겠다는 것이 아니라면 또 무엇이겠는가? 무누스의 개념에서 우선시 되는 것은 '주는 행위'의 상호성, 혹은 상호의존 munus-mutuus 관계다. 이로 인해 주는 자와 받는 자는 공동의 임무, 또는 이른바 서약에 참여하게 된다. 이러한 참여의 예는 공동서약 coniuratio의 신성한 결속력을 토대로 이루어지는 '결합의 맹세 iurare communiam' 혹은 '결합체communionem'에서 찾아볼 수 있다. 바로 이러한 의미를 무누스의 집단형인 코무니타스에 적용하면 '공적/사적'의 전통적인 이분법과는 전적으로 다른 의미가 부각된다. 결과적으로, '코무니타스'와 '레스푸블리카res-publica'[23]를 동일시하던 성향은—이러한 새로운 의미의 관점에서 볼 때—오류였거나 적어도 문제적이었다는 것이 드러난다. 아주 일반적이었지만 의심스러울 수밖에 없는 이러한 성향은 결코 덜 문제적이라고 볼 수 없는 '코이노니아koinonia'와 '폴리스polis'의 동의어화라는 결과로 이어졌다. '코이노니아'를 곧 '폴리스'로 보는 관점은 아리스토텔레스의 '정치적 코이노니아' 개념을 바탕으로 수용되었지만 이 표현이 라틴어로 번역되는 과정에서 더 빈번히 사용되던 용어는 '소치에타스societas'가 아닌 '코무니타스'다.[24] '코무니타스'와 '레스푸블리카'를 동일시할 때 드러나는 의미론적 불균형의 원인은 한편으로는 '공적(publica)'이라는 수식어가 지닌 과도한 보편성에서, 그리고 무엇보다도 '것(res)'의 정체에서 발견된다. '코무니타스'의 구성원들이 공통적으로 지니는 '것'은 과연 무엇인가? 정말 어떤 긍정적인 '것', 어떤 자산, 본질, 이윤 같은 것인가? 사전을 살펴보면 이 질문에 대한 상당히 정확한 답변을 발견할 수 있다. 단지 검증된 의미는 아니라는 점이 전제될 뿐, '코무니스communis'의 고대적이고 원천적인 의미가 수식하는 것은 '어떤 의무사항(직무, 임무)을 공유하는' 사람이다. 결과적으로 코무니타스communitas는 고유의 특성이나 소유물이 아니라 어떤 의무사항이나 빚을 공통의 요소로 지녔기 때문에 모인 사람들의 공동체를 가리킨다. 무언가가 '더' 있어서가 아니라 '덜' 있어서, 혹은 어떤 결핍이 계기가 되어 모인 것이다. 다시 말해 코무니타스는 무언가가 결핍된 상황에서 벗어났거나 '면제된' 사람들이 아니라 결핍에 '시달리는' 사람의 입장에서 어떤 책무나 심지어는 결함의 형태로 나타나는 일종의 한계를 공통분모로 지닌 사람들의 집단이다. 바로 이 지점에서 양자택일적인 '공적/사적'의 이분법을 보완하거나 대체하는 최종적이고 대조적인 이분법의—코무니타스communitas[공동체]와 임무니타스immunitas[면역성]의—구체적인 윤곽이 드러난다. '코무니스communis'가 업무를 수행하거나 은혜를 베풀어야 할 의무가 있는 사람을 가리키는 반면, '임무니스immunis'는 '어떤 업무도 맡지 않은 사람 immunis dicitur qui nullo fungitur officio', 따라서 '은혜를 모르는ingratus' 사람, '책무의 면제vacatio muneris'[25]에 힘입어 고유의 실체를 고스란히 보존할 수 있는 사람을 가리킨다. 코무니타스가 보완compensatio이 요구하는 희생에 구속되어 있는 반면, 임무니타스는 면제[분배]dispensatio의 혜택을 수반한다.

3.   여기서 주목해야 할 것은 이러한 어원 탐색의 결과를 감안할 때 기존의 여러 공동체 철학을 상대로 논쟁적인 입장을 취하지 않을 수 없다는 사실이다. 지금까지 살펴본 어원의 복합적인 동시에 일의적인 의미에 따르면, 코무니타스communitas라는 용어가 '공유'하는 무누스munus는 어떤 소유물이나 소속[26]을 가리키지 않는다. 무누스는 소유가 아니라 오히려 일종의 빚이나 치러야 할 대가, 줘야-할-선물이며 어떤 식으로든 '부족함'을 결정짓게 될 요소, 혹은 부족해지는 중이거나 **이미** 부족하다고 볼 수밖에 없는 요소에 가깝다. 코무니타스, 즉 공동체의 주체들은 어떤 '의무'를 중심으로 결속되어 있지만 그것은 이를테면 무언가를 '당신이 나에게 해야' 하는 차원이 아니라 '내가 **당신에게** 해야' 하는 차원의 의무다. 공동체의 주체들이 스스로의 완전한 주인은 되지 못하도록 만드는 것이 바로 이 의무다. 좀 더 정확히 말하자면, 이 의무는 이들의 가장 고유하고 원천적인 소유물, 다시 말해 이들의 주체성 자체를―일부든 전부든―징수한다. 따라서 다양한 형태의 공동체 철학이 무의식적으로 전제했던 '공통성'과 '고유성'의 유의어 관계는 이 지점에서 완전히 전복되어 근원적인 대립 관계로 재정립된다. 공동체의 공통성을 특징짓는 것은 더 이상 '고유한' 것이 아니라 '고유하지 않은' 것 혹은―극단적으로 말하자면―**타자**다. 주체의 소유 내지 고유한 특성의 일부 또는 전부를 박탈하는 것이 공통성의 특징이다. 공통성은 소유 주체를 탈고유화하고 분산시킴으로써 스스로에게서 벗어나도록, 변화하도록 만든다. 주체들은 공동체 안에서 정체성의 구축 원리를 발견하지 못한다. 이들은 공동체 안에서 투명한 소통 관계 내지 소통

의 내용을 정립할 수 있는 어떤 살균된 울타리조차 발견하지 못한다. 이들이 발견하는 것은 텅 빈 공간, 거리, 이질성에 지나지 않는다. 바로 이러한 요소들이 주체를 스스로에게 부족한 존재로 만든다. 다시 말해 그는 '~에게 선사된' 존재이며, 이는 무엇보다 그가 어떤 상호-선사의 회로 안에서 '~로부터 선사된'[27] 존재이기 때문이다. 이 상호-선사의 본질적인 특징은 그것이 주체-객체라는 관계의 직접성에 비해, 혹은 페르소나의 완전한 존재감에 비해 간접적이고 완곡적이라는 데 있다. 아니, 페르소나에 관한 한 그 특징은 오히려 '사람'을 뜻하기도 하고 부정대명사 '아무도'로 쓰이기도 하는 프랑스어 personne의 탁월한 의미론적 이중성에 있을 것이다.

여기서 관건이 되는 것은 **비**-주체, 혹은 '고유한 결핍'의 주체, '고유성 결핍'의 주체다. 이 주체의 근원적인 비고유성은 절대적인 우발성과 일치한다. 혹은 그저 일치할(coincidere) 뿐이다. 다시 말해, [무언가와] 함께 떨어질(co-incidere) 뿐이다. 이 제한적인 주체가 어떤 한계에서 떨어져 나왔다면, 이는 곧 이 한계가 내면화되지 않는다는 것을 의미한다. 왜냐하면 바로 이 한계가 다름 아닌 주체의 '바깥', 주체들이 얼굴을 내미는 '바깥', 이 주체들을 파고들어 이들이 서로에게-속하지-않는다는 공통점을 만들어내는 '바깥'이기 때문이다. 따라서 공동체는 일종의 신체나 단체로 해석할 수 없을 뿐더러, 다수의 개인이 뭉쳐 형성하는 단수의 더 큰 개인으로도 이해하기 힘들다. 공동체는 이들이 스스로의 근원적인 정체성 확인을 위해 서로에게 거울 역할을 하는 상호주체적인 인식의 장으로도 사유될 수 없고, 원래 뿔뿔이 흩어져 있던 개개인을 어느 시점에 이르러 통합하는 집단적인 결속의 장으로도 사유될 수 없다. 공동체는 개별적인 주체가 존재하는 방식이—게다가 무언가를 '하는' 방식은 더더욱—아니다. 공동체는 개인의 확장이나 증식이 아니라 오히려 개인의 노출에 가깝다. 개인은 그의 폐쇄 상태를 중단하고 외부로 끄집어내는 것에 노출된다. 공동체에 어울리는 이름은 주체라는 존재의 연속선상에 일어나는 일종의 현기증, 실신, 경련이다. 그것은 사실 어떤 주체도 아닌 존재가 공유하는 장미에 가깝다. 현대의 가장 위대한 시인 첼란이—스스로를 다름 아닌 궁극의 무누스에 내맡기며—표현했던 대로, 공동체는 'Niemandsrose/아무도 아닌 자의 장미', 혹은 'Rose de personne/페르소나가 아닌 자의 장미'[28]에 가깝다.

물론 이러한 노출을—혹은 헌신, 즉 스스로의 무누스를—경험하는 주체가 이를 아무런 고통 없이 받아들이는 것은 아니다. 주체를 자신이 아닌 무언가와—그의 '허무'와—접촉하도록 만드는 이 노출은 그가 지닌 가장 극단적인 가능성이지만, 동시에 가장 위협적인 위험이기도 하다. 이러한 유형의 위험은 바로 '피해와 다를 바 없는 선물(donum-damnum)'이라는 공식의 언제나 위험천만하고 분쟁적인 의미 속에 함축적으로 각인되어 있다. 이 의미를 문학적으로 놀랍도록 정확하게 표현했던 인물은 바로 베르길리우스다. 트로이의 제사장 라오콘은 그리스인들이 선물하는 목마를 도시 안으로 들여오면 안 된다고 경고하며 이렇게 말한다. "나는 그리스인들이 선물을 가져올 때조차 두렵다timeo Danaos et dona ferentes."(『아이네이스』II, 49)* 라오콘의 말은 선물을 '가져오더라도' 두렵다는 것이 아니라 '가져오기 때문에' 두렵다는 뜻이다. '환대하는' 동시에 '적대하는' 무누스에서—'환대(hospes)와 적대(hostis)'[29]의 소름끼치는 어휘적 근접성 때문에—모두가 두려워하는 것은 울타리의 파괴, 즉 각자에게 정체성을 부여하며 생존을 보장하는 '경계'의 붕괴다. 따라서 잊지 말아야 할 것은 코무니타스가 두 얼굴을 지녔다는 점, 즉 공동체가 '인간'이라는 동물의 가장 적절한, 아니 유일한 차원이지만 동시에 그것을 파괴할지도 모를 표류 현상이기도 하다는 사실이다. 그런 의미에서, 공동체는 공화국(res-publica)과—공적인(publica) 것(res)과—일치하지 않을 뿐 아니라 오히려 이 공적인 것이 계속해서 미끄러져 들어갈 위험이 있는 공백, 또는 공적인 것의 내부와 주변에서 형성되는 붕괴 지점에 가깝다. '사회적인 것'을 에워싸며 파고드는 이 단층 현상은 항상 우리의 공존 상태 내부에 상존하는 위험이자 **공존** 자체를 가능하게 하는 요소로 감지되어 왔다. 하지만 잊지 말아야 할 것은—이러한 위험에 대처하는 공동체의 자세만 중요한 것이 아니라—이 **위험** 자체를 양산하는 것이 공동체라는 사실이다. 이 위험은 일단 넘어선 뒤에는 뒤돌아 볼 필요가 없는 문턱이 아니라 언제나 우리를 앞지르며 어느새 앞에 와 있는 문턱이다. 왜냐하면 이것이 바로 우리의 동일한 비/원천적in/originaria 기원이기 때문이다. 이것은 포착될 수 없는 절대적인 객체와도 같다. 바로 그런 이유에서 주체는 그 안에 빠져들

---

* 트로이의 제사장 라오콘이 트로이 시민들에게 그리스인들이 선물하는 목마를 도시 안으로 들여오지 말라고 권고하면서 했던 말이다. 적으로 간주해야 할 이들이 너그럽거나 우호적인 태도를 취할 때 신중해야 한다는 점을 상기시키는 표현이다.

어 길을 잃을 위험에 처한다. 이것이 바로 '코무니타스'의 어원적 상흔 안에 보존되어 있는 맹목적인 진실, 즉 '공적인 것'은 '본질적인 허무'와 분리되지 않는다는 진실이다. 이 만상의 허무야말로 우리가 공유하는 기반이다. 수많은 건국신화에 어김없이 등장하는 범죄가—집단 범죄, 제의적 살해, 희생 번제가—문명사의 암울한 배경이라는 점을 떠올리면, 주목하지 않을 수 없는 것은 delinquere라는 용어의 어원적인 의미다. '법을 위반하다', '범죄를 저지르다'라는 통상적인 의미가 아니라 법적 의무를 다하지 못하고 포기한다는 어원적인 의미에서 '부족하다', '결함을 지녔다'로 이해해야 할 delinquere가—메타포의 차원에서—바로 우리를 하나로 묶는 요소다.[30] 바로 이 약점, 트라우마, 결함에서 '우리'가 유래한다. 절대적인 기원이 아니라 그것의 부재, 기원의 퇴장에서 유래하는 것이다. 이 원천적인 **무누스**가 바로 '우리'를—인간이라는 죽는 존재의 유한성 안에서—구축하고 해체한다.

4. 공동체의 문제가 죽음의 문제와 직결된다는 점은 과거의 위대한 철학자들이 항상 인지해온 사실이다. 따라서 바로 이 이등식이 열어젖힌 관점의 틈새를 기준으로, 예를 들어 플라톤과 마키아벨리를 함께—상이한 방식으로나마—해석하는 것도 얼마든지 가능하다. 하지만 이처럼 당연한 상식으로 간주되던 것은 근대를 기점으로—다시 말해 '그리스도교 공화국'이 막을 내린 뒤에—고유의 문제적인 성격을 드러내며 결국에는 정치철학이 오히려 해석하고 해결해야만 하는 '근본적인' 문제로 대두된다. 이 공동체와 죽음의 관계라는 문제를 전체적으로 파악하기 위해서

는 간략하게나마 이에 대한 그리스도교적인 관점을 먼저 살펴볼 필요가 있다. 그래야만 공동체의 계보학에 전제가 되는 범주적이고 의미론적인 구도를 포괄적으로 파악할 수 있기 때문이다. 공동체의 계보학이 아주 복잡한 역사를 지녔다면 그 이유는 무엇보다 '코무니타스communitas'라는 용어가 신약성서의 '코이노니아koinonia'[31]와 뒤섞이며 이중적인―역사-제도적인 동시에 철학-신학적인―변화의 경로를 밟았기 때문이다. 첫 번째 경로에서 '코무니타스'는 **무누스**의 본질적으로 양면적인 성격을 잃고 여기서 파생된 '고유화appropriativa'의 의미를 획일적으로 취득한 듯이 보인다. '코무니타스'의 '가장 난해하고 핵심적인(lectio difficilior)' 의미는 여전히 이 '고유화'에 가려 희생된 상태로 남아 있다. 중세에 '코무니타스'는 항상 '소속'이라는 개념의 주체적인 동시에 객체적인 의미와 직결되어 있었다. 즉 '공동체'는 어떤 집단에 속해 있었고 이 집단 역시―무언가가 고유의 종에 속하듯이―이른바 '실체의 공동체communitas entis'에 속해 있었다. 하지만 이러한 형태의 집단이 지닌 개별적이고 지엽적인 성격은 시간이 흐르면서 점점 더 구체적인 영토의 모양새를 취하기에 이른다. 이러한 현상은 코무니타스의 개념이 도시를 뜻하는 '치비타스(civitas)'와 요새를 뜻하는 '카스트룸(castrum)'의 유의어로 정립되는 과정에서 분명하게 드러난다. 특히 '카스트룸'이 군사적인 차원에서 고유의 영토를 수호한다는 의미와 직결된다는 점은 명백해 보인다. 물론 초기에 이러한 용어들이 비슷한 유형의 우니베르시타스(universitas)가 지녔던 제도적인 성격을 전혀 가지고 있지 않았다는 것은 사실이다.[32] 하지만 시간이 흐르면서―무엇보다도 이탈리아와 프랑스에서—단순히 농경사회나 도시의 어떤 집단을 가리키는 듯이 보이던 코무니타스들은 서서히 진정한 의미에서 법적-정치적인 제도의 형식과 특징들을 갖추기 시작했고, 결국 12세기에는 실제로든 법적으로든 자율적인 도시들이 소유하는 페르소나적인 성격, 다시 말해 스스로의 소유주를 가리키기에 이른다.

하지만 이처럼 법적인 형태를 취하면서 파격적으로 단순화된 개념은, 신학 용어 '코이노니아(koinonia)'로 인해 복잡해진 의미론과—적어도 첫 몇 세기 동안에는—모순을 일으키며 미묘하게 대립하는 양상을 보인다. 실제로 '코이노니아'는 번역 과정에서 빈번히 유의어로 간주되던 '코무니타스'와—심지어는 동참을 뜻하는 '코무니오(communio)'와도—완전히는 일치하지 않는다. '코이노니아'는 이 용어들 못지않게 빈번히 유의어로 혼동되던 '에클레시아(ekklesia)', 즉 '교회'와도 일치하지 않는다. 아니, 오히려 '코이노니아'가 **무누스**의 원천적인 형태와 힘겹게 유지하는 불가능한 관계 때문에 '코이노니아'는 엄밀하게 에클레시아적인 의미와 무관하다고 볼 수밖에 없다. 무슨 뜻인가? 우리는 적어도 「사도행전」 2장 42절을 기점으로—그리고 무엇보다도 「고린도전서」 전체와 교부철학의 발전과정 전체를 바탕으로—'코이노니아'의 상식적인 의미는 교회가 대변하는 '그리스도의 몸Corpus Christi'과 성체에 동참하는 데 있다는 것을 알고 있다. 하지만 여기서 대두되는 문제는 바로 '대변'과 '동참'이라는—조합되어 있음에도 불구하고 상이할 수밖에 없는—두 개념 사이에서 발견된다. 진지한 해석자들이 언제나 분명하게 밝혀왔던 것처럼, 이 '동참'이라는 개념에서 놓치지 말아야 할 것은 인간과 신을 연합하는 동시에―무한한 본질적 차이로 인해―분리하는 수직적인 차원이다.[33] 아니, 인간과-신이 아니라 오히려 신과-인간의 관계라고 해야 할 것이다. 왜냐하면 신에게만 이러한 관계를 주도하는 주체적 입장이 주어지고, 신에 비해 인간은 수동적인 태도를 취할 수밖에 없기 때문이다. 인간에게는 선물이 주어진다. 여기서 다시 **무누스**가 등장한다. 이것이 바로 신이 그리스도의 희생을 통해 인간에게 무상으로 풍족하게 주는 선물이다(「요한복음」 3:16, 7: 37~38). 우리가 '동참'의 건조하고 전적으로 수평적인 인류학적 해석에서 벗어나야 한다면, 항상 염두에 두어야 할 것은, 오로지 위에서 아래로 주어지는 이 최초의 **무누스**만이 인간들을 서로에게 공통적인 존재로 만든다는 사실이다. 이처럼 우리에게 '주어졌다'는 점이―즉 우리가 '주어진', '선사된', '선물에서 태어난' 존재라는 점이―사실은 코이노니아를 경솔하게 그저 우애philia나 우정, 동료애fellowship, 동지애camaraderie, 친교Freundschaft로 번역할 수 없게 만든다. 우리는 물론 형제, 코이노니아이지만 그건 '그리스도 안에서'만, 다시 말해 우리의 주체성, 우리의 주체적 소유를 빼앗는 타자성 안에서만, 그리고 그런 식으로 우리가 유래할 뿐 아니라 다시 돌아가야 할 '주체 없는' 지점으로 주체성 자체를 돌려보내는 타자성 안에서만 가능한 일이다. 이 모든 것은 물론 우리가 그만큼 감사하는 마음에서 최초의 **무누스**에 상응하는 선물로 신에게 응답한다는 조건 하에서만 의미를 지닌다. 하지만 그럼에도 불구하고 우리의 선사는 신의 진정으로 '유일한' 선물에 비해, 즉 **기부자**로부터 우리에게 이미, 아무런 조건 없이 주어진(「고린도전서」 1:9, 「고린도후서」 9:15) 선물에 비해 어쩔 수 없이 부족하고 부적절하며 단순한 반응에 불과하다는 점을 부인하기 힘들다. 그렇다면 우리의 선사는 진정한 선사가 아니거나 전적으로 우리의 것은 아니라는 결론을 내려야 할 것이다.(「고린도전서」 4:7)*

다시 말해, 선사의 가능성은 우리에게 주어지는 순간 사라진다는, 혹은 우리에게 철회의 형태로 주어진다는 결론을 내려야 한다. '동참'의 개념에 내포되어 있는 이 선사의 논리는 그리스도교의 '코이노니아'에게 되돌아가야 할 원천적인 **무누스**의 본질적인 의미, 즉 탈-고유화의 극적인 성격을 고스란히 드러낸다. 우리는 부활자의 영광에 참여하는 것이 아니라 십자가의 고통과 피에 참여할 뿐이다.(「고린도전서」 10:16, 「빌립보서」 3:10)** 여기서 고유화의 가능성은 모두 사라진다. '참여'는 '일부를 차지한다'는 뜻이라고 말하지만 이는 어떤 식으로든 무언가를 '차지'한다는 뜻이 아니라, 오히려 무언가를 '상실'한다는, 작아진다는 의미로, 아울러 '주님'의 운명이 아니라 '종'의 운명을(「빌립보서」 3장 10-11절) 공유한다는 의미로, 다름 아닌 그의 죽음을, 즉 '만찬'이라는 원형적인 공동체의 형식으로 봉헌된 생명의 선물을 공유한다는 의미로 해석되어야 한다.

어떻게 보면 바울의 설교를 더욱 더 이율배반적인 형태로

---

* '누가 너를 남다르게 구별하였느냐? 네게 있는 것 중에 받지 않은 것이 무엇이냐? 네가 받았은즉 어찌하여 받지 않은 것 같이 자랑하느냐?'

** '우리가 축복의 잔을 마시는 것은 그리스도의 피에 참여함이 아닌가? 우리가 떡을 떼는 것은 그리스도의 몸에 참여함이 아닌가?', '내가 원하는 것은 그리스도를 알고 그의 부활의 힘을 깨닫고 그의 고난에 참여하며 그의 죽음을 본받는 것이니.'

'변형'시킨 인물은 아우구스티누스다. 실제로 아우구스티누스의 신학에서는, 단순히 '이웃 사랑dilectio proximi'만 피조물의 유한하고 타율적이며 비-주체적인 본질을 전제로 사유되는 것이 아니라, 우리를 동일한 '운명 공동체' 안에 결속시키는 공통의 숙명 역시 인간의 유한성, 즉 인간은 죽는 존재라는 사실을 전제로 고찰된다(『고백록』 10:6, '(...) 나의 죽을 수밖에 없는 운명'). 따라서 우리가 우리의 종족과 공유하는 '공통의 믿음communis fides'은 오로지 신과의 개별적인 관계에서 기인하는 뼈저린 고독 속에서만 경험할 수 있다(『삼위일체론』 13:2,5). 하지만 이 '공통의 믿음'이란 이전 단계의 코무니타스가 가져온 결과에 불과하다. 아우구스티누스는 이를 주저하지 않고 '죄의 공동체'라고 부른다. 이는 "아담으로 인해 온 세상이 죄로 물들었기"(『율리아누스 논박』 6:5) 때문이다. 애초에 아담이 창시했고 뒤이어 가인이 정착시킨 '공통의 범죄성'과 고스란히 일치하는 것이 바로 인간 공동체다. 그리고 이는 아벨이 하나님의 도시를 세우기 **전에** 일어난 일이다. "인간의 도시에 속하는 가인이 먼저 태어났고 뒤이어 하나님의 도시에 속하는 아벨이 태어났다."(『신국론』 15:1,2) 이에 대한 아우구스티누스의 입장은 가혹하다 싶을 정도로 분명하다. 인간 공동체를 설립한 것은 '정착한' 가인이지 '유목민' 아벨이 아니다(『신국론』 15:1,2). 게다가 이후에 등장하는 모든 건국 신화 역시 매번, 예를 들어 로물루스의 신화처럼, 똑같이 비극적인 형태로 최초의 형제살해 사건을 상기시킨다(『신국론』 15:4~5). 이는 곧 인간 공동체가 죽음과 밀접한 관계에 놓여 있다는 것을 의미한다. 공동체는 "죽은 자들을 기반으로 죽은 자들과 함께"[34] 시작된다. 속세의 관점에서 바라본 이 두 번째 기원은 창조의 관점에서 바라본 첫 번째 기원에 일종의 가시처럼, 혹은 유해한 선물처럼 틀어박혀 있다. 그렇다면, 이러한 정황이 증언하는 것은 다름 아닌 기원의 이중성이다. 이 이중적인 기원에서 벗어난다는 것은 어떤 식으로든 불가능하다. 이러한 상황은 인간들이 '성도의 교제'[35]에 참여하더라도 바뀌지 않는다. 사실은 사랑caritas조차도 이 과거를 깨끗하게 지우지 못한다. 왜냐하면 사랑 자체가 논리적으로 이 과거에서 유래하기 때문이다. 더 나아가서, 아우구스티누스는 공동체의 근대적인―홉스적인―의미와 직결되는 또 다른 특징에 대해서도 말한다. 이웃 사랑은 우리가 공유하는 '공통의 위험communis periculi'에 대한 두려움에 직접적으로 비례한다(『갈라디아서 강독』 56). '우리'의 기원인 '죄의 공동체'를 특징짓는 것이 두려움인 만큼, 죽음이 위협하는 삶 속에서 그 누구도 안도할 수 없다는 것은 자명한 사실이다. 하지만 '죄의 공동체'를 구해야 할 '믿음의 공동체communitas fidei' 역시 또 다른 죽음, 결코 덜 고통스럽다고 볼 수 없는 필연적 죽음에 대한 두려움의 포로로 남는다. 코무니타스는―그리스도교 공동체마저도―이 이중적인 위험의 재갈에 물려, 허무와 본질적인 동맹 관계를 유지한다. "시간을 잡아먹는 동안 시간에 잡아먹히는Devorans tempora et devorata temporibus" 인간 공동체는 죽음의 두려움을 상쇄하기 위해 삶이라는 선물을 억지로 중단하는 듯이 보인다.

5.　이처럼 받아들이기 힘든 **무누스**에 대응하는 것이 다름 아닌 근대의 정치철학이다. 어떻게 대응하나? 여기서 다시 부각되는

것은, 우리가 앞서 살펴본 것처럼 코무니타스의 가장 결정적이고 정확한 대칭점을 이루는 임무니타스, 즉 '면역화'[36]의 범주다. 나의 의견은 이 범주가 지대한 중요성을 지닌 만큼 근대의 패러다임 전체를 설명하기 위한 해석의 열쇠로 간주될 수 있다는 것이다. 면역화에 비해 설득력이 떨어지는 '세속화', '정당화', '이성화' 같은 해석학적 범주들은 실제로 근대의 어휘들이 안고 있는 심층적인 측면을 사실상 무의미하거나 불투명하게 만든다. 왜냐하면 과거와 근대가 단절되는 지점만 보여줄 뿐 관점의 변화가 과연 어떤 식으로 일어났는지, 임무니타스와 코무니타스를—면역성과 공통성을—직접적으로 대립시키는 부정적인 힘의 실체는 과연 무엇인지 보여주지 못하기 때문이다. 면역성은 공통성과 그저 다르기만 한 것이 아니라 공통성의 정반대다. 공통성을 고갈시켜 그것의 실질적인 측면뿐만 아니라 전제까지 완전히 제거하는 것이 면역성이다. 예를 들어 근대의 '면역화' 프로젝트는 이전 시대에 인간들을 억압하던 구체적인 형태의 책무를—계층별 의무, 종교적 구속, 무상 봉사 등을—거부하며 부정적으로 대응할 뿐 아니라 사회적 공존을 관할하는 법률 자체를 거부하며 대응한다. '선사를 촉구하는 감사'는 근대인의 입장에서 더 이상 지지할 만한 것이 못 된다. 이는 그가 모든 기량에 구체적인 가격을 매기기 때문이다.[37] '절대주의'라는 용어 안에는 이처럼 고유의 뿌리로부터 떨어져 나가는 단호한 '단절(결정)decisione'의 의미가 함축되어 있다. 물론 과거와 근대의 단절을 확인하기 위해, 이전 시대에 존재했을 법한 평화로운 공동체나 원시적인 형태의 '유기적인 사회'까지 언급할 필요는 없다. 이러한 형태의 이상적인 사회는 오로지 1800년대의 낭만주의적 상상력 속에서만 존재했을 뿐이다. 근대사회의 단절은 전혀 다른 방식으로 이루어졌다. **무누스**라는 양가적인 개념 속에 분리될 수 없는 형태로—선사와 의무, 혜택과 봉사, 결성과 위협의 형태로—조합되어 있는 두 얼굴이 '혜택'과 이에 뒤따르는 '위험'이라면, '혜택'이 '위험'을 더 이상 감당하지 못하는 체계에서 파격적으로 벗어나며 부상한 것이 바로 근대사회다. 근대사회의 개인이 본질적인 의미의 근대인으로 태어나는 것은—완벽하게 개별적인 존재, 혹은 그를 '고립'시키는 동시에 '보호'하는 울타리에 갇혀 '절대적인'[38] 개인으로 변신하는 것은—오로지 상호 구속적인 '채무'에서, 예방을 목적으로, 자유로워질 때에만 일어나는 일이다. 다시 말해, 타자와의 잠재적인 분쟁에—관계가 수반하는 전염에—개개인을 노출시키면서 이들의 정체성을 위협하는 '접촉'으로부터 자유로워지고 접촉의 의무에서 벗어날 때에 비로소 가능해진다.[39]

본문에서 좀 더 구체적으로 설명하겠지만, 이러한 논리를 누구보다 먼저, 그리고 보다 근본적인 차원에서 극단적인 형태의 이론으로 발전시킨 인물은 홉스다. 그의 경이롭고 파격적인 해석의 힘은 공통적 '위반delinquere'의 복합적인 의미를 집단적 '범죄'라는 표현 자체의 벌거벗은 의미로 환원시켰다는 데 있다. 이 집단 범죄가 가리키는 것이 바로—홉스가 애써 벗어나려는 순간 무의식적으로 도입하는 신학적 차원에서—아벨을 죽인 가인의 사회다. 인간들이 공유하는 특성은—다른 어떤 특성보다 이들을 유사한 존재로 만드는 요소는—이들 간의 '보편화된 살해 가능성', 다시 말해 모두가 모두를 죽일 수 있다는 사실이다. 바로 이것이 홉스가 공동체의 애매한 기저에서 발견하는 원칙이다. 홉스는 공동체가 지닌 이 법칙의 해독 불가능성을 이렇게 해석한다. **코무니타스**가 내부에 품고 있는 것은 **죽음**이라는 **선물**이다. 여기서 필연적으로 부각되는 것이 바로 예방 조치다. 다름 아닌 공동체가 공동체 안에서 관계하는 주체들 개인의 완전성을 위협하는 요소라면, 여기서 벗어나기 위한 유일한 방법은 공동체의 존재 이유를 '미리' 논박함으로써 예방 차원의 면역화를 시도하는 것뿐이다. 이 문제를 직시하는 홉스의 시선이 날카롭다면, 그만큼 그가 제시하는 해결책 역시 극단적이다. 공통의 기원이 이에 매달리는 모든 개인을 위협하며 공통의 소용돌이 속으로 몰아넣으려 할 때 이 위험에서 확실하게 벗어날 수 있는 유일한 방법은 기원과의 모든 관계를 과감하게 청산하는 것뿐이다. 다시 말해, 이 기원을 어떤 '이전'으로 고정시켜 '이후'와는 동화될 수 없는 것으로 만들고 이 '이전'과 '이후' 사이에 결코 뛰어넘을 수 없는—넘어서려고 하는 순간 피하려던 상황으로 다시 참담하게 빨려 들어가지 않을 수 없는—어떤 경계를 설치하는 것뿐이다. 여기서 요구되는 것은 공통적인 삶의 원천적인—홉스에 따르면, '자연적인'—차원과 모든 관계를 끊고 이를 대체할 수 있는 '인위적인' 차원의 또 다른 기원을 정립하는 것이다. 이 인위적인 기원이란 바로—법적인 차원에서 '사유적privatistica'이지만 논리적인 차원에서 '탈취적인privativa'—**계약**이다. 홉스는 이 계약이 이전 상황에 대해 지니는 상대적인 면역화의 힘을 완벽하게 파악한 듯이 보인다. 왜냐하면 이 계약의 법적 위상을 선사의 그것과 정확하게 상반되는 것으로 정의하기 때문이다. 홉스의 입장에서,

계약은 무엇보다 의무적인 선사가 **아닌** 것, 무누스의 부재, 무누스가 지닌 독성의 중화를 의미한다.

물론 홉스의—아울러 좀 더 일반적인 차원에서 근대의—면역학적 시각은 아무런 대가 없이 소진되지 않는다. 아니, 홉스의 철학은 오히려 무시무시한 대가를 치른다. 왜냐하면 그가 제안한 새로운 형식의 내용 자체가 주권자의 결정 속에서 제외되고 추방되는 구도를 지녔기 때문이다. 홉스에 의해 활성화된 대안의 동종요법적인 성격을 감안하면, 이는 사실상 피하기 힘든 결과였다. 왜냐하면 **무누스**의 허무를—원천적인 결함을—또 다른, 훨씬 더 근본적인 허무로[40] 채우고 결국에는, '함께'를 뜻하는 '쿰cum'의 위험에서 벗어나기 위해 '쿰' 자체를 완전히 제거했기 때문이다. 리바이어던-국가는 실제로 모든 공동체적 결속의 해체와 일치한다.[41] 다시 말해 보호와 복종의 수직적인 관계에서 벗어나는 모든 사회관계의 폐지, 즉 무관계성이라는 벌거벗은 관계와 일치한다. 공동체가 범죄를 수반한다면 개인의 유일한 생존 가능성은 공동체에 대한 범죄에서 발견된다. 바로 이 지점에서 처음으로, 아울러 이론적으로 보다 완성된 형태를 갖춘 이른바 '희생의 피라미드'[42]가 윤곽을 드러낸다. 어떻게 보면 근대 역사의 가장 지배적인 특징이라고 할 수 있는 이 피라미드의 구조 속에서 희생되는 것은 정확하게 '쿰', 즉 인간들 간의 관계다. 결과적으로 희생되는 것은 인간들 자신이다. 인간들은 아이러니하게도 자신들의 생존을 위해 희생된다. 인간은 공존의 포기에 동조하면서, 공존의 포기에 힘입어 살아간다. 여기서 결코 간과할 수 없는 것은, 가장 이성적인 체계의 상흔 속에 침투해 있는 비이성적인 것의 잔재다. 여기서 삶은 삶의 희생을 전제로 보존된다. 개별적인 희생의 총합을 바탕으로 정립되는 것이 바로 주권이다. 생명은 생명의 보존을 위해 희생된다. 근대의 면역화가 지닌 파괴력은 이처럼 생명의 보존과 희생이 일치하는 순간 절정에 달한다.

6. 하지만 근대성 자체가 사실상 직접 가동하기도 하는 이 희생의 메커니즘과 전적으로 일치하는 것은 아니다. 물론 근대사회가 모든 형태의 사회적 결속, 자연적 구속, 공통적 규율과 단절을 꾀하면서 스스로를 정당화한다는 것은 사실이다. 하지만 근대사회 내부에서는 이러한 단절의 허무주의적인 성격에 대한 비극적인 의식 또한 싹트기 시작한다. 그런 의미에서, '뿌리'를 잘라낸 홉스의 전략은—공동체가 결국 '부재하는' 동시에 '필수적인' 것으로 드러난 만큼—공동체에 대한 일종의 '죄'로 인지된다. 우리가 본론에서 다루게 될 것이 바로—마치 카르스트의 지하수처럼 근대철학을 가로지르는—이 자가진단적인 문제 제기의 방향성이다. 내가 본론에서 재구성하고자 한 것은, 근대문화가 결정적으로 종지부를 찍은 듯이 보였던 공동체의 문제를 재차 강렬하게 제시하는—루소에서 칸트와 하이데거를 거쳐 바타유에 이르는—사유들의 맥락이다. 그리고 루소적인 '죄'의 의미론이 칸트적인 '법'의 의미론과 하이데거의 '무아지경'적인 열림, 바타유의 '주권적' 경험으로 전이되는 과정에서 근대사회가 경험하는 근본적인 변화에 대해서도 살펴볼 것이다. 먼저 밝혀두고 싶은 것은, 여기서 관건이 되는 사유의 공간이 극단적으로 미묘할 뿐 아니라 일종의 '끊긴 오솔길' 혹은 언제 닫힐지 모르는 일종의 '여백'에 가깝

다는 점이다. 이는 물론 근대문화의 기획 가운데 가장 높은 비중을 차지하는 '면역화'의 성향이 이 사유의 영역을 객관적으로 협소하게 만들었기 때문이기도 하지만, 근본적으로는 이 사유의 발전 과정 전체에 관여하며 어떤 신화적인 요소가ㅡ위험의 조짐처럼 혹은 미끄러운 바닥처럼ㅡ사유 자체에 내부적으로 악영향을 끼쳤기 때문이다.

　이러한 신화가 생성되는 이유는 코무니타스의 본질적으로 음성적인 성격을 식별하는 단계에서 이러한 성격이 코무니타스의 긍정적인 정립으로 대체되었기 때문이다. 근대 정치철학에서 공동체를 표상하는 특징들, 예를 들어 정체성, 융합, 동족결혼 등을 중시하는 관점들은 모두 이러한 개념적 단락회로에서 발생할 수밖에 없었던 필연적인 결과에 불과하다. 코무니타스가 개별적인 주체의 '유출'[43], 내면의 외면화라면, 코무니타스의 신화는 그런 식으로 외면화된 것의 내면화에서 발견된다. 달리 말하자면, 이 신화는 개인의 실재를 배가된 형태로 대변하거나 개인의 존재를 본질적인 것으로 만드는 움직임에 가깝다. 물론 이러한 중첩은 부적절해 보일지 모르지만, 이를 단순히 주관적인 해석의 잠재적인 오류로 이해하는 것은 삼가야 한다. 이러한 중첩 현상은 **무누스**의 개념이 지닌 이중적인 의미의 기원에서ㅡ혹은 무누스라는 본질적으로 이중적인 형상의 구조적인 모호성에서ㅡ객관적으로 비롯되는 격차에 지나지 않는다. 공동체의 철학자들이 모두 자신들의 관점에 남아 있는 허점이자 일종의 환원 불가능한 맹점으로 경험하는 이 신화적인 격차의 본질은 **무누스**의 허무를 사실상 성찰의 대상으로 수용하거나 지지하기가 어렵다는 점에서 발견된다. 주관적인 실체로 채워 넣지 않을 경우, **순수한 관계성**은 어떻게 사유해야 하나? **공통적인 것들**을 에워싸고 관통하는 **허무**는 어떻게 직시하고 정의해야 하나? 그것을 명시하는 온갖 이론적 장치에도 불구하고, 허무는 스스로를 꽉 찬 것으로 제시하는 성향에서 벗어나지 못한다. '공통적'이라는 표현의 보편성을 어떤 공통적 주체의 특수성으로 축약하려는 성향에서 벗어나지 못하는 것이다. 어떤 민족, 어떤 땅, 어떤 본질과 일치하는 것으로 표명되는 순간, 공동체는 외부와 분리될 뿐 아니라 스스로의 내벽에 포위된다. 신화적인 전복은 이런 식으로 완벽하게 이루어진다. 서양문화를 지배해온 것은 코이노니아를 중심으로 끊임없이 재편성을 시도하는 성향이다. 하지만 이는 오히려 증폭하는 면역 본능에 의해 **정반대되는 방식**으로 각인되는 주기적인 형태의 역반응에 가깝다. 서양문화는—오늘날과 다를 바 없이 과거에도, 하지만 과거 어느 때보다도 오늘날에—공동체주의, 애국주의, 특수주의의 포화상태에 빠져 있다. 하지만 이러한 '주의'들은 코무니타스와 단순히 다르기만 한 것이 아니라 코무니타스를 사실상 가장 극명하게 부정하는 것들이다. 이러한 입장들은 공통적인 것의 '비고유성' 안에서 '고유성'을 요구하고 '정통성'을 부르짖으며 '순수성'을 주장하는 목소리가 매번 들려올 때마다 생산되는 패러디적인 형태의 발작에 불과하다. 이는 예를 들어 '코무니스communis'가—여전히 고대적인 의미에서—'저속한' 것과 '민중적인' 것 외에도 '불순한' 것을 가리켰다는 점을 감안하면 좀 더 쉽게 와 닿는다. 어떻게 보면 바로 이러한 혼성적인—혼혈적인—요소가 일반인들뿐만 아니라 정치철학자들 역시—매번 고유의 본질적인 기원을 탐구하는 데 집중하는 쪽으로 기울어지는 만큼―견디지 못하는 부분이라고 말할 수 있다. '단순한 노출'에 지나지 않던 '쿰[함께]'은 그런 식으로, 실현되어야 할 '숙명적 전제'의 성격을 취하기에 이른다. 바로 이것이 모든 공동체의 철학을 어떤 기원의 신화학으로 귀결시키는 상실과 복원, 이질화와 재고유화, 탈주와 복귀의 변증법이다. 달리 말하자면, 공동체가 우리의 가장 고유한 뿌리처럼 우리에게 속해 있었던 만큼, 그것을 근원적인 본질의 차원에서 재발견하고 재생할 수 있고 또 그래야 한다고 보는 것이다.

7. 보다 진지한 공동체적 사유가 이러한 변증법을 탈-구축하려는 시도와 일치하는 것은 결코 우연이 아니다. 일찍이 루소가 문제 삼았던 것은 '충만한' 기원, 따라서 역사가 흐르는 가운데 재생될 수 있는 기원의 개념이다. 루소는 논리적인 시작과 역사적인 생성 사이의 복원 불가능한 차이 안에서 시원 자체를 분리시키는 격차에 가장 먼저 주목했을 뿐 아니라 공동체 개념을 공동체의 긍정적인 실체화에서 제외시킨 최초의 철학자다. 루소의 입장에서 공동체는 그것의 본질적인 결함을 토대로만 정의될 수 있다. 이 결함은 역사가 부정했던 **허무**, 혹은 역사가 필연적인 배신의 형태를 취하면서 떠날 때 버려두었던 비-역사적 터전과 일치한다. 물론 루소가 발견한 이러한 원천적인 단절의 의미가 언제든지 '무고한 자연'의 신화로 추락하며 무의미해질 수 있고 이신화와 함께 필연적으로 모순적인 결과들을 초래할 수도 있다는 점은 사실이다. 하지만 그렇다고 해서 루소가 근대의 면역화 기

획을 대상으로 시도한 비판적 해석의 잠재적인 힘이 줄어드는 것은 아니다.

바로 이러한 비판의 범위와 한계를 정확히 포착했던 인물이 칸트다. 이는 공동체가 정립되는 영역을 '의지'의 인류학적인 차원에서 '법'의 초월적인 차원으로 옮겨놓은 철학자가 바로 칸트이기 때문이다. 이러한 전이는 결국 기원에 주목하는 철학의 또 다르고 훨씬 더 강렬한 해체로 이어진다. 이제 기원은 자유와 악의 이율배반적인 조합 속에 틀어박혀 문자 그대로 침투가 불가능해진다. 정확히 말하자면 이는 기원이 그것을 스스로와 분리시키는 타자성에 의해서만 정의될 수 있기 때문이다. 바로 이러한 측면에서—자연 상태라는 신화소와 함께—'기원'과 '완성' 간의 변증적 보상 논리 또한 의미를 잃는다. 칸트가 이러한 변증 관계를 무효화하는 이유는 인간의 고질적으로 비사회적인 성격 때문이기도 하지만 무엇보다 공동체의 법 자체가 원칙적으로는 실행될 수 없는 것이기 때문이다. '범주적 명령Kategorischer Imperativ'*이 고유의 형식적인 의무 외에 아무 것도 강요하지 않는다면—

* 칸트의 Kategorischer Imperativ는 일반적으로 통용되는 '정언명령' 대신 '범주적 명령'으로 옮겼다. 칸트의 설명에 따르면 Kategorischer Imperativ는 어떤 행위 자체를 특별한 목적 없이 객관적이고 형식적인 차원에서 필연적인 것으로 간주하는 명령이다. 반면에 '정언명령'은 어떤 행위가 결과와 상관없이 그 자체로 옳다고 '정립되어 있기' 때문에 수행되어야 한다는 명령의 결과론적인 의미를 전달할 뿐 '범주' 혹은 '형식'이 절대적으로 부각되기 때문에 초월적이며 바로 그런 이유에서 명령으로 간주된다는 핵심은 어떤 식으로든 표현하지 못할 뿐 아니라 이러한 측면을 설명하는 모든 맥락에서 모순을 파종하며 벗어난다. '범주'의 동의어가 있다면 '형식', '무조건성의 울타리', '법의 초월적 형식', '내용의 부재' 정도이지 '정립'은 아니다. 저자 역시 이 용어를 도덕적 감성의 차원이 아니라 절대적 형식의 차원에서 조명하기에, '정언명령' 대신 '범주적 명령'으로 옮긴다.

즉 구체적인 내용을 지니지 않는다면—이는 곧 이 명령의 대상이 그 자체로는 포착될 수 없다는 것을 의미한다. 이는 아울러 우리의 '사물'을 지배하는 것이 '허무'라는 뜻이기도 하고, 인간 공동체는 인간관계를 이들의 환원 불가능한 차이 속에서만 허락하는 어떤 '~아닌'을 조건으로만 구축될 수 있다는 뜻이기도 하다. 칸트는 이런 식으로 **코무니타스**가 지닌 애매한 성격을 발견한다. 그것은 일종의 선물이지만 '주체'에게는 속하지 않는 선물이다. **코무니타스**라는 선물은 오히려 주체를 움츠러들게 하고 어떤 의무를 부여하며—금하는 내용을 앞서 규정하고 앞서 규정하는 내용을 금하면서—끝없이 괴롭힌다.

　하지만 칸트가 제시하는 공동체의 사유도 재고의 필요성에서 완전히 벗어나는 것은 아니다. 이는 물론 칸트의 초월주의적인 관점이 경험주의적인 인류학의 잠재적인 복귀에, 다시 말해 근본적인 차원의 공동체적 언어와 좀 더 전통적인 차원의 상호주체적인 의미론이 중첩될 수 있는 가능성에 노출되어 있기 때문이기도 하지만, 근본적으로는 공동체를 실현 불가능한 법체계로 축약하는 전략 자체에 미세한 목적론적 성향이 여전히 남아 있기 때문이다. 바로 이것이 칸트의 비판철학을 상대로 하이데거가 제기하는 반론의 근본적인 이유라고 볼 수 있다. 물론 하이데거는—다른 어떤 해석자들보다도 더 적극적으로—주체성을 문제 삼는 칸트의 관점에 특별한 가치를 부여하며 이를 복원하려는 해석적 입장을 취한다. 하지만 하이데거에 따르면, '법'도 어떤 궁극의 기원으로는 절대화될 수 없으며, 이는 법 역시 그것보다 더 원천적인 어떤 '무법상태'의 뒤를 이었기 때문이다. 이 무법상태란 다름 아닌 **쿰**cum, 즉 우리가—시간에 구속되는 존재인 만큼—원래부터 소속되어 있던 '공존상태'를 말한다. 그렇다면, 이것이 의미하는 바는 한가지다. 공동체가 그 자체로 실현 불가능한 이유는 우리가 접근할 수 없는 어떤 잔인한 노모스nomos가 길을 가로막고 있기 때문이 아니라, 공동체의 실현이 이미—지금 여기에—공동체의 본질적인 철회 속에서만 이루어진다는 아주 단순한 사실 때문이다. 바로 그런 이유에서 공동체는 약속될 수도, 앞당길 수도, 전제될 수도, 어떤 목적으로 간주될 수도 없다. 공동체는 목적론이나 고고학을 필요로 하지 않는다. 왜냐하면 '기원'이 이미 기원 '이후'에 놓여 있고 우리와도 완벽하게 '동시적'이기 때문이다. 기원은 존재의 열림이다. 그것은 우리의 존재가 약동하는 곳에서 뒤로 물러서며 스스로를 선사하고, 스스로를 제공하면서 사라진다.

물론 하이데거의 공동체 개념도 완벽한 것과는 거리가 멀다. 그의 사유가 신화의 복귀를 견뎌낼 수 있을 만큼—가장 무시무시한 정치신화의 귀환을 막아낼 수 있을 만큼—완전하지 못했다는 점에 대해서는 재차 언급할 필요가 없겠지만 이러한 특징은, 하이데거가 **무누스**를 다시 '고유성'의 지평으로 옮겨놓으려는 유혹을 뿌리치지 못하는 곳에서 보다 분명하게 드러난다. 하이데거는 **무누스**를 심지어 특정 민족의 '소유물'에 가까운 것으로 간주하면서 결국에는 **무누스**뿐만 아니라 그것을 우리의 '우리-타자'로 구축하는 **쿰**[함께]까지 상실하기에 이른다. 바로 이 '우리-타자'의 매듭을—하이데거의 사유와 극단적인 몸싸움을 벌이면서—잘라내는 인물이 바타유다. 이 매듭을 풀기 위해 '무-지non-savoir'

의 개념을 정립하면서 바타유는 정치철학의 희생 메커니즘적인 지평을 결정적으로 초월하기에 이른다. 하지만 우리가 다루는 주제를 고려할 때 좀 더 흥미로운 것은 바로 이러한 초월성 덕분에 바타유가 무누스의 궁극적인 의미, 다시 말해 우리가 처음에 질문을 던지면서 공동체의 텅 빈 중심으로 간주했던 무누스의 궁극적인 혹은 최초의 의미를 추적할 수 있었다는 사실이다. 바타유에 따르면, 무누스는 주체가 어쩔 수 없이 이행해야 한다고 느끼는 봉사 내지 자기의 선사지만 무누스가 그에게 피할 수 없는 의무인 이유는 이 의무가 사실상 그의 욕망과 고스란히 일치하기 때문이다.[44] 그렇다면 여기서 대두되는 것은 홉스의 정치사상을 기점으로 근대적 패러다임의 지표 역할을 해온 면역화 과정과 사실상 명백하게 반대되는 입장이다. 기능적이지 않은 모든 것을 강제적으로 희생시키면서 '삶의 보존conservatio vitae'에만 집중하는 '미시경제학'을 거부하면서 바타유가 제시하는 것은 오히려 개인이 '생명을 걸고서라도' 자신의 한계를 뛰어넘어 바깥 세계로 나아가도록 그를 종용하는 초월적인 힘의 개념이다. 여기서 불현듯 떠오르는 것은 처음부터 **무누스**의 뜨겁고 접근 불가능한 중심을 구축하던 관계, 즉 공동체와 죽음의 관계다. 이 관계는 관계 자체의 '개별적으로는 존재하지 않는' 성격에 가깝다. 이 관계는 '지속성continuum' 그 자체다. 바로 이곳에서 '우리'가 유래하고 다시 이곳으로 사실상 생존본능과는 완전히 반대되는 힘에 끌려 나아간다. 이 관계는 일종의 상처에 가깝다. 그것은 우리가 단순히 타자와 관계할 뿐 아니라, 우리가 겪는 것과 동일한 탈-고유화의 불가항력적인 충동에 굴복할 수밖에 없는 '타자의 타자'와 관계하며 우리 스스로가 '변화'할 때 얻는 상처, 혹은 우리를 부각시키는 상처다. 어떤 면역체계보다도 훨씬 더 강렬한 이 만남, 이 기회, 이 전염의 이름이 바로 공동체다. 이는 당연히 공동체를 잃지 않고서는—그리고 공동체 자체의 유출 속에서 스스로를 잃지 않고서는—그것을 지니지 않는[45] 이들의 공동체다. 이러한 유출은 무엇을 의미하는가? 무엇보다도, 이러한 유출이 상이하면서도 관조적인 형태의 또 다른 희생 메커니즘 속으로 다시 빨려 들어갈 위험은 없는가? 이 책이 끝내 남기게 될 이 질문에 대한 답변은 또 다른 형태의 질문으로만 주어질 수 있을 것이다. 존재가 **희생**될 수 없는[46] 것이라면, 근원적인 열림은 어떤 식으로 사유해야 하나? 어떤 식으로 삶의 면역화 메커니즘을 부식시켜야만 이를 살인마로 만들지 않을 수 있는가? 각자가 품고 있는 '개인'적인 선물은 보존하면서 '개인'이라는 벽을 무너트리는 일은 어떻게 가능한가?

1 　이러한 현상 및 관련 사항에 대해서는, 장-뤽 낭시의 중요한 저서 『무위의 공동
체』(박준상 옮김, 인간사랑)참조. Jean-Luc Nancy, *La communauté désoeuvrée*, Paris
1986 [trad. it. *La comunità inoperosa*, Napoli 1992]. 내가 낭시의 이 저서에 진 빚은
헤아릴 수 없을 것이다. 가장 예기치 않은 선사의 형태로 우리에게 주어지는 무누스
를 헤아리기 힘들 듯이.

2 　공동체의 모호한 '회귀'에 대해서는 Clausen-Schülter, *Renaissance der Gemeinschaft?
Stabile Theorie und neue Theoreme*, Berlin 1990, Brumlik-Brunkhorst, Gemeinschaft
und Gerechtigkeit, Frankfurt a. M. 1993 참조.

3 　Roberto Esposito, *Nove pensieri sulla politica*, Bologna 1993, pp. 15-38. '정치politica'
항목 참조.

4 　이는 마이클 샌델의 표현이다. Michael Joseph Sandel, *Liberalism and the Limits of
Justice*, Cambridge 1982 [trad. it. *Il liberalismo e i limiti della giustizia*, Milano 1994, p.
159].

5 　Philip Selznick, *Dworkin's Unfinished Task*, in «California Law Review», n. 3, 1989
[trad. it. *Comunitarismo e liberalismo*, Alessandro Ferrara 편, Roma 1993, p. 233].

6 　Émile Benveniste, *Le vocabulaire des institutions indo-européennes*, Paris 1969 [trad. it.
Il vocabolario delle istituzioni indoeuropee, Torino 1976, 1, pp. 278-86]. 물론 뱅베니스
트는 totus가 *teuta에서 유래하지 않고 오히려 tomentum에서 온 듯 보인다고 밝히
지만, 이 마지막 용어가 '채워 넣기', '견고함', '완전성'을 뜻하는 만큼 의미론의 전체
적인 구도는 바뀌지 않는다.

7 　Max Weber, *Wirtschaft und Gesellschaft*, Tübingen 1922 [trad. it. P. Rossi 편, *Econo-
mia e società*, Milano 1986, vol. I, p. 38]. 이와 관련하여 Francesco Ferraresi, *La co-
munità politica in Max Weber*, in «Filosofia politica», n. 2, 1997, pp. 181-210, Gregor
Fitzi, *Un problema linguistico-concettuale nelle traduzioni di Weber: 'comunità'*, in «Filo-
sofia politica», n. 2, 1994, pp. 257-68 참조.

8 　하지만 퇴니에스 역시 영토를 "인간 공동체가 진정한 의미에서 소유했던" 최초의
소유물로 간주했다. Ferdinand Tönnies, *Gemeinschaft und Gesellschaft*, Berlin 1987,
[trad. it. *Comunità e società*, Milano 1979, pp. 65-66]. 이 점에 대해서는 S. Chigno-
la, *Quidquid est in territorio est de territorio. Nota sul rapporto tra comunità etnica e Sta-
to-nazione*, in «Filosofia politica», n. 1, 1993, pp. 49이하, 그리고 좀 더 일반적인 차
원에서 Étienne Baliba, I. Wallerstein, *Race, nation, classe. Les identités ambiguës*, Paris
1988 [trad. it. *Razza, nazione, classe. Le identità ambigue*, Roma 1990] 참조.

9 　널리 알려진 칼 슈미트의 테제다. Carl Schmitt. *Der Nomos der Erde*, Berlin 1974
[trad. it. *Il nomos della terra*, Milano 1991, pp. 54 이하]. 하지만 다름 아닌 슈미트가
공동체 개념을 '가치들의 독재'에서 구해내기 위해 나름 노력을 했다는 점은 기억해

둘 필요가 있다. *Der Begriff des Politischen*, München-Leipzig 1932 [trad. it. *Le categorie del 'politico'*, Gianfranco Miglio, P. Schiera, Bologna 1972, p. 160, nota 59] 참조.

10 Quintilianus 『Institutio Oratoria』 7, 3, 24.

11 Walde-Hofmann, *Lateinisches etymologisches Wörterbuch*, Heidelberg 1938, pp. 254 이하.

12 *Thesaurus linguae latinae*, vol. VIII, p. 1662, *Lexicon totius latinitatis*, vol. III, p. 313.

13 Paul., Dig. 50.16.18.

14 Ulp., Dig. 50.16.194.

15 Netta Zagag, *A note on 'munus', 'munus fungi' in Early Latin*, in «Glotta», 1982, p. 280.

16 E. Benveniste, *Il vocabolario delle istituzioni indoeuropee*, vol. I, pp. 47-90, *Don et échange dans le vocabulaire indo-européen*, in *Problèmes de linguistique générale*, Paris 1966 [trad. it. *Problemi di linguistica generale*, Milano 1972, pp. 376-88].

17 Marcel Mauss, *Essai sur le don. Forme et raison de l'échange dans les sociétés archaïques*, in «Année sociologique», I, 1923-24 [trad. it. *Teoria generale della magia e altri saggi*, Torino 1965, pp. 253-92).

18 P. F., 125.18.

19 Gift라는 용어의 의미론적 이중성에 대해서는 M. Mauss, Gift-Gift, in *Mélanges offerts à Charles Andler par ses amis et élèves*, Strasbourg 1924 [trad. it. Marcel Granet-Marcel Mauss, *Il linguaggio dei sentimenti*, Milano 1975, pp. 67-72] 외에도 Jean Starobinski, *Largesse*, Paris 1994 [trad. it. *A piene mani. Dono fastoso e dono perverso*, Torino 1995] 참조.

20 Tommaso d'Aquino, Summa Theol., Ia, q. 38, a. 2, c.

21 Alfred Ernout, Antoine Meillet, *Dictionnaire étymologique de la langue latine*, Paris 1967, p. 422.

22 Mercator 105.

23 Charlton T. Lewis, Charles Short, A Latin Dictionary, Oxford 1962, p. 384.

24 *Geschichtliche Grundbegriffe. Historisches Lexicon zur politisch-sozialen Sprache in Deutschland*, Otto Brunner, Werner Conze, Reinhart Koselleck 편, Stuttgart 1975, vol. II, pp. 804-5, Morris Riedel의 *Gesellschaft, Gemeinschaft* 항목 참조.

25 *Realencyclopädie der Classischen Altertumswissenschaft*, Arno Pauly, Georg Wissowa 편, Stuttgart 1893, vol. XXXI, p. 650, munus 항목 참조.

26 옥스퍼드 라틴어 사전이 제시하는 communitas의 첫 번째 의미는 'Joint possession or use, participation, partnership, sharing'이다. Obligingness는 마지막에 온다. *Oxford Latin Dictionary* (1), Oxford 1982, p. 370.

27 나와는 조금 다른 각도에서지만 장-뤽 마리옹 역시 'Adonné(선사된)'이라는 용어를 제시한다. Jean-Luc Marion, Etant donné. *Essai d'une phénoménologie de la donation*, Paris 1997, pp. 343-438. 선사의 '불가능한' 의미론에 대해서는 Jacques Derrida, *Donner le temps. I, La fausse monnaie*, Paris 1991 [trad. it. *Donare il tempo. La moneta falsa*, Milano 1996]와 *Donner la mort*, in *L'éthique du don, Jacques Derrida et la pensée*

du don, Paris 1992 참조. 선사의 '탈구축주의적인' 해석과 '구축적인' 해석의 관계에 대한 나의 의견은 이하의 리뷰 참조. 선사의 '구축적인' 해석을 발전시킨 이들은 M.A.U.S.S의 학술지를 중심으로 활동하는 알랭 카예Alain Caillé나 세르주 라투슈Serge Latouche 같은 철학자들이다. Roberto Esposito, *Donner la technique*, in «La revue du M.A.U.S.S.», n. 6, 1996, pp. 190-206.

28 마르틴 브로다Martine Broda는 프랑스어 제목 La Rose de personne가 독일어 원제 Die Niemandsrose에 완벽하게 상응하며, 최상의 번역이라는 점을 보여준다. *Dans la main de personne*, Paris 1986, pp. 31 이하 참조.

29 마시모 카차리Massimo Cacciari의 *L'arcipelago* (『군도』, Milano 1997) 역시 이러한 근접성 개념에서 출발한다. 이 저서가 그의 *Geo-filosofia dell'Europa* (『유럽의 철학적 지리』, Milano 1994)와 함께 2부작을 형성하며 다루는 공통 주제는 공동체 개념이다.

30 Bernard Baas, *Le corps du délit, in Politique et modernité*, Paris 1992, pp. 69-100.

31 Koinonia와 comunità의 복잡한 관계에 대해서는 이하 사전의 koinonia 항목 참조. *Gemeinschaft del Reallexikon für Antike und Christentum*, Th. Klauser편, Stuttgart 1996, vol. IX, pp. 1202 이하. Koinonia에 관한 문헌들의 포괄적이고 체계적인 인지를 위해서는 Pier Cesare Bori, *Koinonia*, Brescia 1972 참조.

32 이하의 저서에서 communitas, commune, communio, communa, communa를 다루는 부분 참조. Pierre Michaud-Quantin, *Universitas. Expressions du mouvement communautaire dans le Moyen-Age latin*, Paris 1970, pp. 147-66.

33 무엇보다도 Werner Elert, *Koinonia* (Berlin 1957) 참조. 좀 더 거슬러 올라가는 시즈만의 저서 역시 동일한 관점에서 여전히 유용하다. Heinrich Seesemann, *Der Begriff 'Koinonia' im N. T.*, Giessen 1933.

34 아우구스티누스의 '죄의 공동체'에 대한 이러한 해석을 특별히 강조하며 제시했던 철학자는 아렌트다. Hannah Arendt, *Der Liebesbegriff bei Augustin*, Berlin 1929 [trad. it. *Il concetto d'amore in Agostino*, Milano 1992, pp. 127-48. 인용문은 p. 135]. H. Arendt, *The Life of the Mind* (New York 1978)의 이탈리아어 번역본에 실린 알레산드로 달 라고Alessandro Dal Lago의 서문 역시 참조하기 바란다. [trad. it. *La vita della mente*, Bologna 1987, pp. 29 이하].

35 이 표현은 본회퍼의 책 제목이기도 하다. Dietrich Bonhoeffer, *Sanctorum Communio. Eine dogmatische Untersuchung zur Soziologie der Kirche*, München 1960. 알트하우스도 동일한 표현을 사용했다. Paul Althaus, *Communio Sanctorum. Die Gemeinde im lutherischen Kirchengedanken*, München 1929.

36 아카리노도 이 범주에—무엇보다 Belastung(부담)/Entlastung(면제)의 양극성을— 주목할 필요성을 제기했다. Bruno Accarino, *La ragione insufficiente*, Roma 1995, pp. 27-48, *Mercanti ed eroi*, Napoli 1986. 하지만 아카리노는 선사의 '공격성'을—즉 근대 이전의 보완compensatio 개념 속에 함축되어 있는 개인적 자유의 억압을—아주 적절하게 부각시키는 반면, 근대적 면제(배분)dispensatio의 의미론 속에 함축되어 있는 면역화의 강렬하게 희생적인 성격은 간과하는 듯이 보인다. 반대로 면역화

의 희생적인 성격에 주목한 저자는 바르첼로나다. Pietro Barcellona *L'individualismo proprietario*, Torino 1987.

37 이 문제는 게오르크 짐멜이 '감사'에 대한 모범적인 여록에서 이미 다룬 바 있다. Georg Simmel *Soziologie*, Berlin 1983 [trad. it. Sociologia, Milano 1989, pp. 503-9].

38 Roman Schnur, *Individualismus und Absolutismus*, Berlin 1963 [trad. it. *Individualismo e assolutismo*, Milano 1979].

39 탁월한 비극의 형태로 카네티의 『군중과 권력』을 시작하는 "접촉의 두려움"에 대한 글귀들은 잊기 힘들 것이다. Elias Canetti *Masse und Macht*, Hamburg 1960 [trad. it. *Massa e potere*, Milano 1981, pp. 17-29]. 이와 관련하여 Eligio Resta, *Le stelle e le masserizie*, Roma-Bari 1997, pp. 67 이하 참조.

40 기원과 정치의 관계에 대해서는 Carlo Galli, *Genealogia della politica*, Bologna 1977, Roberto Esposito *L'origine della politica*, Roma 1997 참조.

41 홉스적인 구도를 그것의 종말에 비추어 관찰한 마라마오는 이 주제에 대한 풍부하고 생산적인 분석을 제시한다. 단, 홉스적인 희생 패러다임의 실질적인 종말에 대해서는 의혹을 제기할 수밖에 없다. Giacomo Marramao, *Dopo il Leviatano. Individuo e comunità nella filosofia politica* (Torino 1995).

42 이 표현은 피터 버거의 책 제목이기도 하다. Peter Berger *Pyramids of Sacrifice*, New York 1974 [trad. it. *Piramidi del sacrificio*, Torino 1981]. 희생 패러다임의 잔재에 대해서는 F. Fistetti, *Democrazia e diritti degli altri*, Bari 1992 참조.

43 Giorgio Agamben, *La comunità che viene*, Torino 1990 참조.

44 이 주제들은 움베르토 갈림베르티Umberto Galimberti가 여러 기사에서 조명한 바 있다. *Nostro padre il buon selvaggio*, in «La Repubblica», 13-8-1997, *Sapere tutto dell'amore e non saper nulla dell'altro*, «La Repubblica», 18-11-1997).

45 이 바타유의 테제를 발전시킨 블랑쇼의 『밝힐 수 없는 공동체』(박준상 옮김, 문학과 지성사) 참조. Maurice Blanchot *La communauté inavouable*, Paris 1983 [trad. it. *La comunità inconfessabile*, Milano 1984] 이 주제는 뒤이어 많은 저자들이 다루었고, 나의 『비정치적 카테고리』에서 '죽음의 공동체'를 다루는 장의 핵심 주제이기도 하다. *Categorie dell'impolitico*, Bologna 1988, pp. 245-322 참조.

46 이는 장-뤽 낭시 역시 '희생 불가능한 것'을 다루는 놀라운 글에서 제기 했던 질문이다. Jean-Luc Nancy *Insacrifiable in Une pensée finie*, Paris 1990 [trad. it. *Un pensiero finito*, Milano 1998, pp. 223-63].

1. 두려움

1. 엘리아스 카네티Elias Canetti가 아포리즘의 형태로 남긴 한 편의 단상을 읽어보면 홉스의 사상을 다루는 천 권이 넘는 참고 도서보다 더 효율적으로 그의 사유에 담긴 비밀을 한 눈에 꿰뚫 어볼 수 있다.

종교에 얽매이지 않는 사상가들 중에 어느 정도는 철두철미하게 사고하는 자들만이 나의 관심을 불러일으킨다. 이들 가운데 한 명 이 바로 홉스다. 지금으로서는, 그가 내게 가장 중요한 사상가다. 물론 그의 사유들 가운데 정당해보이는 것은 그저 몇몇에 불과하 다. (...) 그렇다면 그의 표현들이 내게 와 닿는 것은 무엇 때문인 가? 조금이라도 치밀하기만 하면, 그의 가장 터무니없는 생각들마 저 나의 마음을 두드리는 이유는 무엇인가? 내가 아는 한, 홉스는 권력에 가면을 씌우지 않는 유일한 사상가다. 그는 권력이 인간의 모든 행위에서 차지하는 무게와 중심적인 역할을 포장하지 않는

다. 그는 권력을 칭송조차 하지 않는다. 그저 그것이 있는 곳에 그대로 놔둘 뿐이다.[1]

권력의 세계에서는 증오와 사랑, 공유와 배제, 인력과 척력이 단일한 형태의 혼합물로 융합된다. 하지만 이 혼합물에는 처음부터 하나의 불변하는 요소가 포함되어 있다. 그것은 다름 아닌 두려움이다. "홉스는 두려움이 무엇인지 알고 있다. 그의 분석이 두려움의 정체를 보여준다. 반면에 그의 뒤를 이은 인물들, 역학과 기하학 분야의 학자들은 이 두려움을 너도나도 도외시했을 뿐이다. 두려움은 어쩔 수 없이 암흑 속으로 되돌아가 아무런 방해도 받지 않고 호명조차 되지 못한 채 묵묵히 일을 하고 있다."[2] 카네티에 따르면, 홉스의 철학에서 핵심적인 역할을 하는 '두려움'이야말로 그의 위대함을 결정짓는 동시에 그의 사상을 지지하기 힘든 것으로 만드는 요인이다. 두려움이라는 동일한 요인이 그의 사상을 분석적인 차원에서는 필연적인 것으로, 규범적인 차원에서는 받아들이기 힘든 것으로 만든다. 그가 말하는 것이 '두려움'이기에, 그는 우리와 친밀한 존재로 다가오고 심지어는 우리 편이라는 느낌마저 주는 반면 동일한 두려움이 그는 우리와 다르고 다를 **수밖에 없다**고 생각해야 할 만큼 그를 이질적인 존재로 만든다. 두려움에 관한 그의 설명은, 우리가 우리 내부에 이미 존재하지만 우리를 고스란히 지배하는 지경으로까지 발전할 수 있기 때문에 두려워하는 무언가와 관계할 뿐 아니라 투쟁하도록 만든다. 우리가 우리의 것으로 감지할 뿐 아니라 바로 그런 이유에서 가장 많이 염려하는 이 무언가가 바로 두려움이다. 우리가 무서워하는 것은 다름 아닌 '우리의' 두려움이다. 두려움이 **우리의** 것일 수도 있다는 점이 두렵고, **바로 우리가** 두려움을 지닐 수 있다는 사실이 두려운 것이다. 하지만 홉스가 우리에게 가르쳐주는 것은 오히려 이러한 두려움을 지닐 수 있는 용기다. **그의** 가장 뿌리 깊은 두려움에서 출발하는 "모든 것이 끊임없이 홉스와 그의 정신적인 용기, 다름 아닌 두려움으로 가득한 한 인간의 용기에 관심을 기울이도록 만든다."³ 홉스는 두려움에 대해 아무런 전략 없이, 미사여구 없이, 망설임 없이 말할 수 있는 용기를 지녔다. 그래서 그는 이 두려움이 '우리 고유의' 것이라고 말한다. 극단적인 의미에서, 우리 인간은 두려움 자체와 다를 바 없는 존재다. 라틴어로 쓴 자서전에서 홉스는 그의 어머니가 에스파냐의 침략이 임박했을 때 너무나 두려운 나머지 자신과 두려움이라는 쌍둥이를 낳았다고 표현한 바 있다. 우리는 두려움에서 유래할 뿐 아니라 두려움을 우리의 가장 내밀한 은신처로 간주한다. 인간이 '죽을 수밖에 없는' 존재라는 표현 자체는 사실 우리가 두려움의 주체soggetto일 뿐 아니라 무엇보다도 두려움에 예속soggetto되어 있다는 것을 의미한다. 이는 우리를 동반하는, 아니 우리의 존재를 구축하는 두려움이 정확하게, 본질적으로는 죽음의 두려움이기 때문이다. 그것은 우리가 '살아 있는' 상태로는 더 이상 존재할 수 없으리라는 두려움, 혹은 우리가 죽을 수밖에 없는 존재일 뿐 아니라 죽음에 의탁된 존재, 죽음의 약속을 지켜야 하는 존재라는 사실이 너무 일찍 현실화될지도 모른다는 점에 대한 두려움이다. 홉스는 이점을 아주 명백하게 밝힌다. "모두가 사실은 본능적으로 자신에게 좋은 것을 욕망하고 자신에게

나쁜 것, 무엇보다도 자연악의 최대치인 죽음을 거부한다."⁴

여기서 홉스는 죽음의 정반대인 동시에 죽음을 보완하는 요소, 다시 말해 인간의 가장 강력한 심리적 용수철을 구축하는 이른바 '자기보존 성향conatus sese praeservandi'의 관점에서 죽음의 두려움을 관찰한다. 보존 본능은 죽음의 두려움을 수식하는 또 다른 방식, 보다 '긍정적인' 방식에 지나지 않는다. 죽음이 두려운 것은 물론 생존을 원하기 때문이다. 하지만 생존을 원하는 이유야말로 다름 아닌 죽음이 두렵기 때문이다. 레오 스트라우스 Leo Strauss가 주목했던 대로, 죽음의 두려움이 논리-역사적 차원에서 생존 의지에 우선한다는 원리는, 선의 영역이 어떤 실질적인 한계도 지니지 않는 만큼 세상은 '지고의 선summum bonum'이 아니라 '지고의 악summum malum'이 지배한다는 원리와도 유사하다. "바로 그런 이유에서 홉스는 '삶을 보존'한다는 긍정적인 표현 대신 '죽음을 회피'한다는 부정적인 표현을 선호한다. 왜냐하면 우리가 감지하는 것은 삶이 아니라 죽음이며, (...) 삶을 욕망하는 것보다 훨씬 더 강렬하게 끊임없이 죽음을 두려워하기 때문이다."⁵

뭐랄까, 두려움은 앞자리를 차지한다. 항상 먼저 오는 것이 두려움이다. 그것은 **끔찍하게도 원천적**이다. 두려움은 그것이 지니는 가장 끔찍한 것의 기원이다. 그럼에도 불구하고, 일상의 삶 속에서 두려움은 결코 혼자가 아니다. 두려움을 항상 쫓아다니는 것이 있다. 그것은 인간이 두려움의 정반대라고 착각하며 두려움에 대립시키지만 사실은 충실한 동반자에 지나지 않는 '희망'이다. 희망은 실제로 일종의 전복된 두려움에 불과하다. 홉스가 바로 이러한 관점을 피력하며 『인간론De homine』에서 제시하는 설명에 따르면, 희망은 나쁜 것에서 그것을 피하기 위한 방법의 착상과 함께 태어나는 반면 두려움은 좋은 것에서 그것을 잃을 수도 있다는 상상과 함께 태어난다. 결론을 내리면서 홉스는 두려움과 희망을 사실상 동일한 것으로 간주하는 듯이 보인다. "따라서 분명한 것은 '희망과 두려움spes et metus'이 번갈아 교차될 뿐 아니라 교차 시간이 너무 짧아서 개별적으로 개입하는 순간들을 붙들고 있을 만한 틈이 없다는 사실이다."⁶ 실제로, 스스로에 대한 믿음을 지니라고 종용하며 인간을 지옥의 벼랑으로까지 몰고 가는 것이 바로 희망 아닌가?

이 시점에서 정치의 영역에 들어서면 두려움의 역할은 더욱더 중요해진다. 정치만큼 두려움이 지니는 정초적인 성격 혹은 '왕국의 기초fundamentum regnorum'로 기능하는 특성이 분명하게 드러나는 영역도 없다. 두려움은 정치의 탄생을 특징짓는 요소일 뿐 아니라 두려움이 없으면 정치라는 것은 아예 존재하지 않는다는 의미에서 정치 자체의 기원이다. 바로 이러한 관점이—카네티가 주목했던 것처럼—홉스를 과거와 현재의 다른 모든 정치철학자와 차별화할 수밖에 없도록 만드는 요소다. 실제로 홉스는 이른바 '이상주의적' 혹은 '유토피아적' 사조에 속하는 정치철학자들뿐만 아니라 관례상 '사실주의자'로 분류되는 정치철학자들과도 구별된다. 그렇다면 그 이유는 무엇인가? 홉스를 그의 시대나 우리 시대의 이론 체계와 융합될 수 없을 만큼 특이하고 비상한 사상가로 만드는 요인은 무엇인가? 무엇보다 중요한 것은 두려움과 직결되는 홉스의 두 가지 견해다. 첫 번째는 만인이 세상에서 가장 수치스러운 심상心狀으로 간주하는 '두려움'을 정치 활동의 원동력으로 승격시키는 관점이다. 이러한 견해의 독창성은 홉스와 같은 시대에 활동했던 철학의 거장들, 예를 들어 두려움의 유용성을 분명하게 부인했던 데카르트[7]나 인간을 온갖 두려움에서 해방시키는 것이 바로 국가의 과제라고 보았던 스피노자[8]의 입장과 비교할 때 아주 분명하게 드러난다. 두 번째는 '두려움'이 퇴폐적이거나 문제적인 국가 형태뿐만 아니라 무엇보다도 정당하고 긍정적인 국가 형태의 기원이라고 보는 관점이다. 편견과는 거리가 먼 이 '사유 기계'의 모든 잠재력이 바로 이러한 관점에 함축되어 있을 뿐 아니라, 사실은 이러한 관점 자체가 다름 아닌 홉스의 사상에서 철학적 계기를 발견했던 철학자들 자신이 200년이 넘도록 고수했던 홉스 배타주의의 진정한 원인이었다고 볼 수 있다. 그런 의미에서 이 철학자들은 홉스의 가장 단단한 바위, 가장 날카로운 칼, 가장 차가운 쇳덩어리인 '두려움' 앞에서 자신들의 사상을 그의 사상과 견주는 데 모두 무능력했다고 볼 수밖에 없다.

물론 플라톤에서 크세노폰과 마키아벨리에 이르기까지 수많은 철학자들이 두려움의 '정치적' 역할을 강조해온 것은 사실이다. 몽테스키외도 두려움을 다름 아닌 전제주의 체제의 전제로 인식했다.[9] 하지만 문제의 핵심이 바로 이 지점에서 발견된다. 홉스의 입장에서, 두려움은 독재주의나 전제주의로 제한될 수 있는 성격의 것이 아니다. 그것은 오히려 최상의 정치체제에서 법적 권리와 도덕을 정초하기 위한 기반으로 간주된다. 두려움은 뭐랄까―적어도 잠재력의 차원에서는―파괴적일 뿐 아니라 건설적인 힘을 지녔다. 도피와 고립만 조장하는 것이 아니라 관계와 조화를 결정짓는 요소이기도 하다. 두려움은 행동을 가로막거나 꼼짝달싹하지 못하게 만드는 것으로 그치지 않고 오히려 위험을 관찰하고 무력화하는 데 적극적인 자세를 취하도록 만든다. 그것은 비이성적인 성향이 아니라 이성의 편에 서 있다.[10] 두려움은 생산적인 힘이다. 정치적으로 생산적일 뿐 아니라 다름 아닌 정치를 생산해낸다. 두려움의 이러한 기능적인 측면이 바로 공포와 다르고 순간적인 동요나 절대적인 공황과도 다른 점이다. 홉스가 그의 책을 이탈리아어와 프랑스어로 옮긴 번역가들과는 달리 근심metus과 공포pavor, 혹은 무서움fear과 공포terror를 혼동하지 않는 것은 우연이 아니다. 두 번째 용어 '공포'를 뜻하는 이탈리아어 terrore, 프랑스어 terreur, crainte, 독일어 Entsetzen 등이 전적으로 부정적이거나 마비되는 느낌을 주는 반면, 첫 번째 용어는 위기 상황에서 어떻게 탈출할 것인가를 생각하도록 만드는 일종의 저력으로 이해될 수 있다. 실제로 홉스는 그가 두려움을 분해의 힘이 아닌 통합의 힘으로 간주한다고 지적하며 비판하는 학자들을 향해 이들은 두려움(metuere)을 공포(perterreri)와 구분하지 못한다고 답변한다.[11] '두려움'이라는 용어에서 공포의 부정적인 의미를 제거한 뒤, 홉스는 '두려움'을 자신이 구축하는 정치 인류학 전체의 토대이자 추론의 막강한 현실적 근거로, 아울러 사회적 약속의 전제 자체로 활용한다. 칼 슈미트Carl Schmitt가 생생하게 묘사했던 대로, "자연 상태에 대한 공포가 두려움에 사로잡힌 개인들을 통합하면, 이들의 두려움은 급격히 상승하며 '이성'의 불꽃을 쏘아 올린다. 그리고 느닷없이 이들 앞에 새로운 신이 솟아오른다."[12] 이는 곧 두려움이 사회적 약속의 기원이자 근거일 뿐 아니라 그것을 보호하고 보존한다는 것을 의미한다. 일단 수긍하고 나면, 두려움은 더 이상 무대를 떠나지 않는다. 두려움은 자연 상태를 특징짓는 무정부적이고 '상호적인 두려움mutuus metus'에서 문명 상태를 특징짓는 '공통의' 제도화된 두려움, 즉 '권력에 대한 공통의 두려움metus potentiae communis'으로 변한다. 물론 두려움은 사라지지 않는다. 그것은 수그러들지도, 뒤로 물러서지도 않는다. 인간은 두려움을 **잊지 못한다**. 앞서 말했듯이, 두려움은 우리의 일부다. 그래서 정작 우리 자신은 우리 바깥에 머문다. 그래서 우리를 우리의 타자인 듯, 우리 자신과 무한히 분리된 주체로 만드는 것이 바로 두려움이다.

두려움의 이러한 영속성, 두려움의 근대적인 '극복' 과정에서조차 살아남은 이 두려움의 끈질김이 바로 카네티로 하여금 홉스에게 관심을 기울이고 홉스를 이른바 '검은' 사상가들의 선구자로 간주하도록 만들었던 요인이다. '검은' 사상가란 드 메스트르Joseph de Maistre나 니체처럼 "현실을 직시하며 그것을 이름으로 부르는 데 조금도 주저하지 않는"[13] 철학자를 말한다. 두려움의 시대를 가장 긴 역사의 시대로 간주했던 니체는 이렇게 말한다. "두려움은 (...) 인간의 가장 근본적인 감정이자 유산이다. 두려움으로 모든 것을 설명할 수 있다."[14] 예를 들어 두려움은 도덕의 "어머니"[15]다. '검은' 사상가들 가운데 빼놓을 수 없는 또 한 명은 페레로Guglielmo Ferrero다. 두려움을 생동하는 세계의 영혼으로 간주했던 페레로는 이렇게 말한다. "(...) 세계는 두려움을 선사하는 차원에서만 삶의 영역에서 의미를 지닌다. (...) 자연과 삶의 정상에 오른 인간은 그만큼 두려움을 가장 많이 지닌 동시에 불러일으키는 존재다. 왜냐하면 생의 급류가 빨려 들어가며 영원히 추락하는 곳의 시커먼 소용돌이에—죽음에—대한 생각과 공포와 강박 관념을 지닌 유일한 생명체가 바로 인간이기 때문이다."[16] 이처럼 죽음에 대한 두려움은 삶을 관찰하는 데 필요한 일종의 굴절각이라는 페레로의 생각이 지극히 홉스적인 전제라면, 이에 필연적으로 뒤따르는 '정치적인' 결론 역시 홉스적인 성격을 지닌다. 페레로에 따르면, "모든 인간은 자신이 누군가에 비해 더 강하거나 더 약하다는 사실을 알고 있다. 결과적으로 완전히 무정부적인 상황에서 고립될 경우, 자신보다 더 약한 자들에게는 무서운 존재로, 더 강한 자들에게는 희생양으로 보이며 두려움에 떨며 살거나 떨게 만들면서 살 수밖에 없는 처지에 놓인다. 따라서 언제 어디서든, 대부분의 인간이 약자들을 괴롭히는 일에 적극적이지 않은 이유는 상대적으로 강자들에 대한 두려움에서 벗어나야 하기 때문이다. 이것이 바로 사회적 질서의 보편적인 양상이다."[17]

2. 홉스도 이와 정확하게 같은 방식으로 사고한다. 주지하다시피 홉스의 핵심 논제 가운데 하나는 원천적인 두려움이 인위적인 두려움으로, 다시 말해 개별적인 타자 모두에 대한 각자의 자연적인 두려움이 국가가 보호를 목적으로 제시하는 법의 지속적인 위협에 대한 인위적인 두려움으로 전이된다는 것이다. 하지만 이 외에도 홉스의 다음과 같은 의견만큼은 다시 한 번 주목해볼 필요가 있다. "장기간 지속된 대규모 사회공동체들의 기원은 인간들의 상호적인 호의가 아니라 서로에 대한 두려움이다."[18] 이

점이 중요한 이유는 이러한 견해 자체가 인간의 자연적인 사회성에 초점을 맞추는 긍정적이고 아리스토텔레스적인 유형의 인류학 전체를 충격적으로 위기에 빠트리기 때문이다. 바로 이 지점에서 두려움에 내재하는 무한한 변증관계의 실타래가 풀리기 시작한다. 인간은 초기의 형체 없는 두려움에서 벗어날 목적으로 좀 더 분명한 형태의 이차적인 두려움을 기꺼이 수용할 뿐 아니라 이를 계약의 형태로 제도화한다. 인간은 두려움을 어떤 정상적인 상태로 정의함으로써 그것을 이성적으로 안정화할 수 있는 조건들을 체계화한다. 이 체계화에 상응하는 것이 바로 권력의 정당화다. 전제주의 국가와 권력의 정당성을 인정받은 국가의 차이점을 결정짓는 것은 두려움의 실재 여부가 아니라 두려움의 대상과 경계가 지니는 확실성의 여부다. 이는 프란츠 노이만Franz Neumann이 구분하는 신경증성 '불안Angst'과 '실질적인 불안Realangst'[19]의 차이에 가깝다. 따라서 국가의 과제는 두려움을 제거하는 데 있지 않고 그것을 '확고히' 하는데 있다. 이러한 결론은 분석적인 차원에서 근대성의 패러다임 전체의 유달리 깊은 상처를 열어젖힌다. 근대 국가의 형성 과정에서 국가의 기원으로 기능했던 두려움이 제거되지 않았을 뿐 아니라 오히려 국가가 두려움을 기반으로 성장하며 이를 국가의 동력이자 국가적 기능을 보장하는 핵심 요소로 간주했다는 것은 다름 아닌 기원과의 단절을 기반으로 정의되는 근대 사회 내부에 지울 수 없는 분쟁과 폭력의 흔적이 남아 있다는 것을 의미한다. 물론 내가 말하려는 것은 어떤 오래된 원리원칙의 단순한 세속화 과정도, 혹은 고갈되어 가고 있는 어떤 에너지를 다시 활성화하는 데 일시적으로나마 요구되는 '기억'의 필요성도 아니다. 내가 이야기하려는 것은 정확하게 기원과 고별한 시대가 유지하는 그것의 잔재라는 의미에서 '근대의 고대성'이라고 정의할 수 있는 보다 본질적인 요소다. 홉스의 텍스트를 뒷받침하지만 눈에 잘 띄지 않는 이중의 기저가 바로 여기서 발견된다. 사람들이 흔히 생각하는 것과는 달리, 정치-사회적 국가는 자연 국가를 '거스르며' 혹은 그 '이후에' 탄생한 것이 아니라 오히려 자연 국가를 '전복시켜' 충만한 대신 텅 빈 형태로 수용하며 탄생했다.[20]

바로 이러한 특징을 자유주의적인 해석은 어떤 식으로든 포착하지 못한다. 물론 '국가'의 질서가 '자연'의 무질서에 종지부를 찍었다는 것은 사실이지만 이 과정은 어떤 동일한 전제 안에서 일어난다. 이 전제가 무엇인지 식별하는 것은 그리 어려운 일이 아니다. 왜냐하면 바로 이 진제가 앞서 '근대의 고대성'이라는 표현으로 정의했던 바로 그 두려움의 동기와 대상을 동시에 구축하기 때문이다. 관건은 '동등성'과 '살해 능력'의 관계다.

인간들이 서로를 두려워하는 원인의 일부는 인간들의 자연적인 동등성에 있고 일부는 서로를 해치려는 의지에 있다. 바로 그런 이유에서 우리는 다른 이들로부터 안전을 기대할 수도, 우리 스스로 안전을 보장할 수도 없다. 실제로 우리는 나이든 사람의 몸이 쇠약해지면서 그의 기력과 지혜까지 모두 함께 사라지는 것을 보고 인간의 몸이 얼마나 연약한지 관찰하기도 하지만 약하기 이를 데 없는 사람이 그보다 훨씬 더 강한 사람을 얼마나 쉽게 살해할 수 있는지도 보게 된다. 이는 곧 누구든 자신의 힘을 신뢰하며 자신이 다른 이들보다 선천적으로 우월하다고 믿어야 할 이유가 전혀 없다는 것을 의미한다. 서로를 상대로 동일한 행위를 할 수 있는 이들은 모두 동등하다. 심지어는 가장 대단한 행위, 즉 살해를 할 수 있는 이들도 동일한 행위를 할 수 있다. 따라서 모든 인간은 선천적으로 동등하다.[21]

인간들이 지니는 공통점은 살해 능력과 이에 상응하는 가능성, 즉 살해될 수도 있는 가능성이다. 바로 이 가능성이 홉스가 발견과 동시에 공동체의 가장 끈질긴 적으로 만들어버린 요소다. 다름 아닌 이 '살해 가능성'이 보편화되고, 보편화되지 않을 경우 독립적이고 분리된 상태로 남아 있을 수밖에 없는 개인들을 하나로 묶는 유일한 공통점으로 등극한다. '공화국', 즉 '공공의 것 res publica'은 그런 의미에서 변화무쌍하고 제어 불가능한 힘의 역학 관계에 따라 사라지거나 살아남는 삶의 형태에 지나지 않는다. 홉스의 인류학 전체는 다음과 같은 확고부동한 원칙을 바탕으로 구축된다. "인간들은 선천적인 열정을 바탕으로 서로를 적대시한다."[22] 인간들은 서로를 해치려는 공통의 욕망을 토대로 뭉친다. 이는 모두가 권력이라는 동일한 목표를 추구하기 때문이다. 하지만 권력은 타자의 '무능력'이 전제되지 않는 이상 가늠이 불가능하기 때문에 결국에는 모두가 서로에게 해를 끼치기로 동의하는 상황이 전개된다. 그런 의미에서 인간들은 **본질적으로** '적대적'이다. 그리고 언제나 그랬듯이 앞으로도 항상 "서로의 눈을 노려보며 무기를 겨누는 검투사들의 위치"[23]에 서 있을 것이다. 인간들의 만남은 투쟁 속에서 이루어진다. 이들은 폭력 속에서 관계하며 죽음을 매개로 경쟁한다. 인간이 '분쟁', '논쟁', '경쟁'에 매달린다는 점을 고스란히 보여주는 것은 '죽음의 경주'다. 죽이면서 죽음을 향해 나아가는 '죽음의 경주'야말로 범죄 공동체에 가장 어울리는 이미지다. "앞선 자들을 끊임없이 추월하는 것, 그것이 바로 행복이다. 이 경주에서 벗어난다는 것은 죽음을 의미한다."[24] 바로 그런 이유에서 "사람들은 타인의 위험과 죽음의 전시장에 떼를 지어 몰려든다."[25] 똑같은 이유에서 "사람들은—범죄가 모든 것을 장악한 만큼—친구들의 고통을 바라만 보는 관객의 입장을 습관적으로 받아들이다."[26] "경쟁에 뛰어든 인간이 욕망을 성취하는 길은 상대를 죽이고 정복하고 대체하거나 배격하는 데 있다."[27] 이 모든 것의 근본적인 원인은 권력과 생존 사이의 무시무시한 변증관계 안에 '형이상학적으로' 새겨져 있다. 이 변증관계를 카네티는, 그만의 시원적 인류학의 차원에서, 홉스적이라고 볼 수밖에 없는 어조로 이렇게 묘사한다. "생존의 상황은 권력의 핵심적인 상황이다." 결과적으로 "각자가 생존에서 얻는 쾌락은 그의 권력과 함께 증가한다. 그가 쾌락에 고개를 숙이도록 허락하는 것은 다름 아닌 그의 권력이다. 이 권력의 진정한 내용은 엄청난 수의 인간으로부터 살아남아 보고 싶은 욕망이다."[28] 삶이 권력에 소용되는 것 못지않게 권력 역시 삶에 소용된다. 따라서—홉스에 따르면—우리가 "죽음을 두려워하는 것은 그것이 모든 권력의 상실을 의미하기 때문이다."[29] 생명을 보장하는 일은—우리에게 가장 우선적으로 필요한 것은—오로지 권력을 축적할 때에만—우리의 가장 우선적인 열정으로만—가능하다. 하지만 권력의 축적은 오로지 타자를 착취할 때에만 가능하다. **타자**의 삶으로 값을 치러야만 가능하고, 타자의 자리에서 살아야만, 아니 그가 죽는 자리에서 살아야만 가능하다. 홉스가 전쟁에서ー살생 현장이라기보다는 항상 잠재적인 형태의 전쟁에서ー인류의 '시간'과 '조건' 자체를 발견한다는 것은 결코 우연이 아니다. 이 전투적인 '시간'에 비한다면 평화는 예외적인 경우, 일종의 괄호, '불시不時'[30]에 가깝다. 이는 곧 인간들을 통합하는 관계가 친구와 적 혹은 적과 친구 사이가 아닌 적과 적 사이의 관계라는 것을 의미한다. 모든 일시적 우호 관계는 유일하게 가능한 사회적 결속 관계, 즉 적대 관계의 관리에 도구로 활용될 뿐이다. 홉스는 이렇게 말한다. "우정은 좋다. 다시 말해 그것은 유용하다."[31]

바로 이 지점에서, 상호 인간관계의 영속적인 위기를 해결하기 위한 홉스의 해결책이 '추상적인 전복'의 형태로, 혹은 '동종요법적인 치료'의 형태로 제시된다. 홉스에 따르면, 인간들 사이의 관계가 그 자체로 파괴적이라면, 이 견디기 힘든 상황에서 벗어나는 유일한 길은 관계성 자체를 파괴하는 것이다. 인간적으로 현실화할 수 있는 유일무이한 공동체가 범죄의 공동체라면 유일한 해결책은 공동체에 대한 범죄뿐이다. 결과적으로 요구되는 것은 모든 사회적 결속 관계의 전격적인 파기다. 물론 홉스가 이런 식의 표현을 사용하는 것은 아니다. 그의 담론은 일종의 '구축적인' 어조 내지 의도를 기반으로 전개된다. 홉스는 상호 분쟁의 배제가 그 자체로 가능한 형태의 새로운 국가를 세우고 싶어 한다. 바로 이 시점에서 결정적인 문제의 정체가 드러난다. 분쟁을 허락하지 않는 체제에 요구되는 것은 다름 아닌 절대적인 비사회화다. 오로지 분산을 통해서만 개개인은 살인적인 접촉을 피할 수 있다. 바로 이것이 홉스의 절대주의에 부여해야 할 비사회화의 가장 극단적인 '어원적' 의미다. 그의 절대주의는 여전히 '결속'된 상태로 남아 있는 모든 것을 분리하고, 비사회화 자체에 소용되지 않는 모든 사회적 관계는 청산해야 한다는 원리다. 그렇다면 이러한 상황은 전후 측면을 모두 관찰하는 동시에 이 측면들을 하나로 묶는 모순 내부에서 관찰할 필요가 있다. 인간들은 상호적인 비사회화를 통해서만 사회화를 꾀할 수 있고 순수하게 개인적인 이해관계 외의 모든 공통적 관심을 포기한다는 조건 하에서만 화합을 꾀할 수 있다. 이들은 공동체를 **함께** 제거한다는 차원에서 인위적인 방식으로 화합한다. 정확하게 이와 동일한 관점에서, 칼 슈미트 역시 이렇게 말한다. 계약은 "완전히 개인주의적인 방식으로 고안된다. 바로 여기서 모든 공동체적 결속이 해체된다. (...) 고통스러운 적대관계 속에서 회합하는 인간들은 회합 자체의 전제인 적대관계를 뛰어넘지 못한다."[32] 이런 식으로 '되돌아오는' 적대관계가—아니, 홉스의 지평을 구축하는 만큼 무대에서 결코 사라진 적이 없는 이 적대관계가—바로 앞서 언급했던 **고대성**, 혹은 **원소**다. 다시 말해 이 적대관계는 그것의 근대적인 '길들이기' 계획마저 포용하는 원천적인 폭력, 혹은 사라진 것 같았지만 사라지지 않고 정도의 차이만 보이며 존속해온 시원적인 폭력이다. 한편으로는 이러한 폭력이 '내용'의 차원에서 관계라는 '형식'의—똑같이 부정적인—차원으로 전이되었다고도 볼 수 있다. 즉 폭력은 사회관계의 절대적인 '부정'으로, 혹은 무관한 관계로 변한다. 홉스가 국가 내부에서 모든 유형의 회합과 단체 활동을 금해야 할 뿐 아니라 이러한 금기사항이 그가 생각하는 국가 기능의 원활한 수행에 필수적이라고 보았던 것도 이와 동일한 맥락에서 이해할 필요가 있다. 사회적 회합은 주권 권력을 위협할 뿐 아니라 논리적인 차원에서 부정할 수밖에 없는 요소다. 왜냐하면 주권 권력의 성립 논리가 다름 아닌 비사회화의 논리와 동일하기 때문이다. 비사회화의 논리가 제도적으로 규율화된 것이 주권 권력이다. 물론 관건은 서로 다르거나 순차적인 두 순간이 아니라 하나의 동일한 행위, 즉 구축적인 비사회화다. 국가는 공동체적 결속력을 탈-사회화하는 장치다. 바로 이러한 근본적인 차원에서, 홉스의 빈번한 경고를 이해할 필요가 있다. "'정치공동체적 몸'이라는 표현은 (...) 많은 인간들의 '조화'가 아니라 '총합'을 뜻한다."[33] 조화가 아닌 총합이다. 왜냐하면 한 순간에 주권의 유일한 페르소나로 일체화되며 '훨씬 더 커질' 뿐 아니라, 바로 그런 이유에서 사회적 '관계'의 차원에서는 그 어떤 관계보다도 '무한히 작아지기' 때문이다. '정치공동체적 몸'은 어떤 관계성도 지니지 않는 통일체, 즉 '함께cum'가 제거된 몸이다. 이 몸은 공동체와 단순히 다르거나 타자적인 것이 아니라 공동체의 정반대다. 달리 말하자면, 공동체의 부재를—더 이상 받아들이기만 하는 것이 아니라—오히려 생산한다.[34] 계약은 바로 이 부재를 내용으로 성립된다. 계약을 구성하는 수많은 '부정'의 합이 공동체의 흔적은 조금도 찾아볼 수 없는 상황을 창출한다. 따라서 리바이어던Leviathan의 창조는 "무無로부터의 창조와 유사할"[35] 뿐 아니라 '무의 창조와도 유사하다. 이 주권자에 복종하는 이들은—정확히 말해—아무런 공통점도 지니지 않는다. 모든 것이 '내 것'과 '네 것'으로 나뉘어 있기 때문이다. 이들은 '함께 나눔(condivisione)' 없이 '나뉘어(divisione)' 있다.

바로 이러한 성격의 분리를 전제로, 공동체 안에 함축되어 있는 죽음의 위험에 맞서 실행되는 것이 '면역화'다. 이러한 현상은 **임무니타스**와 **코무니타스**, 즉 면역성과 공동체 간의 대립 관계를 토대로 근대라는 프로젝트가 체계화되는 과정 전체에서 나타난다. 플레스너Helmuth Plessner나 겔렌Arnold Gehlen이—홉스가 말하는 '미래의 배고픔에 굶주린fame futura famelicus'[36] 인간을 구체적으로 언급하며—인간의 위기 상황과 직결되는 환경적 위험을 축소하는 기능의 기준을 다름 아닌 '면책' 혹은 '면제'(Entlastung)에서 발견했을 때, 이들이 구체적으로 시도했던 것은 본질적으로 홉스의 계약 논리를 재구성하는 작업이었다. 간단히 말하자면, '면제'는 과거에 인간을 짓누르던 일련의 고통스럽고 위험천만한 '의무'로부터 근대인을 **해방**하는 차원에서 진행되었을 뿐 아니라 동시에, 모든 유형의 공동체적 특징이 엄격하게 배제되고 모든 이기주의의 '동등한 상이성'이 지배하는 제도적 틀 속에 그를 **감금**하면서 진행되었다.[37] 이처럼 돌이킬 수 없는 성격의 분리가 다름 아닌 계약-이전 시대의 사회관계를 특징짓던 원천적인 '무누스'에 종지부를 찍는다. 이러한 측면에서 살펴보면, 홉스의 계약론과 고대의 증여 패러다임 사이에 구조적 유사성이 있다고 본 샬린스Marshall Sahlins의 견해는 설득력을 잃는다. 그가 모스Marcel Mauss의 증여 이론을 토대로 "원시사회에 존재했던 사회계약은 국가가 아니라 증여 문화다"[38]라고 주장할 때, 완전히 틀린 말을 하는 것은 아니다. 하지만 이 논리가 성립되려면 증여를 일종의 교환으로 간주해야 하고 결과적으로 그것의 무상성이라는 증여의 원리 자체를 무시해야 한다. 이러한 문제에 유념하며 오류를 범하지 않은 인물은 오히려 홉스다. 그는 '증여'가 지니는 무상의 논리와 일방적인 성격에 '사회계약'이 지니는 이윤의 논리와 쌍방적인 성격을 대립시킨다. 홉스에 따르면, "한 인간이 자신의 권리를 타인에게 양도할 때 이에 상응하는 어떤 이윤도―과거나 현재나 미래의 어떤 이윤도―취할 의도가 전혀 없다면, 이를 자유로운 증여라고 부를 수 있다. (...) 반대로 한 인간이 상대적인 이윤을 고려한 상태에서 자신의 권리를 양도하면 이는 자유로운 증여가 아니라 상호적인 증여다. 이를 바로 '계약'이라고 부른다."[39] 여하튼 계약은 증여와 일치하지도, 증여에서 유래하지도 않는다. 계약은 증여가 아닐 뿐 아니라 오히려 증여의 가장 직접적인 부정이다. 홉스에 따르면 이 부정과 함께, '근대인'[40]이 못견뎌하는 무상성의 공동체적인 차원이 바로 모든 형태의 무누스에서 벗어난 법률의 차원으로 전이된다. 아니, 법률의 기능은 오히려 '코무니타스communitas'[공동체/공동의 의무]에서 '무누스munus'[의무]에 의미론적으로 결속되어 있는 '쿰cum'[공동]을 파괴하는 데 있다. 법률의 이 파괴적인 힘에 구조적으로 상응하는 것이 바로 복종과 보호의 주권적 교환, 다시 말해 개인들 간의 관계를 파괴함으로써 이들의 생명을 보존하는 방식이다.

3.　이러한 합리화 과정에 비추어 보면, 홉스의 계획은 완전한 성공을 거둔 듯이 보인다. 사회관계가 그 자체로 치명적인 위험을 동반한다면, 유일한 해결책은 사회구성원들의 상호관계에 의존하는 대신 이를 폐기하고 각자가 모두 일괄적으로 관계할 수

있는 제 3의 주체를 제도적으로 정립하는 것뿐이다. 하지만 이처럼 완벽해보이는 추론의 논리적 면밀함에도 불구하고 이러한 논리 자체가 안고 있는 어떤 풀리지 않은 매듭, 혹은 불포화 상태의 어떤 비이성적인 요소가 여전히 남아 있다. 무엇보다 자연적인 두려움이 국가에 대한 두려움으로 변하는 경로부터가 단순한 당혹감 이상의 의문을 낳는다. 어떤 체제가 두려움만을 토대로 폭발하지도, 붕괴하지도 않고 유지될 수 있는가? 두려움의 담보 체계에 고스란히 들어맞는 정치체제는 도대체 어떤 유형의 정치체제인가? 홉스는—그의 세련된 논리적 공식과 노련하고 완벽한 논술에도 불구하고—이 본질적인 질문에 납득할 만한 답변을 제시하지 않는다. 아니, 그의 '이야기'를 순서대로 읽어보면 오히려 일군의 난점들, 일관적이지 못한 요소들, 확실하다고 볼 수밖에 없는 모순들이 점점 더 분명하게 드러난다. 텍스트를 끊임없이 수정하고 보완했음에도 불구하고, 홉스는 이러한 문제점들을 완전히 감추는 데 실패한다.

홉스의 연구자들이 빈번히 주목했던 것처럼, 가장 어려운 것은 시민들의 입장에서 권리를 포기하는 상황이 주권적 페르소나의 형성으로 이어지는 경로를 개념적으로 설명하는 문제다. 어떻게 수많은 부정적 반응의 총합에서 긍정적인 힘을 이끌어낼 수 있는가? 일군의 수동적 반응에서 능동적 원리가 유래한다는 생각은 과연 타당한가? 아울러 피지배자들의 입장에서, 이미 소유하고 있는 것을 자신들과 무관한 외부인에게 유리하도록 포기해야 하는 이유는 과연 무엇인가? 확실한 보상이 이루어지지 않는 만큼 이런 식의 포기는 전적으로 일방적인 형태의 단념에 지나지 않을 뿐 아니라 미래의 어떤 대가로도 보상받을 수 없는 예방 차원의 희생에 가깝다. 물론 홉스 자신도 이처럼 일관적이지 못한 측면을 인지하고 있었고 바로 이 문제를 해결하기 위해 이른바 '인가 이론'을 제시했다.[41] 이 이론에 따르면, 개인들은 권리를 포기하는 것으로 그치는 것이 아니라 자신들의 위치에서 행동할 수 있는 누군가를 대리인으로 '인가'하고 내세움으로써 주권자의 모든 행위에 대한 주체로서의 역할을 유지한다. 하지만 이러한 체계는 앞서 언급했던 문제점들을 해결하기보다는 오히려 더 복잡하게 만든다. 이는 무엇보다 이 체계에서 주권자의 강압적인 권력 행사 가능성이 국민들을 보호하는 구체적인 결과로 이어지는 것이 아니라 오히려 주권자가 국민들의 제어에서 완전히 벗어나는 결과로 이어지기 때문이다. 달리 말하자면, 인가에 의한 '정당성'의 원칙이 '효율성'의 원칙 뒷전으로 밀려나 종속되는 상황이 벌어진다. 사회계약이 논리적으로 주권에 우선한다는 것은 사실이다. 하지만 계약의 실효성 자체를 역사적으로―즉 실질적으로―가능하게 만드는 것은 주권이다. 이는 계약을 존중하고 준수하라고 호령하는 칼이 없으면 계약 자체가 무효해지기 때문이다. 법률은 정치를 정초하지만 정치는 법률을 종속시킨 뒤에 초월한다. 똑같은 이야기가 체제와 결정의 관계, 규율과 예외, 보편성과 우발성의 관계에 적용된다. 주권이란 이러한 두 차원의 중첩인 동시에 전자에 대한 후자의 상대적인 예외성이다. 앞서 언급했듯이, 자연 상태는 문명 상태에 의해 결코 결정적으로 극복되지 않을 뿐 아니라, 문명사회의 중심에서 다름 아닌 주권자의 형상을 통해 다시 부활한다. 주권자가 자연 상태를 표상하는 이유는 그가 다른 모든 인간이 포기한 자연적 권리를 유일하게 보유하는 존재이기 때문이다.

이 시점에서 모순은 절정에 달한다. 인가 이론은 원래 사회계약자들에 대한 주권 권력의 초월성을 말살하기 위한 전제로 제시되었는데 바로 이 인가 이론이 주권자를 오히려 극단적인 형태로 절대화하기 때문이다. 도대체 이런 현상이 발생하는 이유는 무엇인가? 이러한 역설적인 상황 대한 설명의 열쇠는 '정체의 동일화(identificazione)'라는 개념의 이중적인 의미 속에, 좀 더 정확히 말하자면 이 동일화에 관여하는 쌍방 간의 주체성 교환이 이루어지는 곳에 있다. 타자의 존재에서 자신의 정체성을 발견한다는 것은 '타자의 자기화'를 의미할 수도 있고, 반대로 '자신의 타자화'를 의미할 수도 있다. 홉스는 이 두 가지 가능성 사이에서 끊임없이 배회하지만, 그의 담론이 지니는 논리의 방향은—아니 저력은—고스란히 두 번째 가능성으로 집중된다. 따라서 자신의 정체성을 주권자에게서 발견한다는 것은 곧 주체성을 그에게 고스란히 내맡긴다는 뜻일 뿐 아니라 다름 아닌 '고유한' 것으로 간주되는 자신의 모든 행위에 대한 자율성을 남김없이 포기한다는 것을 의미한다.

이러한 관점에서 살펴보면, 국민들의 희생 메커니즘을 발동시키는 것은 사람들이 흔히 생각하는 주권자의 우월성이나 초월성이 아니라 오히려 그의 정체성이다. 이는 애초에 희생 메커니즘을 저지할 목적으로 도입된 [정체성의] '인가 행위'가 희생 메커니즘을 오히려 최대한 강화하는 결과로 이어지기 때문이다. 국민의 입장에서, 고유의 상실을 인가하는 것보다 더 큰 희생이 어디에 있겠는가? 그런 식으로 고유의 이질화를 내면화하는 것보다, 자신의 잃어버린 정체에서 정체성을 찾는 것보다 더 큰 희생이 어디에 있겠는가? 이러한 관점은 원칙적으로 주권자의 모든 활동에 적용될 수 있지만, 주권자가 그에게 복종하는 주체를 '적대적으로' 대할 때 이 관점의 특별한 중요성이 부각된다. 복종하는 '주체'는 이 경우에도 주권자의 행위에 맞서 항의하지 못한다. 이는 단순히 그 행위에 대한 유일한 판단 기준이 다름 아닌 주권자에 의해 적용되었거나 제도화되었기 때문만은 아니다. 그가 항의할 수 없는 이유는 무엇보다—'주체'의 주관적인 입장에서 주권자의 적대 행위가 부당하다고 느낄 경우에도—적대 행위의 실질적인 장본인으로 정의되어야 할 국민이 그것을 부인한다는 것 자체가 논리적인 차원에서 불가능하기 때문이다. 홉스에 따르면, "시민 각자는 주권자가 하는 모든 행위의 장본인이며, 따라서 주권자로부터 권리를 침해당했다고 불평하는 자는 자신이 저지른 행위에 대해 불평하는 셈이다."[42] 바로 그런 이유에서, "누군가가 국가의 처벌을 받을 경우—그가 지은 죄의 유무와 상관없이—그를 보호할 목적으로 국가에 저항할 자유는 누구에게도 주어지지 않는다."[43] 하지만 사실은 자신을 변호할 자유조차 주어지지 않는다. 자기변호의 유일한 가능성은 그에게 무조건적인 복종의 의무를 부여하는 계약을 파기하는 것뿐이다. 바로 여기서 홉스의 패러다임이 지니는 명백하게 희생적인 성격이 고스란히 드러난다.

결과적으로—흔히 국가 내부에서 일어나듯이—한 국민이 주권자의 명령으로 사형을 당하는데 그럼에도 불구하고 주권자나 피고 그 누구도 상대에게 잘못을 범했다고 볼 수 없는 경우들이 발생한다. 입다Jephthah가 자신의 딸을 어쩔 수 없이 희생양으로 삼았던 것도 이런 경우에 속한다. 이러한 혹은 이와 비슷한 상황에서 죽는 사람은 결국, 부당한 일이 아님에도 불구하고 죽음으로 몰고 갈 행위를 얼마든지 저지를 수 있는 상황에 놓여 있었던 셈이다. 똑같은 해석이, 주권자가 무고한 국민에게 죽음을 명하는 경우에도 적용된다.[44]

한편 홉스는 일찍이 『자연적, 정치적 법의 요소들Elements of Law, Natural and Politic』에서 '자식'을 가리키는 라틴어 용어가 아이러니하게 "'자유인'을 뜻하기도 하는 liberi"라는 점에 주목하며 이렇게 말한 바 있다. "자식들은 이전할 수 있다. 다시 말해 아버지나 어머니로서의 권한을 포기하고 판매의 형식으로 입양을 시키거나 누군가의 노예로 양도할 수 있다. 혹은 담보로 제시하거나 반항할 경우 살해할 수도 있고, 아버지나 어머니가 솔직하게 필요하다고 생각할 경우, 자연법에 따라 평화를 위한 희생양으로도 삼을 수 있다."[45] 물론 이러한 상황이 사회계약을 기반으로 설립된 국가보다는 오히려 '독재' 또는 '가부장적' 국가에서나 성립될 수 있다는 것은 사실이다. 하지만 결정적인 요인은 홉스가 이 두 체제 사이에 본질적인 차이가 없다고 보았다는 데 있다. 이 두 체제는 모두 두려움을 기반으로 존속한다는 공통점을 지닌다. "획득에 의한 주권이 설립에 의한 주권과 다른 점은 단 한가지다. 설립에 의한 주권국가에서는 설립자에 대한 두려움이 아니라 서로에 대한 두려움 때문에 그를 주권자로 선택하지만, 획득에 의한 주권 국가에서는 자신들이 두려워하는 자를 주권자로 고른다. 어떤 경우에든 사람들의 결정은 두려움에서 비롯된다."[46] 두려움은 물론 이 두 체제에서—두려움의 주체들이 상이한 만큼—서로 다른 효과를 낳지만, 생명의 즉각적인 보존을 위해 생명의 '주도권'이 희생되는 문제에 대해서 만큼은 동일한 효과를 낳는다. 뭐랄까, 이 두 체제의 공통점은 어떤 경우에든 죽음의 위협에서 벗어나려면 생명을—'생과 사를' 좌우하는 무시무시한 조합의 힘으로—빼앗을 수도 있는 권리를 지닌 자에게 생명을 의탁해야만 하는 정황이다. 마치 생명은 오로지 죽음에 속해야만 보존되고, 죽음의 이름으로 죽음을 위해서만 보존되는 것처럼 보인다.

그리고 사람들이 항복자의 숙영quarter(그리스인들이 생포하다는 뜻으로 사용했던 말)을 요구할 때 원하는 것은 복종을 약속함으로써 승리자의 분노를 달래고 몸값이나 노역으로 목숨의 대가를 치르는 것이다. 따라서 숙영을 얻는 자의 입장에서 그의 생명은 되돌려 받은 것이 아니라, 후속 조치가 내려질 때까지 연장되었을 뿐이다. 왜냐하면 관건은 생명을 조건으로 내건 항복이 아니라 그것을 정복자의 재량에 맡기는 항복이기 때문이다. 승자가 그를 신뢰하고 그에게 육체적 자유를 허락해야만 그의 생명이 보장되고 봉사의 의무가 발생한다. (...) 실제로 그는 주인의 모든 행위를 인정하고 승인하겠다는 약속의 대가로 주인 밑에서 목숨을 유지한다. 따라서 그가 복종을 거부하면 이를 이유로 주인이 그를 살해하거나 결박하고 또 그 외의 방법으로 그의 불복종을 처벌하더라도, 그의 입장에서는 자신이 이러한 상황을 초래한 장본인이기 때문에 권리

침해를 이유로 주인을 비난하지 못한다.[47]

　이처럼 희생자가 자신의 가해자에게서만 정체성을 발견하게 되는 상황은, 원래 모방 욕망을 기반으로 발동되었던 희생 메커니즘이 뒤이어 보호와 복종의 정치적 교환을 기반으로 제도화되는 과정의 절정에서 벌어진다. 물론 이처럼 보호가 가해로 전복되는 상황은 홉스의 논술적인 성향을 고려할 때 정치담론의 극단적인 여백에 머문다고 보아야 할 일종의 한계 상황에 가깝다. 계약에 의해 설립된 국가 체제에서 "무고한 사람에게 어떤 해를 가해도"[48]라는 표현은—위험 요소를 어김없이 외부에 설정하는—일종의 예외 규정처럼 들린다. 하지만 이러한 예외성은 정상적인 법률을 뒷받침하는 '비정상적인' 전제가 무엇인지 그대로 보여준다. 이 전제는 적대 관계를 우선적인 조건으로 성립되는 체제 안에서 생명의 보존과 희생의 가능성은 본질적으로 일치한다는 것이다. 생명의 보존을 위해 생명의 희생을 감수하는 것만이 생명을 위협하는 자연적인 위험 요소들을 억제할 수 있는 유일한 방법이다. 하지만 그렇다면 이는 생명의 유지와 함께 생명의 희생 가능성 역시 보존한다는 것을 의미한다. 다시 말해 이는 희생의 활성화가 아니라 희생 가능성의 규율화를 의미한다. 공동체는 고스란히 이러한 변증관계의 포로로 남는다. 어떻게 보면 공동체는 르네 지라르가 제시했던 것과 동일한 차원의 '희생 공동체'다. "공동체 고유의 폭력으로부터 공동체 전체를 보호하는 것이 희생제의다. 이 희생제의에 의해 공동체 전체의 시선은 공동체 외부의 희생양에게 집중된다."[49] 공동체는 공동체 내부의 폭력을 흡수할 수 있는 단 한 명의 적에게 폭력을 전가함으로써 폭력의 위협에서 살아남는다. 하지만 바로 이러한 전가 과정에서 '공동의 요소' 자체가 안에서 바깥으로 전이되는 현상이 일어난다. 홉스에 따르면, "여전히 확실한 것은 결국 '동의'만으로는—내가 이 용어를 특정 행위에 뛰어드는 수많은 인간의 의지의 경합으로 이해하는 만큼—모두의 평화를 확실하게 보장할 수 없으며 결과적으로 어떤 공동 권력 기구의 설립이 요구된다는 것이다. 이 권력 기구에 대한 두려움 때문에 사람들은 서로 간에 평화를 유지하기 위해 노력할 뿐 아니라 힘을 합쳐 '공동의 적Common Ennemy'을 물리쳐야 하는 입장에 놓인다."[50] 그렇다면 결국에는 희생 메커니즘이 공동체를 보존하는 데 소용될 뿐 아니라 절대적인 외면화를 일으키며 공동체를 그것 자체의 내면과 분리시킨다고도 볼 수 있는 양상이 전개된다. '공동성', 그것은 이제 공동체를 위협하는 적의 특징인 동시에 동일한 적에 맞서 공동체를 통일된 상태로 유지하는 권력 기구의 특징이다. 하지만 이 권력 기구는—다름 아닌 적의 제거 불가능성을 기반으로 설립된 만큼—오로지 공동체의 분리를 통해서만, 다시 말해 공동체의 성격을 제거해야만 공동체의 통일성을 유지할 수 있다. 바로 이러한 경로를 거쳐 '희생 공동체'는 '공동체의 희생'으로 전복되거나 배가된다. 공동체가—자기보존을 위해—희생시키는 것은 다름 아닌 '자신'이다. 공동체의 자기희생은 모든 적의 희생뿐만 아니라 공동체의 구성원 모두의 희생을 통해 이루어진다. 왜냐하면 모두가 스스로의 존재 밑바닥에서 발견하는 것은 다름 아닌 **시원적** 적의 원형이기 때문이다. 바로 이 기원에—적의 원형이 불러일으키는 두려움에—반응하며 두려움의 무한한 재활을 주도하는 것이 '희생'이다. 이 끝없이 재생되는 두려움의 회로에서 우리는 여전히 벗어나지 못한 상태로 남아 있다.

홉스에 관한 여록

회로의 비유는 기원의 문제가 결국 해결될 수 없다는 점을 완벽하게 보여준다. 두려움과 희생 가운데 먼저 오는 것은 무엇인가? 어느 것이 다른 하나의 기원인가? 지금까지 살펴본 홉스의 이론에 따르면, 먼저 오는 것은 두려움이다. '잔혹한' 죽음에 대한 두려움이 기초적인 본능, 자유, 욕망의 희생을 유발한다. 그런 의미에서 희생은 부차적이며—논리적으로—두려움 다음에 온다. 반면에 지금부터 살펴볼 것은 두려움과 희생의 순서를 뒤바꾸어 관찰하는 또 다른 유형의 해석적 관점이다. 이러한 관점은 홉스의 텍스트 바깥에서, 좀 더 정확히 말하자면 희생을 두려움 앞에 두고 다름 아닌 '징후'를 해석함으로써 이들 간의 관계를—아울러 이 관계의 가장 껄끄러운 모순들마저—'설명'할 수 있는 일종의 '가설'에서 발견된다. 이 해석은 희생을 두려움 앞에 둘 뿐 아니라 홉스가 우선시하던 것을 어떤 미지의 기원 뒤에 오는 것으로 분류한다. 홉스적인 논술의 리듬과 분석의 매듭 속에서 기능하고 있음에도 불구하고 홉스가 미처 파악하지 못한 함축적이고 잠재적인 차원의 기원이 앞서 존재했으리라고 보는 것이다. 이 기원은 무엇인가? 이 기원 앞의 기원, 원천적이면서 다름 아닌 두려움 바로 앞에 머물며 그것을 '결정'짓기까지 하는 이 기원은 도대체 무엇인가? 더 나아가, 언뜻 시원적으로 보이지만 사실은 이미 또 다른 사건의 뒷전으로 밀려나 있는 이 두려움, 그것을 원인이라기보다는 결과로 만드는 또 다른 장면의 뒷전에 머물러 있는 이 두려움은 과연 어디서 유래하는가?

이 본질적인 질문에 대한 직접적인 답변을 시도하려면, 먼저 이 문제의 또 다른 특징을 살펴볼 필요가 있다. 홉스는 국가 제도가 야기하는 두려움을 설명하면서 '무서움fear'이라는 단순한 표현 대신 항상 '공포terror'라는 용어를 사용한다. 홉스에 따르면 "처벌은 인류에게 유익하다. 왜냐하면 '공포'를 내개로 인간관계를 유덕하고 평화롭게 유지하기 때문이다."[51] "주권자는 여러 형태의 권력과 이 권력이 불러일으키는 '공포'를 활용하며 개개인의 의지를 합치와 화합으로 이끈다."[52] "자연법은 어떤 권력이 '공포'를 조장하며 그것을 존중하도록 만들지 않는 이상 지켜지지 않는다. 자연법 그 자체는 우리의 자연적 정념과 정반대다."[53] 홉스가 '공포'라는 단어를 사용하는 이유는 국가가 조장하는 두려움의 유형이 생각을 하게 만들거나 재고를 가능하게 하는 두려움이 아니라 어떤 형태로든 그것에 대한 저항은 아예 꿈도 꾸지 못하도록 만드는 두려움이기 때문이다. 이러한 특징은 사회라는 축조물의 기초를 마련했던 첫 번째 희생의 본질이 과연 무엇인지 식별하는 데 유용한 단서를 제공한다. 이 본질의 실체가 '공포' 못지않게 무시무시하고 심지어 괴기스럽기까지 한 이유는 당연히 국가적인 차원의 공포가 그것을 은폐하는 동시에 억제하는 역할을 하기 때문이다. 이 괴기스러운 실체란 바로 프로이트가 『토템과 터부』[54]에서 묘사했던 '형제들의 부친 살해' 사건이다. 이보다 더 무시무시하고 받아들이기 힘든 사건이 또 어디 있겠는가? 물론 내가 말하려는 것은 프로이트가 나중에 '발견'하게 될 내용을 홉스가 미리 예견하고 있었다는 것도, 또는 프로이트가 홉스의 논제에서 허점이 발견되는 이유를 설명하고 언급되지 않은 부분에 목소리를 부여하면서 그의 이론을 의식적으로 완성하고자 했다는 이야기도 아니다. 하지만—그럼에도 불구하고—이 두 저자 사이에서 발견되는 개념적이고 심지어는 의미론적인 차원의 일치점들이 특별히 눈에 띨 뿐 아니라 이 일치점이 무엇보다 '자연적 공격성' 이론과 관련하여 확연하게 부각된다는 점은 간과하기 힘들어 보인다. 예를 들어, 프로이트는 이 이론을 다루면서 홉스의—일찍이 플라우투스의—'사람은 사람에게 늑대다'[55]라는 공식을 문자 그대로 인용한다. 프로이트는 자연 상태와 문명 상태의 표면적인 대립 관계에 대해서도 홉스의 견해를 따른다. 프로이트의 입장에서도 "문명사회의 가장 우선적이며 그것의 존재 이유이기도 한 과제는 다름 아닌 자연에 맞서 우리를 보호하는 것이다."[56] 따라서 내가 주목하고 싶은 것은 오히려 프로이트로 하여금 홉스의 여정을 절대적으로 충실하게 답습하도록 만든 희생 패러다임의 논리구조적인 문제다. 프로이트는 이렇게 말한다. "인간의 공동체적 삶은 어떤 조건 하에서만 가능하다. 공동체는 다수가 모여 형성하는 집단이 어떤 개인보다도 강하고 이 상태를 개개인에 맞서 유지할 때에만 가능하다. '야만적인 힘'으로 간주되는 개인의 힘에 맞서 '법적 권리'의 형태로 대항하는 것이 바로 공동체의 힘이다. (...) 최종적인 결과는 모두가—적어도 어떤 공동체 안에서 사는 것이 적합해보이는 이들 모두가—그들의 충동적인 본능을 희생시킴으로써 정립하기에 이르는 법적 권리의 제도화가 되어야 할 것이다."[57] 이 경우에도 유일하게 가능한 공동체는 희생에 의해 결속되는 공동체, 즉 어쩔 수 없이 공동체 자체의 희생이기도 한 '희생의 공동체'다. 하지만 여기에는 홉스가 제시했던 구도를 보완하며 시제의 구조를 재조정함으로써 메커니즘 자체에 타당성을 부여하는 요소가 가미된다. 다시 말해, 프로이트의 '희생'은 사회 계약pactum societatis의 '결과'일 뿐 아니라 '전제'이기도 하다. 하지만 관건은 모든 유형의 희생이 아닌 최초의, 가장 무시무시한 희생, 즉 "인류뿐만 아니라 개인의 것이기도 한 원천적이고 시원적인 범죄"[58]다. 바로 이 범죄가 관건일 때에만 개체발생적인 차원에서, 홉스의 세계를 지배하는 격세유전적인 두려움에 대해 언급할 수 있다. 바로 이 지점에서, 한 사람을 위해 모두가 모든 것을 포기하도록 만드는 그 불가해한 '두려움'의 실질적인 대상이—다시 말해, 상상의 대상이—무엇인지가 좀 더 확연하게 드러난다. 관건은 보편적인 차원의 죽음에 대한 두려움이 아니라 단 **한** 명의 죽은 존재에 대한 두려움이다. 정확히 말하자면, 두려운 것은 그의 회귀다. 왜냐하면 그의 회귀가 곧 죽음의 회귀이고 한 번이라도 살해를 경험한 적이 있는, 그런 식으로 죽음을 고유의 영속적인 특징으로 만든 모두의—형제들의—입장에서 죽음을 의미할 수밖에 없기 때문이다.

 게다가 관건은 가장 친근한 존재의 회귀다. 아버지만큼 친근한 존재가 또 어디 있겠는가? 바로 그의 회귀가 동요, 공포, 두려움의 본질이다. 프로이트에 따르면, "사실상 동요를 유발하는 요소는 전혀 새롭거나 이질적인 것이 아니다. 오히려 그것은 원래부터 인간에게 심리적으로 아주 친숙한 것이며, 단지 거세 과정을 거치면서 이질적인 것으로 변했을 뿐이다. (...) 그것은 감추어진 상태로 남아 있어야 하지만 부각되는 무엇이다."[59] 여하튼 동요를 일으키는 것은 죽음이 아니라 죽음의 회귀다. 『포스트맨은 항상 벨을 두 번 울린다』라는 소설도 이와 유사한 논리를 따른다. 죽은 자가 되돌아온다면 그는 현실 속에서든 상상 속에서든 살해를 당했던 자임에 틀림없겠지만, 이는—프로이트에 따르면—그리 중요한 요소가 아니다.[60] 중요한 것은 실제일 수도 상상일 수도 있는 이 사건 자체가 어떤 식으로든 두려움은—두려움 자체가 사건 이전이 아닌 이후에 발생한 것으로 간주되는 만큼—제거가 불가능하다는 사실과 이 두려움에 힘입어 역설적이게도 사회적 교류가 가능해진다는 사실을 구조적으로 보여준다는 것이다. 물론 사회적 연합은 살인마 형제들이 계약을 바탕으로 사회의 기반을 다지는 '역사적인' 정황에서 탄생하지만, 이 사건은 이들을 사실상 서로 멀어지게 해야 할 두려움에도 '불구하고' 일어난다. 이는 이들이 [돌아오는] 아버지보다 **더 원천적인** 폭력과 증오에 의해 **이미** 통합되어 있었기 때문이다. 이는 프로이트가 일찍이 미완성 원고 『전이신경증 개요』에서 분명하게 언급했던 부분이다. "다음 단계에서 이들은 거세의 위협으로부터 벗어나 동맹 관계를 맺으면서 삶을 위해 투쟁하는 법을 비운다. 이들의 공존상태가 바로 사회적인 감성을 싹트게 만들었을 것이다."[61] 하지만 이러한 특징이 보다 분명하게 드러나는 곳은 『모세와 유일신교』의 세 번째 장이다. 여기서 이러한 정치-원형적 일화는 홉스의 기계적인 논증 메커니즘과 놀랍도록 흡사하게 재구성된다. "(...) 형제들이 부친을 살해한 뒤 그가 남긴 유산을 독차지하기 위해 서로 다투는 시기가 상당히 오랫동안 지속되었다고 볼 수 있다. 하지만 이들은 이러한 분쟁이 지극히 위험하고 비생산적이라는 점을 깨닫고, 아울러 아버지로부터의 해방을 공동으로 도모했다는 사실이나 망명 시기에 지녔던 감정적 유대의 기억을 바탕으로 결국에는 화합에, 일종의 '사회 계약'을 체결하기에 이른다."[62] 먼저 망명, 뒤이어 모반의 시기에 '공동의 맹세cum-iuratio'를 기반으로 형성된 유대 관계가 사실상 두려움 때문에 필요해진 계약을 실제로 가능하게 만든다. 계약의 필요성을 낳는 '공동의 두려움'은 홉스의 입장에서든 프로이트의 입장에서든 자연 상태의 '서로에 대한 두려움'에 뒤이어 형성된다. 차이가 있다면, 프로이트의 경우 상호적인 두려움 역시 또 다른 두려움의 뒤를 잇는다는 것이다. '서로에 대한 두려움'은 끝없는 퇴보 속에서—기원 자체는 항상 그것의 표현 뒷전에 머물기에—'아버지에 대한 두려움'의 뒤를 잇는다. 먼저 살아 있을 때의 아버지에 대한 두려움이 이어서 죽은 뒤의 아버지에 대한 두려움으로 변한다. 그의 잔혹한 죽음은 살인자 아들들의 내면에 아버지를 미워하지만 존경하기도 하는 복잡한 감정을 불러일으킨다. 바로 이 '존경'이라는 요소가 아들들이 왜 그를 일종의 상징적이고 토템-신화적인 형상으로 재구성하는지 설명해준다. '아버지'를 대체하는 이 형상 역시 두려움을 일으키지만, 그것은 좀 더 견딜 만한 두려움이다. 왜냐하면 아들들이 직접 생산해냈기 때문이다. 결과적으로, 이런 이유에서가 아니라면 역설적일 수밖에 없는 정황, 즉 가장 부당하고 부도덕한 행위에서 다름 아닌 법적 권리와 도덕적 감성이 탄생하는 정황의 이유가 설명된다. 이 부당한 행위는 심지어 항상 '신성sacro'한 것으로 간주된다. 모든 '희생제의 sacrificio'가—어원에서부터—신성한 것으로 간주되듯이. 프로이트에 따르면, "최초의 사회 조직은 충동적인 본능의 단념과 상호적인 **의무**에 대한 의식, 그리고 침해할 수 없는(신성한) 것으로 천명되는 특정 **제도**의 제정과 더불어 탄생했다. 이는 도덕적 감성과 법적 권리의 탄생과도 일치한다. (...) 하지만 이러한 '형제적 동맹'의 시대에도 아버지에 대한 기억은 사라지지 않았다. 그를 대체하는 어떤 힘센 동물[토템]의 형태로 존속했기 때문이다. 아마도 이 동물 역시 초기에는 항상 두려운 존재였을 것이다."[63]

이 힘센 동물이 니체가 "괴수들 가운데 가장 냉혹한"[64] 존재라고 말하는 리바이어던과 정말 닮았다는 점은 부인하기 힘들어 보인다. 왜냐하면 "아버지와의 관계에 대한 분열된(양가적인) 감정이 토템 동물과의 관계 속에서 고스란히 유지되기"[65] 때문인데, 이처럼 두려움과 존중이 뒤섞인 관계가 바로 리바이어던-국가에 대한 국민들의 우호적이지도 않고 적대적이지도 않은 입장을 결정짓는 요인 아닌가? 바로 그런 의미에서 "홉스에게 리바이어던의 형상은 무언가 완전히 다른 것을 의미한다. 왜냐하면 비교적 뒤늦게 등장하는 베헤모스*의 경우처럼 단순한 적이 아니라 오히려 평화와 안전을 보장하는 신을 표상하기 때문이다. 리바이

* 구약성서에 등장하는 히브리어 베헤모스Behemoth는 '짐승'을 뜻하며 리바이어던과 마찬가지로, 단수인 동시에 복수의 동물로 구성된 괴수를 가리킨다.

어던은 정치신화적인 차원의 '친구-적'과도 거리가 멀다. 그러기에는 지나치게 무섭고 괴기스럽다."[66] 그렇다면 고대적인 '친부의 강제권'처럼 더 이상 있어서는 안 될 뿐 아니라 동시에 절대적으로 필요한 무언가를 대체하는 것이 바로 "토템의 가면"[67] 아닌가? 이는 프로이트의 '신화'에서 아버지의 자리를 차지하는 '거인'의 특징들이 홉스의 리바이어던이 지녔던 것과 조금도 다르지 않다는 사실을 감안하면 아주 분명해진다. 리바이어던이 '절대적인', '불가항력적인', '무조건적인' 존재인 것처럼, "부족장을 아버지로 둔 무력하고 겁에 질린 아들의 입장에서는, 그의 아버지가 불가항력적인 존재라는 확신과 아버지의 의지에 굴복해야 한다는 사실만큼 무조건적인 것도 없었을 것이다."[68] 그가 죽음과 다를 바 없는 존재라는 것도 중요하다. 왜냐하면 '거인makros anthropos'의 권위와 권력은 다름 아닌 죽음에서 오기 때문이다. 이는 홉스와 프로이트가 지닌 공통점이기도 하다. 홉스가 잔혹한 죽음에 대한 두려움을 기반으로 '국가'를 설립하고 사형에 대한 두려움을 매개로 국가의 보존을 꾀한다면, 프로이트는 '아버지'를 "살아 있을 때보다 죽은 뒤에 훨씬 더 강력해지는"[69] 존재로 간주한다. 홉스가 리바이어던을 "죽는 신Deus mortalis"이라고 불렀던 것은 우연이 아니다. 리바이어던은 죽음에서 유래할 뿐 아니라 이미 산산이 찢기고 잡아먹힌 적이 있기 때문에 어떻게 보면 죽음을 여전히 안에 품고 있는 존재다. 슈미트는 이렇게 말한다. "카발라에 따르면, 리바이어던은 이스라엘의 신이 매일 몇 시간을 함께 노는 거대한 동물이다. 하지만 천년왕국이 시작될 때 이 왕국의 국민들은 리바이어던을 도살한 뒤 그 고기를 행복하게 나누어 먹는다."[70] 그리고 바로 그런 이유에서 더욱더 "홉스의 '죽는 신'은 오히려 어느 날 내란 혹은 반란군에 의해 산산이 분해될 수도 있는 일종의 기계에 가깝다."[71] 결과적으로 분명해지는 것은 슈미트의 다음과 같은 관찰이 지니는 의미다. "고유의 생존을 위해 안달하는 개인들의 두려움이 축적될 때 이 비대해진 두려움은 분명히 또 다른 형태의 권력을 무대 위로 등장시킨다. 하지만 인간은 이 새로운 신을 창조했다기보다는 그저 떠올렸을 뿐이다."[72] 이 '새로운 신'을 또 다시 '창조'한 것이 아니라 '떠올렸다'는 말은 곧 이 신이 어떤 알쏭달쏭한 과거의 어딘가 다른 곳에 머물러 있었고 인간이 이 과거를 기억도 망각도 할 수 없기에 그저—생존자들이 죽은 자들을 떠올릴 때처럼—떠올리기만 할 수 있을 뿐이라는 의미일 것이다. 그런 의미가 아니라면 또 무엇을 뜻하겠는가?

이 신은 여하튼 또 다른 의미에서도 '죽는' 신이다. 그는 원래부터—원형적 기원에서부터—이미 죽어 있기 때문에 죽음을 품에 안은 존재일 뿐 아니라 죽음을 다시 되돌려주는 존재, 다시 말해 그에게 가장 먼저 죽음을 선사하며 '그의' 몸 안에서 '그를' 집어삼킨 이들에게 매일매일 죽음을 반납하는 존재이기도 하다. "어느 날, 추방당한 아들들은 힘을 합쳐 아버지를 죽이고 그를 집어삼킨다. (...) 이 시점에서, 아들들은 아버지를 집어삼킴으로써 아버지와의 일체화를 실현하고 아버지가 지녔던 힘의 일부를 자기 것으로 만든다."[73] 하지만 이 힘은—죽은 아버지와의 일체화를 통해 얻은 만큼—그 자체로 죽음의 힘이다. 이 힘이 따라서 포기의 부정성을 통해 표출될 수밖에 없다는 것은 우연이 아니다. 정확히 말하자면 관건은 이중의 포기다. 아들들은 모두 아버지의 역할과 위치를 되찾으려는 욕망을 포기할 뿐 아니라 그 위치에 뒤따르는 여자들의 독점까지 포기해야 한다. "따라서, 공존을 원한다면, 이들에게 남은 방법은 근친상간 금지법을—아마도 무수한 위기를 극복해야 했겠지만—제정하는 것뿐이다. 이 금지법을 토대로, 이들은 자신들이 갈망했을 뿐 아니라 바로 그런 이유에서 아버지를 축출하는 데 결정적인 계기가 되었던 여인들을 다 같이 포기하기에 이른다. 이들을 강하게 만든 조직은 이런 식으로 보존되었다."[74] 여하튼 이러한 과정에서 창출된 주권 권력은 고유의 권한을 포기하는 행위에 직접적으로 비례한다는 특징을 지닌다. 이러한 특징으로 귀결되는 희생 메커니즘은 극단적인 결과로 점철되는 양상을 보인다. 먼저 아버지의 희생이 있고 이어서 희생된 아버지에게 헌정되는 아들들 자신의 희생이 있다. 이 이중의 희생, 배가된 희생은 '피'인 동시에 '금기'이기도 하다. 이 희생은 의식적인 자기명령의 형태로 이루어지는 금기의 내면화다. 이것이 바로—앞서 살펴본 것처럼—홉스가 '인가'라는 표현을 사용하면서 은폐하는 동시에 드러내는 것, 다시 말해 자신의 형벌을 고유한 것으로 받아들이는 자세다. 카네티가 인지하면서도 완전히는 설명하지 못하는 홉스의 신비, 비밀, 저주가 바로 여기에 있다. 이 비밀은 고유한 형벌의 '인가'가 결국에는 죽은 아버지를 체화하는 순간 내면화되는 자기희생의 법적 형상에 지나지 않는다는 것이다. 아들들은 의도적으로 여자와 권력만 포기하는 것이 아니라 이에 앞서 고유의 정체성이라는 더욱 중요한 것을 포기하며 더 이상은 없는 누군가와의 일체화를 꾀한다. 다시 말해, 없지만 그가 부재하는 곳으로 자신들을 끌어들일 수 있는 누군가와의 일치를 선호하는 것이다.[75] 이들이 **죄 안에서** 형제가 되는 순간 결정적으로 상실하는 것은 고유의 정치적 주체성이다. 따라서 그것을 태고의 아버지가 남긴 것, 혹은 '남아 있는' 아버지에게서 발견하려고 노력한다. 하지만 이들은 아버지와—죽은 자와—일체화를 꾀하기 때문에 자신들이 집어삼키면서 실현했던 죽음에 스스로를 내맡기지 않을 수 없다. 그 죽음이 이제 이들을 집어삼킨다. "아버지의 자리를 차지하려고 아버지를 죽였으니 이제 네가 아버지이지만 넌 '죽은' 아버지다."[76] 프로이트의 '근원장면Urszene'은 홉스의 계약을 '답습'하면서 일종의 절대적인 상호성을 활성화한다. 아들들의 입장에서 아버지를 체화하는 행위는 아버지의 죽음과 동시에 그를 대체하는 존재 리바이어던의 입장에서 아들들을 체화하는 행위에 상응한다. 리바이어던의 유명한 이미지, 수많은 인간의 조그만 실루엣이 촘촘히 틀어박혀 형성하는 침투 불가능한 갑옷의 이미지는 다름 아닌 '두 번째' 아버지의 입장에서 살인마 자식들을 자신의 **고유한 몸 안에**[77] 끌어안는 모습을 보여준다. 고전 신화 전체에 걸쳐 나타나는 아버지와 아들 간의 희생 메커니즘 역시 그 방향성은 언제나 전복될 수 있고 또 순환적이지 않았나? 언제나 자식들을 잡아먹는 아버지, 아버지를 잡아먹는 자식들의 이야기가 아니었나? 크로노스가 그의 아버지 우라노스를 살해하고 뒤이어 아들 제우스에게 다시 살해당하는 이야기가 바로 이 모든 것의 원형 신화다. 이 끝없는 살해의 현장을 마치 한 장의 소름끼치는 스냅 사진으로 찍어낸 듯 보이는 문장에서 카네티는 이렇게 말한다. "아버지는 자식들을 즐겁게 구워 먹고 이들의 달콤한 육즙을 맛보면서 쾌감을 느낀다. 하지만 집어삼킨 자식들의 살은 어느 순간 아버지의 내장에서 구더기로 변해 그를 내부에서부터 갉아먹는다. 그는 결국 자신이 직접 죽인 자식들에게 잡아먹힌다. 여기서 '자기 소모'는 절정에 달한다. 잡아먹힌 것 역시 잡아먹는다. 아버지가 자식들을 잡아먹으면, 잡아먹힌 자식들 역시 자기를 소화하고 있는 아버지를 잡아먹는다. 관건은 일종의 이중적이고 상호적인 식인주의다."[78]

주

1   Elias Canetti, *Die Provinz des Menschen*, München 1973 [trad. it. *La provincia dell'uomo*, Milano 1978, p. 158].

2   같은 책, p. 159.

3   같은 책, p. 180.

4   Thomas Hobbes, *De cive*, in Opera Philosophica, Aalen 1961, vol. II [trad. it. Th. Hobbes, *De cive*, T. Magri, Roma 1979, p. 84].

5   Leo Strauss, *The Political Philosophy of Hobbes. Its Basis and its Genesis*, Oxford 1936 [trad. it. *Che cos'è la filosofia politica*, Urbino 1977, p. 151].

6   Thomas Hobbes, *De homine*, in Opera Philosophica, vol. II [trad. it. *L'uomo*, in *Elementi di filosofia*, Torino 1972, p. 603]. 특히 스피노자와 관련하여 Remo Bodei, *Geometria delle passioni*, Milano 1992, pp. 72-93 참조.

7   Rene Descartes, *Les passions de l'âme*, in Œuvres, Paris 1897-1913, t. X [trad. it. *Le passioni dell'anima*, Torino 1969, p. 789].

8   Baruch Spinoza, *Tractatus theologico-politicus*, in Opera, Heidelberg 1972, vol. III [trad. it. *Trattato teologico-politico*, in *Etica e Trattato teologico-politico*, Torino 1972, pp. 643-61].

9   Montesquieu, *L'Esprit des Lois*, in Œuvres Complètes, Paris, 1949-51, t. II [trad. it. *Lo spirito delle leggi*, Torino 1965, vol. I, p. 93].

10 여러 저자의 글이 실린 *La paura e la città* (Roma 1984) 외에, Giuseppe Sorgi, *Potere tra paura e legittimità* (Milano 1983), *Quale Hobbes? Dalla paura alla rappresentanza* (Milano 1989) 참조.

11 Thomas Hobbes, *De cive*, pp. 82-83.

12 Carl Schmitt, *Der Staat als Mechanismus bei Hobbes und Descartes*, in «Archiv für Rechts und Sozialphilosophie», n. 30, 1936-37 [trad. it. *Scritti su Thomas Hobbes*, C. Galli, Milano 1986, p. 48].

13 Elias Canetti, *La provincia dell'uomo*, p. 291.

14 Friedrich Nietzsche, *Così parlò Zarathustra (Also sprach Zarathustra)*, in Opere, Milano 1968, vol. VI, 1, p. 367.

15 Friedrich Nietzsche, *Al di là del bene e del male (Jenseits von Gut und Böse)*, in Opere, 1969, vol. VI, 2, p. 99.

16 Guglielmo Ferrero, *Pouvoir*, New York 1942 [trad. it. Potere, Milano 1981, p. 36].

17 같은 책, p. 38.

18 Thomas Hobbes, *De cive*, p. 82.

19 Franz Neumann, *The Democratic and the Authoritarian State*, New York 1957 [trad. it. *Lo stato democratico e lo stato autoritario*, N. Matteucci, Bologna 1973, 특히 1부 5장 '번

뇌와 정치' pp. 113-47] 참조.

20 Carlo Galli, *Ordine e contingenza. Linee di lettura del «Leviatano»*, in *Percorsi della libertà*, Bologna 1996, pp. 81-106.

21 Thomas Hobbes, *De cive*, p. 83.

22 Thomas Hobbes, *Elements of Law and Politics*, in English Works, Cambridge 1929 [trad. it. *Elementi di legge naturale e politica*, Firenze 1968, p. 110].

23 Thomas Hobbes, *Leviathan*, in The English Works, Aalen 1962, vol. III [trad. it. *Leviatano*, Firenze 1976, p. 122].

24 Thomas Hobbes, *Elementi*, p. 76.

25 Thomas Hobbes, *L'uomo*, p. 598.

26 Thomas Hobbes, *Elementi*, p. 74.

27 Thomas Hobbes, *Leviatano*, p. 94.

28 Elias Canetti, *Macht und Überleben*, München 1972 [trad. it. *Potere e sopravvivenza*, Milano 1974, pp. 14, 24-25].

29 Thomas Hobbes, *Elementi*, pp. 111-12.

30 Thomas Hobbes, *Leviatano*, p. 120.

31 Thomas Hobbes, *L'uomo*, p. 596.

32 Carl Schmitt, *Scritti su Thomas Hobbes*, pp. 84-85.

33 Thomas Hobbes, *Elementi*, p. 243.

34 Alessandro Biral, *Hobbes: la società senza governo*, in *Il contratto sociale nella filosofia politica moderna*, G. Duso 편, Milano 1993, pp. 81 이하.

35 Thomas Hobbes, *Elementi*, p. 166.

36 Arnold Gehlen, *Der Mensch. Seine Natur und seine Stellung in der Welt*, Wiesbaden 1986 [trad. it. *L'uomo. La sua natura e il suo posto nel mondo*, Milano 1983, pp. 77-78].

37 Helmut Plessner, *Grenzen der Gemeinschaft. Eine Kritik des sozialen Radikalismus*, in Gesammelte Schriften, Frankfurt a. M. 1980-85, vol. V, p. 102.

38 Marshall Sahlins, *Stone Age Economics*, Chicago 1972 [trad. it. *L'economia dell'età della pietra*, Milano 1980, p. 174].

39 Thomas Hobbes, *Elementi*, pp. 120-21.

40 Thomas Hobbes, *Leviatano*, pp. 95-96.

41 Yves Charles Zarka, *La décision métaphysique de Hobbes*, Paris 1987.

42 Thomas Hobbes, *Leviatano*, p. 173.

43 같은 책, p. 214.

44 같은 책, pp. 208-9.

45 Thomas Hobbes, *Elementi*, pp. 196-97.

46 Thomas Hobbes, *Leviatano*, p. 194.

47 같은 책, pp. 198-99.

48 같은 책, p. 312.

49 Rene Girard, *La violence et le sacré*, Paris 1972 [trad. it. *La violenza e il sacro*, Milano 1980, p. 22].

50 Thomas Hobbes, *Elementi*, p. 159.

51 같은 책, p. 153.

52 Thomas Hobbes, *De cive*, p. 127.

53 Thomas Hobbes, Leviatano, p. 163.

54 홉스와 프로이트의 관계에 대해서는 Giulio Maria Chiodi, *La paura e il simbolico. Spunti di psicoteoretica politica*, in *La paura e la città*, vol. II, pp. 249-57와 F. M. De Sanctis, *L'autorità della figura paterna*, in *Società moderna e democrazia*, Padova 1986, pp. 255-76 참조. 좀 더 상세하고 체계적인 분석은 Giacomo Marramao, *L'ossessione della sovranità: per una metacritica del concetto di potere in Michel Foucault*, in *Dopo il Leviatano*, Torino 1995, pp. 317-32 참조.

55 'Homo homini lupus'. Sigmund Freud, *Das Umbehagen in der Kultur*, in Gesammelte Werke, Frankfurt a. M. 1969-73, vol. XIV [trad. it. *Il disagio della civiltà*, in Opere, Torino 1978, vol. X, p. 599].

56 Sigmund Freud, *Die Zukunft einer Illusion*, in Gesammelte Werke, vol. XIV [trad. it. *L'avvenire di un'illusione*, in Opere, vol. X, p. 445].

57 Sigmund Freud, *Il disagio della civiltà*, pp. 585-86.

58 Sigmund Freud, *Dostojevski und die Vatertötung*, in Gesammelte Werke, vol. XIV [trad. it. *Dostoevskij e il parricidio*, in Opere, vol. X, p. 527].

59 Sigmund Freud, *Das Unheimliche*, in Gesammelte Werke, vol. XII [trad. it. *Il perturbante*, in Opere, vol. IX, 1977, p. 102].

60 Sigmund Freud, *Il disagio della civiltà*, p. 618.

61 Sigmund Freud, *Übersicht der Übertragungsneurosen*, Frankfurt a. M. 1985 [trad. it. *Sintesi delle nevrosi di traslazione*, Torino 1986, p. 76].

62 Sigmund Freud, *Der Mann Moses und die monotheistische Religion*, in Gesammelte Werke, vol. XVI [trad. it. *L'uomo Mosè e la religione monoteistica*, in Opere, vol. XI, 1979, p. 404].

63 같은 곳.

64 Friedrich Nietzsche, *Così parlò Zarathustra*, p. 54.

65 Sigmund Freud, *L'uomo Mosè e la religione monoteistica*, p. 405.

66 Carl Schmitt, *Scritti su Thomas Hobbes*, p. 51.

67 이는 켈젠의 표현이다. Hans Kelsen, *Der Begriff des Staates und die Sozialpsychologie. Mit besonderer Berücksichtigung von Freuds Theorie der Masse*, in «Imago», VII, (1922), n. 2 [trad. it. in *La democrazia*, Bologna 1984, pp. 387-437] 참조.

68 Sigmund Freud, *L'uomo Mosè e la religione monoteistica*, p. 450.

69 Sigmund Freud, *Totem und Tabu*, in Gesammelte Werke, vol. IX [trad. it. Totem e tabù, in Opere, vol. VII, 1975, p. 147].

70 Carl Schmitt, *Scritti su Thomas Hobbes*, p. 52.

71 같은 책, p. 57.

72 같은 책, p. 54.

73 Sigmund Freud, *Totem e Tabù*, pp. 145-46.

74 같은 책, p. 147.

75 Mickkel Borch-Jacobsen, *Le sujet freudien, du politique à l'éthique*, in *Après le sujet qui vient*, Paris 1989, pp. 53-72.

76 Sigmund Freud, *Dostoevskij e il parricidio*, p. 526.

77 홉스의 저서에서 나타나는 '몸'의 비유에 대해서는 Adriana Cavarero, *Corpo in figure*, Milano 1995, pp. 187-217. 참조.

78 Elias Canetti, *Massa e potere*, p. 431.

2. 죄

1. 희생 정치가 결국 공동체의 죽음으로 이어질 수밖에 없다는 사실을 일찍이 간파하고 주장했던 인물은 홉스의 철학을 비판적인 시각으로 해석했던 최초의 철학자 루소다. 홉스의 철학을 전복시키면서 수용하거나 포괄하면서 부인하는 방식을 취한 루소의 입장은 사실 우리가 조금 전에 살펴보았던 카네티의 입장과 크게 다르지 않다. 루소의 입장에서도, "홉스의 정치학을 혐오스럽게 만드는 요인은 그 안에 있는 끔찍하거나 틀린 것이 아니라 오히려 정당하거나 옳은 것들이다."[1] 하지만 카네티와 마찬가지로 루소의 경우에도, 관건은 "이제껏 존재했던 천재들 가운데 가장 탁월한 인물"[2]에 대한 단순한 칭송이 아니다. 중요한 것은 오히려 루소가 홉스를 가리킬 때 반복적으로 사용하는 '소피스트'라는 호칭에서 은연중에 드러나는 본질적인 입장이다. 이 '소피스트'를 상대하는 루소 자신은 당연히 '철학자'의 자세를 취한다. 하지만 루소가 홉스를 소피스트로 간주하는 이유는 '소피스트'가

철학자의 입장에서는 단순한 맞서야 할 적이 아니라 그가 항상 마음속에 담아 두는 일종의 '또 다른 자아alter ego'이기 때문이다. 철학자와 소피스트의 싸움은 철학자의 입장에서 일종의 내전에 가깝다. 간단히 말해, 루소는 홉스를 매개로 자신과의 싸움을 벌인다. 루소가 이러한 내전에 뛰어들며 다루는 것이 바로 개인주의 패러다임을 포함하는 근대적 범주들이다. 루소는 이 범주들을 토대로 자신의 철학적 어휘를 구축할 뿐 아니라 어떤 측면에서는 동일한 범주들을 홉스가 시도했던 것보다 훨씬 더 극단적인 방식으로 발전시킨다. 하지만 루소는 이 모든 것을 문제로 간주함으로써 관점에 근본적인 변화를 가져온다. 이것이 바로 '철학자'가 '소피스트'를 상대로 하는 작업, 즉 '계봉적' 논제를 수용하면서 이를 완전히 전복시켜 상이한 형태의 진실로 탈바꿈하는 일이다.

그렇다면 루소가 홉스의 "위험천만한 환상"[3]에서 추적하는 이 무의식적인 진실은 과연 무엇인가? 홉스의 그 "혐오스러운 체계" 속에 들어 있는 "정당하고 옳은"[4] 것은 과연 무엇인가? 이 질문에 대한 나의 답변은 이 진실이 바로 홉스의 혐오스러운 체계 속에 남아 있는 가장 끔찍한 것과 직결된다는 것이다. 다시 말해 이 진실은 우리가—프로이트의 해석에 힘입어—홉스의 체계 전체에 대한 설명의 열쇠로 인지했던 이른바 '모두의 범죄'와 직접적인 연관성을 지닌다. 정치는 이 원죄의 낙인이 찍힌 상태에서 탄생한다. 우리가 희생과 자기희생의 역학을 상세히 다루면서 살펴보았던 것처럼, 정치는 이 원죄를 단념의 형태로 내면화할 때에만 죗값을 치른다. 루소의 담론이 지니는 궁극적인 의미는 이러한 과정의 전제와 결론, 다시 말해 죄의 수용과 희생의 처방을 분리하는 데 있다고 볼 수 있다. 물론 이러한 절개는 원죄 자체에 대한 상당히 다른 유형의 해석을 요구한다. 여기서 원죄는 더이상 형제들의 공동체가 범한 '의례적' 부친 살해가 아니라, 오히려 공동체의 입장에서 공동체의 실현을 불가능하게 만드는 나쁜 '선례'에 가깝다. 물론 이 경우에도 관건은 '범죄'다. 하지만 여기서 범죄는 '위반delinquere'의 객관적인 의미, 즉 법질서의 '결핍'이라는 의미를 지닐 뿐이다. 공동체는 공동체의 기원이 되는 이 결핍을 토대로만 정의될 수 있고 이 결핍을 기준으로—어쩔 수 없이—공동체 자체의 '부재'나 '결함'과 다를 바 없는 것으로 간주된다. 루소에 따르면, 역사 전체가 이러한 유형의 상처를 지녔고 바로 이 상처 때문에 내부에서부터 썩고 공허해진다. 인류의 역사는 이처럼 '불가해한' 것을—역사가 '아니'며 결코 될 수도 없는 무언가를—기준으로 삼지 않은 이상 해석이 불가능하다. 역사는 이 무언가에서, 그것에 대한 필연적인 배반의 형태로 유래한다. 하지만 그렇다면, 만약 이 '죄'를 사실상 그 누구도 저지른 적이 없다면, 그래서 이 '죄'가 역사에 고유한 부정성의 초월적 원리 또는 부정성 자체로서의 역사가 지니는 초월적 원리에 지나지 않는다면, 그렇다면 이는 곧 죗값을 어떤 희생으로도 치를 수 없다는 것을 의미한다. 그 이유는 아주 간단하다. 희생으로 대가를 지불하고 씻어야 할 죄가 오히려 희생으로 인해 반복될 뿐 아니라 점점 더 강렬한 형태로 증폭되기 때문이다. 루소가 홉스의 체계와 결정적으로 결별하는 곳이 바로 이 지점이다. 루소는 홉스의 체계가 일종의 희생 메커니즘이며 이 메커니즘 자체가 죄에 필연적으로 내재하는 요소일 뿐 아니라 죄의 직접적인 표현이라고 보았다.

이러한 특징은 루소가 홉스적인 인간을 묘사하기 위해 사용하는 단어들만 살펴보아도 어렵지 않게 파악할 수 있다. 루소에 따르면, 홉스가 생각하는 인간은 인간이라고 보기 힘들고 오히려 희생양들을 못살게 구는 악령에 가깝다. "홉스의 인간은 비관용적이다. 비관용은 홉스의 인류가 벌이는 전쟁의 이름이다. 비관용적인 인간들의 사회는 악령들의 사회를 닮았다. 이들은 서로를 괴롭히는 데만 동의한다. (...) 피해자가 되느냐 가해자가 되느냐는 오로지 행운이 결정한다."[5] 홉스의 인간은 늑대와도 비슷하다. 그래서 '사람은 사람에게 늑대다homo homini lupus'라는 문구에 대한 홉스의 해석은 틀리지 않는다. 다시 말해 홉스의 인간은 포획물을 동등하게 나눠가지지 못할 때 "아무런 거리낌 없이 서로를 집어삼키는"[6]데 몰두하는 늑대에 가깝다. "(...) 홉스 역시 그렇게 느낀다. 바로 그런 식으로 온 인류가 가축들의 무리로 분류되고 무리마다 이들을 잡아먹기 위해 감시하는 수장이 있다."[7] 이와 똑같은 맥락에서, "키클롭스의 동굴에 갇힌 그리스인들도 그 안에서 언젠가는 잡아먹힐 때가 오리라는 것을 알고 기다리며 안전하게 살았다."[8] 이러한 상황에서 지배적인 것이 전적으로 카네티적인 권력과 포식의 언어라면, 루소가 놓치지 않고 포착하는 것은 바로 '포식', 즉 '유일한 생존자'가 되려는 과대망상적인 꿈이다. "(...) 가장 특이한 것은 자연적이고 즉각적인 욕구의 충족 요구가 줄어들면 줄어들수록 열정이 증가할 뿐 아니라, 상황을 악화하며 이 열정을 충족시키기 위한 권력도 함께 증가한다는 것이다. 그런 식으로 오랜 영화를 누리며 엄청난 양의 재물을 취하고 무수한 인간을 짓밟은 뒤에도, 나의 영웅 문명인은 결국 세계의 유일한 주인이 될 때까지 모두의 목을 베려 할 것이다. 간단히 말하자면, 비록 인간의 삶 자체는 아닐지 몰라도, 최소한 문명화된 인간 모두가 가슴 속에 간직하고 있는 은밀한 욕구만큼은 이러한 감성적 구도를 지녔다고 볼 수 있다.”[9] 여하튼 ‘문명’은 이러한 상황을 종식시키지 못할 뿐 아니라 오히려 생산하는 데 기여한다. 여기서 결정적인 역할을 하는 것이 바로 변증적 희생 메커니즘의 후속적인 변이, 예를 들어 본능이 제도로, 두려움이 복종으로, 강제적인 노예 상태가 자발적인 노예 상태로 변화하는 현상이다. 일찍이 라 보에티La Boétie[10]가 지적했던 대로, 이러한 변화는 모두 동일한 희생 메커니즘을 거부하며 일어났다. 루소에 따르면, 변화를 주도했던 계층은 우선 부자들이다. “이들은 군림의 쾌락을 맛본 뒤에 곧장 다른 모든 쾌락을 경멸하기에 이른다. (…) 이들은 마치 인육을 맛보고는 다른 모든 먹이를 거부하며 사람을 잡아먹는 데에만 몰두하는 굶주린 늑대와도 같다.”[11] 그 다음에는 “팔을 잘라내야만 신체의 나머지 부위를 살릴 수 있는 어떤 부상자의 경우처럼, 자신들이 누리고 싶어 하는 자유를 수호하기 위해 자유의 일부를 희생할 필요가 있다고”[12] 생각했던 이들이 있다. 끝으로 등장하는 것이 리바이어던의 끔찍한 특징들을 지녔다고 보아도 무방할 괴물이다. “결국에는 괴물이 모든 것을 집어삼키고, 민중은 더 이상 지도자도 법도 아닌 폭군만을 갖게 된다.”[13]

루소는 다시 한 번 홉스의 모든 핵심 논제들을 검토한 뒤 그의 담론에 숨어 있는 '보존'과 '희생'의 생산적 관계라는 원리를 좀 더 분명한 어조로 논박하기에 이른다. 루소에 따르면, 희생 메커니즘에 의해 보존되는 공동체는 바로 그런 이유에서 죽을 운명에 처한다. 이 공동체는 '죽음'에서 유래해 '죽음'으로 되돌아간다. 그 이유는 희생이 항상 또 다른 희생을 요구할 뿐 아니라 무엇보다 그 자체로 죽이는 행위이기 때문이다. 원래는 죽음에 맞서, 생명의 보호를 위해 요구되던 희생의 정체가 결국에는 죽음을 **위한** 희생이라는 것이 드러난다. 루소는 홉스의 의견에 대한 자신의 생각을 피력하며 이렇게 말한다. "정부가 다수의 생존을 위해 한 명의 무고한 존재를 희생시켜도 된다는 이야기를 들을 때마다, 나는 이 원칙이 독재 체제가 고안해낸 것들 가운데 가장 혐오스럽고, 제안해온 것들 가운데 가장 거짓될 뿐 아니라 우리가 인정할 수 있는 것들 가운데 가장 위험하고 사회의 기본적인 규율과 가장 모순되는 원칙이라고 생각한다."[14] 여기서 주목해야 할 것은 홉스의 입장에서 국가의 존속을 위해 허용되던 것이 루소의 입장에서는 정확하게 국가의 분열을 결정짓는 조건으로 간주된다는 점이다. 그 이유는 다수를 위해 소수의 요구가 희생되기보다는 소수를 위해 다수의 요구가 희생되기 때문이다. 그리고 사실은 바로 이것이 모든 사회에서 어떤 식으로든 발생하는 현상이다. "항상 다수가 소수를 위해 희생되고 공공의 요구가 특권층의 요구를 위해 희생될 것이다. 항상 '정의'나 '복종' 같은 그럴싸한 이름들이 폭력의 도구와 불의의 무기로 쓰일 것이다."[15]

이 '항상'이라는 부사에는 홉스의 의견에 대한 루소의 동의와 비판, 루소가 바라보는 홉스의 '진실'과 '오류'가 응집되어 있다.

희생이 항상 일어나는 일이라면, 다시 말해 역사를 지닌 모든 사회가 희생을 실천해왔고 계속해서 희생을 일삼고 있다면, 그렇다면 희생의 패러다임 내부에서 해결책을 찾으려는 홉스의 시도는 옳았다고 볼 수 있다. 인류의 역사도―그것 역시 희생의 일부라는 강렬한 의미에서―희생의 역사일 것이다. 하지만 이 시점에서 루소가 제시하는 새로운 구도의 특징은 바로 역사가 인간의 유일한 차원은 아니라는 점이다. 사실은 역사를 단순히 정의하는 문제만 두고 보더라도, 역사가 역사로 부각되기 위해서는 어떤 비역사적인 테두리가 있어야 한다. 바로 여기에―루소에 따르면―홉스의 체계가 지니는 맹점이 있다. 희생 메커니즘을 역사의 중요한 특징으로 간주하는 것이 문제가 아니라, 희생의 역사를 그것의 기원이 되는 비역사적인 차원으로까지 확장시킨다는 것이 문제다. 달리 말하자면 홉스의 오류는 내용에 있지 않고 시간에 있다. 루소가 빈번히 지적했던 대로, 이는 단순히 홉스가 자연 상태에 문명 상태의 의미들을 부여하기 때문만이 아니라 무엇보다도 비역사적인 기점을 역사화하기 때문이다. 간단히 말하자면 홉스의 오류는 원인과 효과, 전제와 결과, 기원과 발전을 혼동하는 데 있다. '사회계약'뿐만 아니라 이를 '프로이트적인' 차원에서 선행하는 '근원장면Urszene'도 사실은 기원이 될 수 없으며 모두 시간적으로는 정의가 불가능한 무언가로부터 유래한다. 이 무언가는 '시간' 안에 없고, 적어도 인류의 문명화를 특징짓는 역사의 점진적이고 직선적인 시간 안에는 포함되어 있지 않다. 결과적으로 루소가 홉스에게 제기하는 문제는 단순히―뒤이어 로크나 푸펜도르프가 제기한 것처럼―홉스가 자연 상태에 비사회

적일 뿐 아니라 결정적으로 분쟁적인 성격을 부여했다는 점이
아니라[16] 오히려 홉스 자신이 이러한 비사회성 자체를 이미 사회
의 한 특징으로, 따라서 부정적일 뿐 아니라 바로 그런 이유에
서 사실상 자연적이지 않은 특징으로 간주했다는 점이다. 루소는
'자연성'을 인간관계의 평화롭거나 전투적인 '방식'으로 이해할
것이 아니라 오히려 관계의 결핍으로, 상대성의 부재로 이해해야
한다고 보았다. 루소의 사상과 홉스의 체계를 비교할 때 발견되
는 시각의 차이점들은 바로 이 지점에서 농축된 형태로 부각된
다. 루소가 말하는 비-관계성과 비-상대성은 사회적 관계를 파괴
하는 문명 상태의 산물이 아니라 문명 상태와 사회관계 모두에
앞서 와야 할 '비-국가'와 '비-사회'에 가깝다. 이처럼 절대적으로
앞서 있다는 특징 때문에, 자연 상태의 인간은 모든 종류의 도덕
적 제약에서 배제된다. "홉스가 깨닫지 못한 것은 바로 이것이
다. 사실은 미개인이 그의 이성을—법률가들이 말하는 것처럼—
'활용'하지 못하도록 만드는 것과 동일한 원인이 그의 능력—홉
스가 말하는 것처럼—'악용'하지도 못하도록 만든다. 결론적으로
이렇게 말할 수 있다. 미개인을 악인으로 볼 수 없는 이유는 정
확하게 그가 선한 것이 무엇인지 모르기 때문이다."[17]

이것이 바로 루소가 제시하는 논제의 핵심이다. 루소에 따
르면, 홉스의 '잔인한' 기원이나 철학자들이 상상하는 수많은 형
태의 '평화로운' 기원은 이들이 여기에 이름이나 제목, 또는 어떤
긍정적인 의미를 부여했다는 사실 하나만으로도 진정한 기원이
라고 보기 힘들다. 이러한 관점에서 살펴보면, 이 명명법이 기원
을 '동의'의 차원에서 '평화'로 수식하든 '반목'의 차원에서 '전쟁'

으로 수식하든 크게 바뀌는 것은 없다. 어떤 경우에든 출발점은 보편적 '인간'이 아닌 '인간들', 법이 아닌 사실, 논리가 아닌 역사다. 이러한 상황을 피하려면, 순수한 부정성의 영역에 머물러 있어야 한다. 자연 상태는 비-사회, 비-국가, 비-역사에 **지나지 않는다.** 이러한 부정성에서 벗어나 어떤 유형으로든 긍정적인 주장을 펼치는 순간, 다시 철학자들의 환영과 사회적 시간의 흐름에 빠져들어 기원을 생각하고 발생을 논하며 기원의 역사화를 반복하기 마련이다. 자연이—역설적이게도—그것의 필연적인 탈자연화를 통해서만 명명될 수 있듯이, 기원도 그것을 부정할 수밖에 없는 역사의 관점을 토대로만 명명될 수 있다. 직시하자마자, 이 절대적인 '이전'은 시야에서 사라지고 '이후'와 뒤섞이며 증발해 버린다. 시원적 무고함 자체를 주제로 다룬다는 것은 불가능하다. 그것은 죄로 인한 무고함의 변질과 타락과 상실이 열어젖힌 관점에서 바라볼 때에만 가능하다.

2. 만약 그렇다면, 기원이 기원과 정반대되는 것을 투영하는 가느다란 그림자 속에서만 인식될 수 있다면, 혹은 그것이 부정되는 순간 부정적인 방식으로 제시되는 의미 외에 다른 어떤 고차원적인 의미에도 부합하지 않는다면, 결국에는 기원이 그런 식의 의미와 거리가 멀 뿐 아니라 기원에는 그것이 남긴 '후퇴'의 흔적밖에 없거나 다름 아닌 '후퇴'가 기원의 유일한 존재 방식이라는 결론을 내려야 할 것이다. 물론 루소는 자신의 논제를 이처럼—그의 담론 자체는 취하는 듯 보이는—극단적인 방식으로 몰고 가지 않는다. 아니, 루소는 이러한 극단적인 논제를 오히려 분명

하게 부인한다. 달리 말하자면, 루소는 이 기원의 '후퇴'가 수반하는 수많은 모순들을 마다하지 않는다. 어떻게 보면 '불평등의 기원'과 '언어의 기원'에 대한 두 편의 담론뿐만 아니라 사실은 루소의 모든 저작이 기원의 '증발'에 대한 언급을 토대로 기원을 정의하는 데 집중되어 있다고 말할 수 있다. 물론 루소가 빈번히 신중한 자세를 취하는 것은 사실이다. 루소는 이렇게 말한다. "오늘날 인간의 본성에서 근원적인 것과 인위적인 것을 식별하고 더 이상 실재하지 않는 상황을, 어쩌면 실재한 적도 없고 앞으로도 결코 일어나지 않을 상황을 상세히 파악한다는 것은 결코 쉬운 일이 아니다." 하지만 루소는 어김없이 이런 결론을 내린다. 이러한 상황에 대해 "반드시 옳은 개념들을 가지고 있어야만 우리가 처한 현재 상황을 제대로 파악할 수 있는 것은 아니다."[18] 여기서 이미 일종의 '모조 경로'라고 부를 수 있는 탐색 과정, 혹은 루소를 극복하기 힘든 모순의 가시밭길로 이끌게 될 과정의 윤곽이 드러난다. 어떻게 없는 것의 개념, 존재한 적도 없는 것에 대한 옳은 개념을 지닐 수 있는가? 유일한 방법은 어떤 순수한 논리적 전제에 사실적인 실체를 부여함으로써 그것을 객체화하는 것뿐이지 않은가? 물론—학자들이 빈번이 주목했던 것처럼—인간 본성의 근원적 본질에 대한 루소의 탐구는 대부분 '현재'에 집중되는 관심과 실존하는 것에 대한 비판적 요구에 응답한다. 하지만 이러한 탐구 과정에서 루소는 기원의 정체에 대한 존재현상학적인 차원의 질문을 제기하고 답하는 것 외에 또 다른 설명 방식을 발견하지 못한다. 기원이란 과연 무엇인가? 인간의 본성은 무엇인가? 인간의 가장 우선적인 본질은 어떤 특징들을 지녔는가? 바로 이러한 근본적인―근본에 대한―질문들을 루소는 홉스-소피스트가 설치한 사실과 법, 힘과 가치, 양상과 현실 사이의 단락회로를 해체하기 위한 유일한 접근 방식으로 이해한다. 하지만 이러한 방식 자체는 또 다른 형태의 난관을 피하지 못한다. 루소는 유일하게 '긍정적인' 공동체의 존립 방식을 다름 아닌 '이전' 상태에서, 즉 사회와 상반되고 인간들이 서로 고립되어 있는 자연 상태에서 발견한다. 여기서 공동체의 존립은 역설적이게도 오로지 구성원들 간의 관계가 부재할 때에만 가능한 것으로 나타난다. 아니, 바로 이러한 관계의 부재에서 공동체의 특징인 '투명한', '무고한', '직접적인' 성격이 유래한다. 이러한 특징들은 당연히 문명사회를 구축하는 언어, 권력, 금전, 글, 법률 같은 매개체적인 요소들이 뒤이어 공동체를 이질화하고 분해하고 변질시키기 '이전' 상황에서 주어진다. 바로 이 **이전**이라는 표현이, 이 시간적인 요소가 논리에서 역사로 미끄러지는―결정적인 동시에 포착 불가능한―경로를 표상한다. '이전'의 뒤를 잇는 '이후'는 필연적인 쇠퇴의 형태로밖에는 등장하지 않는다. 이들의 연결 고리는 '추락'이다. '이전'은 '이후'로 **추락**하며 결국에는 쇠퇴한다. 이는 우발적인 사건들이 '기원'을 강타하고 그것을 본질 바깥으로 끌어내 움켜쥐었다가 놓치기 때문이다. 그런 식으로 다름 아닌 역사, 사회, 기술이 탄생한다. 이와 유사한 논리가 '시간과 죽음'의 문제에서도 발견된다. 시간은 **곧** 죽음이며 모든 병/악의 '기원'이다. 하지만 시간이 기원인 것은 **이전의** 기원에 끼어들어 중첩되고 그 뒤를 이었기 때문이다. 시간은 이 '이전'의 외면화 내지 보완, 반복이다. 루소가 연극과 정치를 비롯한 모든 형태의

'표상 행위'에 거부반응을 보이는 이유는 정확하게 기원의 '실재', 혹은 순수한 '실재'로서의 기원을 표상할 때 뒤따르는 '외면화'라는 요소 때문이다. 표상은 스스로를 표상하지 못하고 **항상** 무언가 다른 것을 표상한다. 그렇다면 시원적 실재는 **이미** 변질되어 있을 뿐 아니라 중심에서 벗어나 고유의 실체와 분리되어 있다고 보아야 할 것이다. 차이점을 토대로만 이해할 수 있고 정체성이 부각되는 순간 부인할 수밖에 없는 것이 시원적 실재다.

바로 이것이 루소의 논리다. 하지만 이러한 논리는 루소 자신이 출발선상에서 제시했던 전제가 그의 담론 자체와 끊임없이 충돌하도록 만드는 명백한 모순을 안고 있다. 이점은 루소의 논제를 담론의 전체적인 구도 대신 세부 사항에 주목하며 관찰하면 어렵지 않게 확인할 수 있다.[19] 우선 루소가 묘사하는 것은 어떤 경우에든 '자연 상태'의 인간이 아니다. 이는 어떻게 보면 불가능한 일이다. 루소가 주로 묘사하는 것은 일종의 '대체인물', 예를 들어 카리브 제도의 주민들이다. 그리고 그는 항상 이러한 예들이 자신은 확보할 수 없는 어떤 절대적인 **표본**에 비해 부적절할 수밖에 없다는 점을 분명히 의식한 상태에서 사고한다. 이런 식으로 '표상된' 기원은 이미—무언가를 배가할 수밖에 없는 표상의 논리에 종속된다는 의미에서—기원 자체의 바깥에 머물며 이에 비해 이차적이라는 성격을 지닌다. 루소는 이렇게 말한다. "인간의 자연적인 상태를 제대로 파악하려면 인간을 그의 기원에서부터 고찰하고 인류 최초의 발아를 바라보는 관점에서 검토해야 한다. 하지만 이 일이 아무리 중요하다 하더라도, 나는 어느 기점에서 출발하는 발전상을 기준으로 인간 사회를 연구하지 않을 것이다. (…) 대신에 인간이 어느 시대나, 오늘날 내가 보는 것과 똑같이 두 다리로 걸으며 우리처럼 손을 사용하고 눈을 들어 자연 전체를 응시하며 하늘의 광대한 넓이를 가늠했으리라고 가정할 것이다."[20] 하지만 이런 식으로 활성화된 '최초의' 인간은—루소가 '자연'을 역사-사회적이고 기술-인위적인 모든 것과 상반되는 것으로 이해한다는 점을 감안할 때—사실상 자연 상태의 특징인 무고한 성격을 지녔다고 보기 힘들다. 왜냐하면 르루아-구랑Leroi-Gourhan이 루소의 관점에 반론을 제기하며 지적했던 것처럼, 양손과 얼굴을 땅에서 해방시켜 자유롭게 활용하는 단계는 시원적 상황에 대한 묘사와 거리가 멀고 아주 오랜 역사와 널리 확산된 사회화의 결과이기 때문이다. 따라서 루소가 말하는 최초의 인간은 어떤 기술적인 발달의 시조라기보다는 오히려 뒤늦은 산물에 가깝다.[21] 루소가 이 손들이 도구로 활용되기 이전 상태의 수동적인 성격을 강조한다고 해서, 예를 들어 "나뭇가지나 돌 같은 자연적 무기들이 머지않아 그의 손에 쥐어졌다"[22](『인간 불평등 기원론』) 또는 "누구도 자신의 손아귀에 쥐어진 것이 아니라면 알지도 욕망하지도 않았다"[23](『언어의 기원』) 같은 표현을 사용했다고 해서 크게 바뀌는 것은 없다. 자연스럽게 제공되는 무언가를 그저 받아들이기만 하는 손은 과연 손이라고 볼 수 있는가? 손 자체가 **이미** 하나의 도구이자 수단이고 다름 아닌 '조작'의 **기술** 아닌가? 손은 움켜쥘 줄만 알고 조립, 노동, 생산은 할 줄 모르는 기관인가? 손은 일종의 자연적인 '보철' 아닌가? 또 그런 의미에서 무언가 인위적인 것이 아닌가? 여기서는 어떤 이차적인 기원이 일차적 기원을 내부로 빨아들이는 듯이 보이고—하지만 언제나 이차적인 기원은 사실 기원이 아니지 않은가? — 다름 아닌 '추락'이 '창조'를, '기술'이 '자연'을 함축하는 듯이 보인다. 여기서 '기술'은 아리스토텔레스적인 의미로, 즉 내부에 고유의 운동 원인을 지니지 않는 것으로 이해할 필요가 있다. 아니, 기술은 사실 어떤 시원적 원리도 지니지 않는다. 그것은 **기원 없는 것**이다.

하지만 자연 상태의 인간을 인간의 사회-문화적인 맥락으로부터 고립시키려는 루소의 시도에는 무언가 좀 더 본질적으로 모순적인 것이 있다. 문제는 다름 아닌 자유다. 루소는 자유가 인간이 동물과 다르다는 점을 가장 확실하게 보여주는 인간만의 특징이며 바로 그런 이유에서 근원적인 인간 본성의 가장 본질적인 특성이라는 점을 여러 번에 걸쳐 강조한다. 하지만 바로 이 자유가 인간이 스스로의 운명을 결정하고 고유의 근원적 모체로부터 떨어져 나와 문명적일 수밖에 없는 사회를 향해 나아가도록 만든다. 따라서 인간의 자유는 본질적으로 자신의 본질을 배신할 자유다. 자유로운 배신이야말로 자유를 얻기 위해 지불해야 할 대가다. 그렇다면 이는 곧 탈자연화가 자연적 기원 안에 이미 잠재적인 형태로 내재해 있다는 것을 의미한다. 따라서 탈자연화가 자연적 기원의 부정일 뿐 아니라 그것의 필연적 완성이기도 하다는 뜻이며, 더 나아가 그 기원이 사실은 기원의 '추락', '상실', '결함'과 조금도 다를 바 없다는 것을 의미한다. 다름 아닌 기원의 결함이 정확하게 결함의 기원이며, 기원의 종말 자체의 기원, 결국에는 비-기원이다. 루소가 자연 상태를 수식할 때 항상 '거의'("거의 벌거벗은"), '단지'("단지 활과 화살만 무기로 지닌"), '마치' 같은 표현들을 사용하거나 동사를 조건법적으로 활용하는 것은 결코 우연이 아니다. 이는 0을 1에 '거의' 근접한 것으로, 1을 2에 '거의' 근접한 것으로 설명할 때처럼, '이미'와 '아직'을 분리하는― 동시에 조합하는―그 형언 불가능한 한계 지점을 설명해야 하기 때문이다. 결국 이미 역사이면서도 아직은 역사가 아닌 것, 여전히 자연이면서도 더 이상 자연이라고 볼 수 없는 것의 조합은 본질적으로 양가적인 '보완'[24]의 논리, 즉 기원에 대한 모든 앎을 기원의 내부적인 탈구축화에 내맡기며 보류하는 논리를 따른다. 결과적으로 드러나는 것은 고유의 부정성에 의해 단절되는 '기원'이 비-기원**이기도** 하고 기원 자체와의 차이라는 사실, 아울러 기원이란 그것에서 유래하는 것의 '비/기원적인in/originaria' 구도라는 사실이다.

3. 이러한 양가성이 루소가 '발견'한 비-기원적인 것을 여전히 기원의 신화 안에 가두는 요소라면, 이와 동일한 양가성이 다름 아닌 공동체의 형상을 관통하며 극단적인 형태로 갈라놓는다. 한편에는 원천적인 결핍, 기원의 결함, 공동의 비기원성과 다를 바 없는 공동체가 있고, 다른 한편에는 완전체가 되려는 마지막 시도 혹은 유혹에 매달리는 공동체가 있다. 물론 이러한 시도가 결국 실패로 돌아갈 운명에 처한다고 해서, 이것이 루소 이후의 정치-철학적 전통 전체에 끼친 충격적인 영향력까지 무의미해지는 것은 아니다. 루소가 그의 저술을 통해 역사상 처음으로 주장한 것이 있다면, 그것은 바로 공동체가 고유의 실체와 정체를 분리시키는 모순에도 불구하고 그 모순 안에 머무는 우리 자신의 진실과 다를 바 없다는 관점이다. 불가능하면서도 우리에게 필요

한 것이 바로 공동체다. 코무니타스는 우리의 **무누스**다. 결국 우리의 책임이라는 의미에서, 공동체는 우리의 의무다. 바로 이 지점에서 루소의 관점과 홉스의 희생 메커니즘을 식별할 수 있는 기준의 윤곽이 드러난다. "여기저기에 흩어져 있던 사람들이 뒤이어 한 사람에게 복종하게 되었다 하더라도, 몇 명이 모였든 간에, 내 눈에 보이는 것은 한 명의 주인과 다수의 노예들뿐이다. 나는 여기서 민중과 지도자를 발견하지 못한다. 이를테면, 이는 응집이지 회합이 아니다. 여기에는 공공의 선도 정치공동체적 몸도 존재하지 않는다."²⁵ 루소가 이렇게 말할 때 사실상 지적하는 홉스의 문제점은 공동체 개념이 그의 체계에 전적으로 부재할 뿐 아니라 그의 체계에서 폭력적으로 추방된다는 것이다. 공동체 개념의 폭력적인 추방은 다름 아닌 '본성적으로 분쟁적인' 개인들이 거대한 리바이어던의 몸 안으로 통합되기 때문에 일어난다. 이들을 하나로 통합하는 요인이 공동의 두려움에 지나지 않는다면, 이에 뒤따르는 결과 역시 공동의 노예의식에 지나지 않는다. 하지만 공동의 노예의식은 사실 공동체와 정반대되는 요소다. 여기서 공동체는 정확하게 개인적인 자기보존의 제단 위에서 희생된다. 홉스의 '개인들'은 그들의 공동선을 죽음으로 몰아넣어야만, 그런 식으로 공동선에 대한 '면역성을 취득'해야만 자신들의 삶을 구원할 수 있다. 루소의 저술에서 공동선에 대한—**자유**, **정의**, **평등**에 대한—모든 언급은 이러한 유형의 도발적인 논박일 뿐 아니라, 홉스에 대한 비난이자 '공동체'의 부재에 대한 불만의 토로다. 루소에 따르면, 인간 공동체에는 '공동체' 자체가 결핍되어 있다. 공동체는 **위반**delinquere을—이 표현의 이중적인 의미에서—거듭할 뿐이다. 그럼에도 불구하고 우리가 가장 필요로 하는 것은 다름 아닌 공동체다. 이는 우리의 존재가 사실상 공동체와 다를 바 없기 때문이다. 우리는 타자와의 관계 속에서가 아니면 존재하지 않는다. 루소에 따르면, "우리에게 가장 아름다운 존재 방식은 공통적인 차원의 관계로 만들어진다. 우리의 진정한 '나'가 전적으로 우리 각자에게만 있는 것은 아니다."[26] 루소가 자신의 고독에 대해 지속적으로 언급할 때에도—무엇보다 그의 말기 저작에서 이를 집요하게 강조할 때—그의 글은 공동체의 부재에 대한 암묵적인 항변의 어조를 띤다. 그가 고독한 이유는 공동체가 없기 때문이다. 좀 더 정확히 말하자면, 기존의 모든 공동체가 진정한 공동체와는 정반대이기 때문이다. 이러한 상황에 맞서 항변하는 것이 곧 루소의 '고독'이다. 이 고독은 절대적으로 요구되는 '나눔'의 정확한 음각으로 부각된다. 루소가 느끼는 고독의 정체는 지독히도 역설적으로—글을 통해—소통 불가능성을 호소하는 소통 속에서 드러난다. 그의 글은 다름 아닌 "타자를 위한 고독"의 형태를 취하고 "사회적 현실 속에서는 실현 불가능한 인간 공동체의 대역"[27]을 맡는다.

하지만 주의하자. '실현 불가능한' 것은 루소의 사유 체계 안에서도 마찬가지다. 이는 홉스의 개인주의적인 관점에 대한 루소의 공동체주의적인 비판이 사실은 정확하게 동일한 패러다임 안에 머물기 때문이다. 일찍이 에밀 뒤르켐Emile Durkheim이 주목했던 대로, 관건은 완벽한 자기완전성 안에 갇혀 있는 개인의 패러다임이다.[28] 홉스가 정립한 개인주의와 절대주의 사이의 상호인과 관계를 루소가 무너트린 것은 사실이다. 하지만 루소는 이를 위해 자연 상태의 개념을 사실상 훨씬 더 절대적으로 개인주의적인 관점에서 재정립한다. 물론 루소의 '인간'은 홉스의 '인간'처럼 '자연적으로' 분쟁적인 존재가 아니지만 이는 그저 루소의 '인간'이 동종의 인간들을 쉽사리 만나지 못하거나 혹은 만나더라도 곧장 헤어지기 때문일 뿐이다. 이러한 관점에서 볼 때, 루소의 홉스 비판과 로크나 몽테스키외의 홉스 비판 사이에는 어떤 공통점도 존재하지 않는다. 루소는 이들처럼 아리스토텔레스가 말하는 인간의 '자연적인 사회성'을 전제로 내세우지 않고 오히려 홉스의 그것보다도 훨씬 더 강도 높은 '비사회성'을 전제로 비판을 전개한다. 루소가 말하는 자연 상태의 인간들은 홉스가 말하는 '늑대'들 못지않게 부도덕하고 분쟁적인 존재지만 전쟁이 일어나도 뭉치는 일만큼은 하지 않는다. 루소의 사회계약을 바탕으로 정립되는 주권이 리바이어던의 주권 못지않게, 어쩌면 훨씬 더 절대적인 것은 우연이 아니다. 이 시점에서 주목해야 할 것은, 루소가 부정적으로만 해석하는 홉스의 관점과 루소 자신의 관점이 이러한 절대적인 성격으로 수렴되는 근본적인 이유는 사실상 정치적이 아니라 철학적이라는 점이다. 다시 말해, 루소의 관점이 지니는 절대성은 '개인'이 자기 자신과 관계하며 도달하는 '자의식'의 단계를 척도로 '개인'으로서의 완성도를 가늠하는 관점에서 비롯된다. 실제로 원시인의 입장에서 행복의 요건이나 조건은 그것이 자신의 가장 내면적인 본질에 과연 부합하는가의 여부에 있다. 바로 그런 의미에서 "자연인은 전적으로 즉자적인 존재다. 즉 수적 차원의 통일체이며 자기 자신이나 동종하고만 관계하는 절대적인 완전체다."[29] 하지만 이러한 자기-점유는 문명인도 겨는 과정이며, '분리되지 않은in-dividuo' 상태로 남아 있어야 할 '개인individuo'을 분리하는 모순들로부터 그를 보호할 수 있는 유일한 방식이다. "나는 모든 신체적 곤혹으로부터 자유롭게 될 순간을 갈망한다. 그때가 되면 '나'는 모순도 분리도 떨쳐버리게 될 것이다. 행복하기 위해 필요한 것은 '나' 외에 아무것도 없을 것이다."[30]

여기서 주목해야 할 것은 루소의 공동체주의가 지니는 구조적 모순이 바로 이와 같은 전제에서 발견된다는 점이다. 어떻게 이러한 유형의 고립된 주체가 타자와 관계할 수 있는가? 고독의 형이상학에서 공동체의 철학을 이끌어낸다는 것은 과연 가능한가? 스스로의 존재 안에 갇혀 있는 개인의 절대성은 과연 '공통된 것으로 정립'될 수 있는가? 그렇다면 결과적으로 어떤 유형의 공동체가 등장할 것인가? 루소의 저서에서 '고독과 공동체' 사이의 상호보완성을 발견하는 해석자들의 의견과는 달리, 내게는 이러한 이율배반적인 관계의 해소가 불가능해 보인다. 어휘의 차원에서뿐만 아니라 이론적인 차원에서도, 전제와 결론 사이의 격차를 줄이기 어렵기 때문이다. 격차를 줄이려면 루소가 공동체에 대한 긍정적인 설명을 시도하는 곳에서 드러나는 난해한 성격, 즉 콩스탕Benjamin Constant[31]과 탈몬Jacob Talmon[32] 같은 루소의 가장 신랄한 비판가들이 루소에게 나무랐던 바로 그 불가해한 성격을—루소처럼—그의 공동체에 억지로 적용하는 수밖에 없다. 루소는 기존 사회에 대한 비판적인 묘사 속에서 그가 부정적인 방식으로 표현하는 '공동체의 필요성'과 긍정적인 형태로 제시하는 '공동체 설립' 사이의 격차를 몇 차례에 걸쳐 극복해보려고 노력했다. 달리 말하자면, 좀처럼 좁혀지지 않던 것은, 루소가 주장하는 '공동체의 부재'가—즉 결함이자 결핍으로서의 공동체, 혹은 공동체를 규정하는 법률에 대한 무한한 책무로서의 공동체가—지니는 '비정치적인' 성격과 공동체를 정치적으로 실현하는 문제 사이의 격차였다. 간략히 말하자면, 이는 곧 '절대적 자아에 갇혀 있는 개인' 같은 형이상학적 전제에서 출발할 때, 루소가 말하는 공동체의 정치적 실현은 전체주의적인 유형의 정치 체제로 기울어질 수밖에 없다는 것을 의미한다. 물론 여기서 '전체주의'라는 표현은 지난 세기의 비극적인 경험과 직결되는 구체적인 형태의 '전체주의'를 가리키지 않는다. 후자와의 연관성을 부인할 수 있는 이유는 루소가 모든 유형의 공권력 남용으로부터 개인을 보호하는 데 주의를 기울이며, 국가에 종속되는 '시민'으로서의 개인뿐만 아니라 종속되지 않는 '인간'으로서의 개인도 항상 염두에 두었다는 점이 비교적 분명하게 드러나기 때문이다. 어떻게 보면 루소는 20세기의 전체주의가 사실상 무시했던 공적인 것과 사적인 것의 구분을 존중했던 셈이다. 반면에 내가 '전체주의'라는 표현으로 지적하려는 것은 루소가 '보편적 의지'의 개념을 활용하는 독특한 방식이다. 루소에게 '보편적 의지'는 개인에 대한 모든 권위적 억압의 시도를 자동적으로 차단하는 일종의 자동 장치에 가깝다. 개인의 신변은 그가 전체의 일원인 만큼 보편적 의지의 모든 명령이 다름 아닌 자신에 의해서도 발령되었다는 사실에 의해 보장된다. 하지만 바로 이러한 자동적인 성격이야말로—각자의 정체는 모두의 정체와, 모두의 정체는 각자의 정체와 일치한다는 전제야말로—모두를 '하나'로 축약해버리는 전체주의의 메커니즘과 흡사하지 않은가?[33] 홉스의 인가 이론이라는 '함정'에서 희생 메커니즘을 발동시켰던 것도 이처럼 선입견적인 정체화가 아니었나? 그리고 다음과 같은 루소의 유명한 말들은—객관적으로 희생 메커니즘적인 차원이 아니라면—어떤 식으로 이해해야 하나? "공동체의 구성원 각각은, 그의 모든 권리를 포함해, 공동체 전체에 완전히 양도된다."[34] "한 몸이나 다를 바 없는 '우리'는 각각의 구성원을 전체의 떼어낼 수 없는 한 부분으로 받아들인다."[35] "민중을 위한 제도의 정립에 착수하는 자는 자신이 인간의 본성과 모든 '개인'을 변화시킬 수 있다고 믿어야 한다. 다시 말해 '개인'이라는 그 자체로 완벽하고 고독한 전체를 더 커다란 전체의 일부로 변화시켜 어떤 식으로든 그가 자신의 삶과 존재 방식을 후자로부터 부여받을 수 있도록 만들어야 한다."[36] 여기서 분명하게 드러나는 것이 있다. 루소의 원칙적-전체주의가 지닌 위험은 공동체주의와 개인주의의 '상충 관계'나 충돌에 있지 않고 오히려 이들 간의 '상호 침투 관계'가 자족적인 동시에 고립되어 있는 개인의 형상을 기반으로 공동체를 구축한다는 데 있다. 뭐랄까, 개인적인 차원의 '일인'이 집단적인 차원의 '일인'으로 전이되는 과정은 유기적인 형태의 고랑 안에서만 가능해 보인다. 달리 말하자면 개인과 공동체가 모두 스스로를 벗어나지 못하는 것처럼, 혹은 서로를 완전히 흡수해서 체화하지 않는 이상, 그래서 자기의 일부로 만들지 않는 이상 서로를 받아들일 줄 모르는 듯이 보인다. 루소의 클라랑Clarens은 그야말로 완전하게 자급자족적이고 절대적으로 개별적이며 완벽하게 고립되어 있는 공동체다. 스타로뱅스키Jean Starobinski는 루소에 대해 이렇게 말한다. "그는 상상력을 비약적으로 확장시켜 '나'의 자족성이라는 이상을 '공동체'의 자족성이라는 신화로 바꾸어 버린다."[37] 실제로 이러한 이상이 어떤 집단적인 현실—고향, 도시, 축제—속에서 구체화될 때마다, 루소의 초조한 '공동체 요구'는 '공동체의 신화'로 전복된다. 정확히 말하자면 스스로에게 투명한 공동체, 즉 구성원들 각자가 **고유의** 공동체적 본질과 절대적인 자기 내재성의 꿈을 서로에게 호소하는 공동체의 신화로 뒤바뀐다. 그 과정은 아무런 중재 없이, 여과장치 없이, 의식의 상호융합을 중단하는 기호 없이, 타자와의 어떤 거리도, 비연속성도, 차이도 없이 전개된다. 타자는 더 이상 타자가 아니다. 이미 [집단적] '일인'의 일부를 차지하기 때문이다. 아니 그는 오히려 **고유의** 타자성 안에서 이미 상실된—동시에 건재한—[개인적] '일인'이다.

하지만 루소도 이러한 위험을 이해하는 듯이 보인다. 왜냐하면 이 '마음속의 공동체'를 정치 공동체로 전환하는 데 주저하는 모습을 보이기 때문이다. 따라서 우리도 그의『사회계약론』을 '클라랑' 공동체의 정치적 번역으로 읽지 않도록 유념해야 한다. 물론『사회계약론』에서 예시되는 것은 정체성의 민주주의, 즉 통치자와 피통치자, 입법부와 행정부, 왕과 주권자 사이의 어떤 구분도 배제하는 형태의 민주주의다. 하지만 바로 그런 이유에서 이러한 유형의 민주주의는—신들의 종족을 위해서가 아니라면—실현 불가능한 것으로 천명된다. 루소는 이렇게 단정한다. "엄밀히 말하자면, 진정한 민주주의는 존재한 적이 없고, 결코 존재할 수도 없을 것이다."[38] 만약 존재한다면 그것은 민주주의와 정확하게 반대되는 체제를 실현하는 쪽으로 기울어질 것이다. 바로 그런 이유에서 루소는 그의 '공동체'를 공동체의 본질적인 신화적 요소로부터 해방해야 한다는 자신의 생각과도 거리를 유지하며 비판적인 자세를 취한다. 하지만 루소는 거리를 유지하는 대가로 해결 불가능한 모순을 수용한다. 공동체는 불가능한 동시에 필수적이다. 필요하지만 불가능하다. 다시 말해 공동체는 언제나 결함의 형태로 주어질―따라서 완성을 모를―뿐 아니라 언제나 결함의 공동체에 불과하다. 왜냐하면 우리를 공동체 안에 묶어두는―우리를 공통적인 존재로 구축하는―것이 정확하게 **그** 결함, **그** 불이행성, **그** 빚이기 때문이다. 또는 죽을 수밖에 없는 우리의 유한성 때문에, 우리는 공동체 안에 머문다. 『에밀』의 한 유명한 구절에서 루소 자신이 예견했던 대로, 다름 아닌 "인간의 나약함이 그를 사회적인 존재로 만든다. 우리가 공유하는 불행이 우리의 가슴을 인간적으로 만든다. 우리가 인간이 아니라면, 인간적일 필요도 없을 것이다. (...) 자연적인 차원에서, 인간은 왕도, 위인도, 관료도, 부자도 아니다. 인간은 모두 벌거벗은 상태로 가난하게 태어나 삶의 불행과 번민, 질병, 필요, 온갖 종류의 고통에 구속되고, 끝으로 모두 죽을 운명에 처한다. 어떤 인간도 벗어나지 못하는 만큼 정말 인간의 것이라고 해야 마땅한 것이 바로 죽음이다."[39]

루소에 관한 여록

하지만 보다 깊은 주의를 요하는 문제가 남아 있다. 앞서 언급한 것처럼 루소는 공동체를 사유한 최초의 근대 철학자이지만 최초로 공동체의 신화를 구축한 인물이기도 하다. 그는 풀어내기가 결코 쉽지 않은 복잡한 상황을 파헤치며, 공동체를 그것의 신화와 함께, 신화 속에서 사유했다. 무슨 뜻인가? 왜 루소의 저서에서 공동체의 사유는 항상 신화로 전락할 위기에 놓이는가? 이질문에 대해서는, 이미 오래 전부터 단순명료한 형태로 다양하게 반복되어 온 하나의 답변이, 아니 하나의 이중적인 답변이 마련되어 있다. 첫 번째 관점에 따르면, 루소가 공동체를 신화화했다고 보아야 하는 이유는 그가 공동체를 객체들이 구성하는 총체의 절대적 지배에 종속시킴으로써, 구성원들이 공동체를 **구성**한다기보다는 오히려 공동체에 남김없이 **흡수**되는 결과를 낳기 때문이다. 이것이 바로 앞 장에서 다루었던 루소의 '전체주의'에 관한 논제, 즉 탈몬과 그의 후계자들이 주목했던 대로, 홉스의 희생 패러다임에 대한 루소의 비판에는 새롭고 훨씬 더 강력한 형태의 희생 공동체가 숨어 있다는 해석이다.[40] 시사하는 바가 없지 않은 이러한 해석에서 무엇보다 주목해야 할 것은 루소의 공동체가 타자의 의지를 조작하고 제어하는 뚜렷한 성향을 지녔다는 사실이다. 이러한 제어의 성향을 루소는 특히 교육에 관한 저서에서 이런 식으로 이론화한다. "표면적인 자유가 보장되는 복종만큼 완벽한 복종은 없다. 그런 식으로 의지 자체가 노예화된다."[41]

이처럼 '전체'가 '부분'을 지배하는 형태에 공동체적 사유의 퇴폐적인 측면이 있다고 보는 해석에 맞서―추상적인 형태로나마―정반대되는 해석, 즉 퇴폐적인 측면은 오히려 '전체'를 상대로 전개되는 '부분'의 자율화에 있다고 보는 해석이 대두된다. 이두 번째 해석의 관점에서 볼 때, 루소는 '부분'의 철학자이자 '특수성'의 철학자, 어떤 구체적인 형태의 공공 영역에 속하는 '일부'의 철학자다. 다시 말해 루소가 다루는 것은 민족적, 언어적, 문화적 정체성에 의해 통합되는 수많은―어쩔 수 없이 서로 대립하는―미세공동체, 혹은 그런 식으로 공동체의 보편적인 관념을 파편화하는 작은 규모의 '고국들'이다. 오늘날 이러한 관점을 수용하고 표명하는 이들이 바로 루소를 자신들의 가장 핵심적인 이론적 선구자로 내세우는 공동체주의자communitarian들이다.[42] 이 두 번째 해석의 근거가 되는 핵심 저서에서 루소가 추상적 세계시민주의를 비판하는 이유는 세계시민주의가 다름 아닌 "이웃사랑"[43]의 **의무**를 무시하기 때문이다. 그렇다면 이제 어떤 결론을 내려야 하나? '전체'의 측면에서 바라보든 '부분'의 측면에서 바라보든, 루소의 공동체는 어쩔 수 없이 권위적인 성향을 취할 수밖에 없는 상황에 놓인다. 그리고 그 이유는 루소가―역설적이게도―바로 '공적인 것'과 '사적인 것'의 절대적 분리라는 홉스의 원칙을 거부하기 때문이다. 다시 말해 루소는 홉스를 비롯한 근대 정치철학자들이 공동체적 사유에 접근하는 것을 사실상 불가능하게 만들던 이 '단절'의 원칙을 바로 그런 이유에서 거부하지만 '공'과 '사'의 재조합을 시도하는 과정에서 결국에는 자신이 활성화한 공동체적 사유를 다시 동일한 신화의 피질 내부로 끌어들이기에 이른다. 루소는 절대주의적인 개인주의를―공권의 폭력으로부터 개인주의의 '내면적 공백'만큼은 보존하면서—포기하지만 개인주의를 극복할 수 있는 또 다른 패러다임은 제시하지 못한다. 루소는 과거의 개인주의도 새로운 보편주의도 아닌 중도에 머문다. 달리 말하자면, 그의 사유는 보편주의 속의 개인주의인 동시에 개인주의 속의 보편주의다. 그런 식으로 하나가 다른 것 안에서 전복되고 부정되고 강화되는 가운데 보편화된 개인과—보편적 의지와—개인화된 보편성이—소규모의 고국들이—형성된다. 결국 루소의 절대주의 비판은 언제나 전체와 부분, 부분**인** 전체와 전체**인** 부분의 새로운 신화적 절대주의로 전락할 수밖에 없는 듯이 보인다.

하지만 지금까지 살펴본 것은 지극히 표면적인 평가에 불과하다. 여기서 공동체의 사유와 신화의 촘촘하기 이를 데 없는 매듭을 재구성하는 방향으로 한 걸음 더 나아가기 위해서는 좀 더 거시적인 관점에서 루소의 이른바 '실존 철학'을 조명해볼 필요가 있다. 루소에 관한 뷔르줄랑[44]의 탁월한 저서 제목이기도 한 이 '실존 철학'의 자취를 우리는 정치나 교육을 다루는 루소의 글보다는 그의 자서전적이거나 서사적인 작품에서 발견할 수 있다. 먼저 아주 분명하고 기초적인 사실부터 살펴보자. 루소가 최초의 공동체 철학자인 이유는 '주체'를 사상이 아닌 실존의 관점에서 다루기 때문이다. 바로 이 지점에서, 데카르트가 시작한 근대 철학과의 진정한 결별이 이루어진다. 이는 물론 루소가 형식적으로 실존철학적인 언어를 활용하기 때문이기도 하다. 루소에 따르면, 존재한다는 것은 마음의 진실이다. 다시 말해, 정신적인 진실이라기보다는 오히려 감정, 열정, 고통의 진실에 가깝다. "나는 존재하며 나를 감동케 하는 감각들을 지녔다. 이것이 바로 나를 놀라게 하는 첫 번째 진실이며 이 진실에 나는 강하게 동의한다. (…) 우리에게 존재한다는(exister) 것은 느낀다는(sentir) 것을 의미한다. 우리의 감각이 지성에 앞선다는 것은 반박할 수 없는 사실이다. 우리는 관념에 앞서 감정을 지녔다."[45] 이처럼 감정과 관념을 대립시키는 관점은 루소의 모든 저서에서 발견된다. 하지만 무엇보다 중요한 것은 이러한 대립이 항상 '실존'의 근본적인 중요성을 강조하면서 거론된다는 점이다. '실존'은 그것에서 파생되어 그것을 병들게 하거나 빈약하게 하는 다른 어떤 조건보다도 더 중요하다. 루소에 따르면, "삶은 숨쉬기가 아니라 행동이다. 산다는 것은 우리에게 실존한다는 감정을 선사하는 우리 자신의 모든 신체 기관, 우리의 감각, 우리의 기량을 활용한다는 것을 의미한다. 더 많이 산 사람이란 햇수로 가장 오래 산 사람이 아니라 삶을 가장 풍부하게 느낀 사람을 가리킨다."[46] 실존한다는 느낌에 상응하는 것은 다름 아닌 삶의 차원이다. 하지만 주의할 것은 '삶의 연장'이 아니라 '삶의 강도'라는 차원에서 실존과 삶이 일치한다는 점이다. 루소의 텍스트는 개인적인 삶의 보존에 집중하는 철학들을 분명하게 비판하는 쪽으로 기울어져 있다. 왜냐하면 이러한 철학들은 삶을 물질적 연장에만 소요되는 메커니즘 안에 꼼짝달싹 못하도록 가두면서 삶의 의미를 빼앗고 살아 있다는 느낌 자체를 불가능하게 만들기 때문이다. "자기 자신에 너무 집중한 나머지 자신만 사랑하기에 이른 사람은 더 이상 충동을 느끼지 못한다. 얼어붙은 그의 심장이 기뻐서 뛰는 일은 더 이상 일어나지 않는다. 어떤 다정다감한 태도가 그의 눈을 촉촉이 적시는 일도 일어나지 않는다. 그는 더 이상 아무 것도 즐기지 못한다. 불행해진 그는 느끼지도, 살지도 않는다. 그는 이미 죽어 있다."[47] '더 많이' 살려는 자기보존의 노력에 집착하다 결국에는 '더 적게' 사는, 아니, 전혀 살지 않는 지경에 이른 셈이다. 왜냐하면 "생명을 보존하기 위해 쓴 시간은 더 이상 쓸 수 없는, 잃어버린 시간이며, 따라서 제외해야"[48] 하기 때문이다. 이기적인 인간의 삶은 **무감각하게**, 사실상 실존과 일치하는 **공통의 감성** 바깥에서 흘러갈 뿐이다.

여기서 주목해야 할 용어는 '공통'이다. 실존과의 분리를 조장하며 삶을 죽이는 것은 삶의 순수하게 자기지시적인 성격, 혹은 그것의 '절대성'이다. 달리 말하자면, 개별적인 주체의 보다 포괄적이고 세분화된 지평과 삶 자체의 연관성이 부족해질 때 삶은 죽는다. 인간의 개인성이 그가 삶을 보존하는 방식과—죽음을 연기하는 방식과—일치하는 반면, 공동체는 생동하는 실존 방식, 순수한 실존으로서의 삶과 일치한다. 공동체는 오히려 실존과 다를 바 없다고도 말할 수 있다. 이는 실존(ex-sistentia)이—어원적인 의미대로—개인의 삶을 자기 자신 바깥으로 확장시켜 자신을 넘어서는 일이자 자신의 위치를 끊임없이 초월하는 실체이기 때문이다. 물론 루소가 자신의 생각을 이런 식으로 표현하는 것은 아니다. 하지만 실존과 공동체의 연관성, 즉 '공통적인 것'이 실재하는 구체적인 방식으로서의 실존과 공동체의 연관성은 그의 저서 이곳저곳에서 분명하게 부각된다. "이 세상에서 인간이 아니라면 과연 누가 공통적 실존에 대한 감성과 개인적 실존에 대한 감성을 융합할 수 있겠는가?"[49] 이러한 연관성은 「제네바 초고manuscrit de Genève」의 한 문장에서 훨씬 더 분명하게 드러난다. "'인류'라는 표현은 확실히 그것을 구성하는 개인들 사이의 어떤 실질적인 회합도 전제하지 않는 집단적 개념만을 전달한다. 따라서 추가적으로 이렇게 가정해볼 수 있을 것이다. 인류를 어떤 도덕적인 인간으로 가정하고 그가 자신의 개성과 인격을 구축하는 공통적 실존에 대한 감성을 지녔을 뿐 아니라 자신의 모든 지체를 전체와 관련된 일반적인 목적에 종사하도록 하는 어떤 보편적인 추진력을 지녔다고 가정해보자. 이러한 공통적 감성을 우리는 인류에 대한 감정으로 이해할 수 있을 것이다."⁵⁰ 이 문단이 중요한 이유는 단지 루소가 생각을 극단적인 지점으로 몰고 가며 공동체를 실존의 의미로, 혹은 공존co-esistenza을 공통의 공감con-sentire으로 해석하기 때문만이 아니라, 이 개념들이—동일한 문구 안에서—신화 속으로 추락하며 일탈하는 모습을 그대로 보여주기 때문이다. 매듭은 다름 아닌 '공통적 실존', 즉 '공동체'가 '개성'과 '인격'으로—실존의 개념 내부에서—전이될 때 풀리기 시작한다. 이러한 방식은 정확하게 루소가—자전적 저서를 비롯한 몇몇 텍스트에서—'개인'을 초월하고 그를 '타자'에게 밀어붙여 **자아**로는 환원되지 않는 어떤 '바깥'으로 몰아내야만 할 것 같던 실존의 의미를 오히려 개인에게 의탁하고 부여함으로써 그의 '개성'을 재구성할 때 활용했던 방식과 동일하다. 이는 마치 '실존-existence'라는 용어에서 '바깥으로'를 뜻하는 접두사 ex가 좀 더 고유한 내면적 통일성을 확보하기 위해 스스로 움츠러드는 것 같은 인상을 준다. 실제로 결정적인 것은 다름 아닌 '실존'과 '소유'의 관계다. 실존은—그 자체로—공통적이며 공동적이다. 하지만 이 '공동'이라는 것도 알고 보면 일종의 소유물, 이를 고유한 존재로 감지하는 누군가의 가장 **고유한** 소유물이다. 이것이 바로 '주체subiectum'다. 주체를 실체화하는 실체가 어떤 식으로든 소유[종속]되지 않는 것을 허용할 수 없는 것이 바로 주체다.

바로 그런 이유에서 루소는—앞서 언급한 공동체적 사유와는 대조적으로—우리에게 우리 '자신으로' 되돌아오라고 끊임없이 권유한다. 다시 말해, 자신을 잃지 말고 되찾으라고, 아니 우리 스스로의 존재와 최대한 내밀한 통일체를 구축함으로써 모든 종류의 표면화, 이질화, 이간으로부터 '자신'을 거뜬히 지켜내라고 권고한다. '나', '자아ego'는 자신의 어떤 부분도 자기 바깥에 남겨두지 말아야 한다. 고유의 실존적 온전함을 위협할 수 있는 모든 공백을 메워야 하고, 타자를 향한 자기로부터의 탈주를—그것이 '고유한 것'으로 회귀할 수 있는 보다 결정적인 기회를 보장하지 않는 이상—모두 막아야 한다. 1767년 미라보[51]에게 보내는 편지에서 루소가 사용한 표현에 따르면, "나는 내 **안에**, 나와 **함께**, 나를 **위해** 있는 곳에서만 완전히 나 자신이다." 이러한 관점에서—역설적이게도 공통적 실존의 '감정'과 공생하는 '관점'에서—추상적 사유에 대한 루소의 비판은 사실상 '자아'가 자기 성찰의 외면화된 거울 속에서 이중화되는 것을 거부하는 입장과 일치한다. '성찰'이 분리를 조장하는 반면, '감정'은 통합을 주도한다. 다시 말해 감정은 자기 자신과의 통합을 주도하며 '고유의' 일체성을—다름 아닌 문명사회와 역사 자체가 조장하는 '자기로부터의 일탈'로 인해 일체성이 위협을 받거나 상실될 때—반환한다. 이 상실과 반환의 관계를 루소는 이렇게 표현한다. "우리가 있는 곳에 우리는 더 이상 존재하지 않는다. 우리가 없는 곳이 아니라면, 우리는 존재하지 않는다. (...) 아 인간이여! 당신의 존재를 당신 안에 가둬라. 당신은 더 이상 불행하지 않을 것이다."[52]

이러한 상황을 우리는 시간의 흐름이라는 관점에서 관찰할 수 있다. 앞서 살펴보았듯이, 실존은 삶의 공간과 일치한다. 하지만 삶의 시간과도 일치하는 것은 아니다. 물론 여기에 어떤 차이가 있는지는 즉각적으로 와닿지 않고 분명한 선을 긋는 것도 어려워 보인다. 왜냐하면 문제는 관찰 각도의 지극히 미세한—그럼에도 결정적인—변화에 있기 때문이다. 이러한 정황을 우리는 다음과 같이 요약할 수 있다. 실존은 순수한 실재의 순간에 멈춘 상태의 삶이다. 바꾸어 말하면, 삶은 시간의 연속성에 종속되는—기간 안에서 펼쳐지는—실존이다. 실존을 포괄하는 것은 과거를 되돌아보는 관점과 미래를 내다보는 관점의 필수적인 통일체, 즉 개인의 삶이라는 통일체다. 바로 이 두 관점의 통일적인 관계가 실존의 본질적인 연약함을 보완하며 실존을 확립하고 강화하는 동시에—다른 한편으로는—바로 그런 이유에서 해제한다. 약간은 과장된 형태로, 이렇게도 정의해볼 수 있다. 삶은 **실존의 외재적 내재성**이다. 따라서 삶은 실존의 인정이자 확립인 동시에 부정이다. 여기서 루소의 생각을 살펴보자. 루소는 과거나 미래를 위해 현재를 희생시킬 수 있다는 입장에 대해 항상 비판적인 태도를 취한다. 루소가 과거와 미래를 악하게 보는 이유는 현재적인 것의 실재를 변형시켜 현실 바깥으로 쫓아내기 때문이다. 과거와 미래는 실존을 욕망의 충족과 기억의 몰입에 얽매이도록 만들면서 실존을 존재의 차원에서 소유의 차원으로, 의지의 차원으로, 표상의 차원으로 전이시킨다. 지극히 단순한 실재를 과거의 표상이나 미래의 예상이라는 또 다른 표상으로 변형시키기 때문이다. 과거와 미래는 그런 식으로 현재를 배가하고 다시 실재하도록 만들면서 '순수한 실재'로서의 현재를 삭제해버린다. 이처럼 전과 후로 전개되는 팽창 없이도, 삶이 '되기'에는 터무니없이 나약하고 말 그대로 실체도 없는 것이 바로 '순수한 실재'다. 살아 '남아 있기'에는, 다시 말해 실존의 잠정적이고 유동적인 파도를—'나'라는 대명사 속에서—식별하고 결정짓기에는 너무나 부족한 것이 '순수한 실재'다. 뭐랄까, 이 '실재'는 고유의 본질적으로 실체 없는 상태에서 살아남기 위해 스스로 '~에 대한 실재'가—한 주체의 자아가—되어야 한다. 다시 말해 무의식적인 단계의 존재를 복제하고 초월하며 주체적인 실존 의식이 되어야 한다. '실재'는, 기억을 바탕으로 자아가 재구성되는 과정을 거쳐 실존 의식으로 발전한다. 따라서 청년이 "실존적 삶에 전적으로 몰두하고 스스로의 충만한 생명력을 향유하며 이를 자신 바깥으로까지 확장시키기 원할 때"[53], "기억은 정체에 대한 감정을 실존의 매 순간으로 확장시킨다. 그런 식으로 그는 진정한 의미에서 하나가 되고, 자기 자신이 된다."[54] 기억은 실존의 '다양성'을 통합하는 동시에 파괴한다. 기억은 타자를 동일자로, 바깥을 안으로, 다수를 하나로 만든다. 기억은 실존을 확립하면서 그것의 원천적인 무상성을 제거한 뒤 주체적 실체로 채워 넣는다. 그런 의미에서, 주체는 자신을 가로지르며 분산시키는 시간보다 훨씬 더 강인하다. 시간이 주체를 외면화하지 않고 주체가 시간을 내면화한다. 주체는 그에게 일어나는 모든 사건 앞에서 실재하기를 원한다. 이러한 의지 자체가 이미 그를 '존재론적으로' 정립한다. 주체는 자신에게 일어나는 사건들 안에서, 또 이 사건들을 뛰어넘어 하나이기를, 자기 자신이기를 원한다. 자신의 실존적 근거가 되는 사건 자체를 지배하고 마지막 사건인 죽음까지 지배하기를 원하는 것이다. 루소는—쥘리의 입을 빌려—이렇게 말한다. "내가 보기에는 나의 존재를 연장하지 않는 것도 없고 나의 존재를 분리하는 것도 없다. 내 존재는 전부 나를 에워싸는 것 안에 있다. 나의 어떤 부분도 내게서 떨어져 있지 않다. (...) 나는 기쁨과 생명으로 충만하다. 죽음아! 네가 원할 때 와라. 난 네가 두렵지 않아. 나는 내 삶을 살았고 너를 앞서 갔을 뿐이다. 내가 모르는, 그래서 여전히 배워야 할 감정 같은 것은 없다. 네가 내게서 빼앗을 수 있는 건 아무 것도 없어."[55]

이러한 상태를 바로 무아지경estasi이라고 부른다. 여기서도 중요한 것은 이 용어의 이중적인—외적인 동시에 내적인—의미다. 루소를 언급할 때 '우주적 무아지경'이라는 표현 못지않게 '자기중심적 무아지경'[56]이라는 표현을 사용하는 것은 우연이 아니다. 이 표현들은 두 종류의 상반된 움직임, 즉 실존의 현상학을 특징짓는 팽창과 수축의 움직임을 가리킨다. 물론 여기서—공동체의 문제와 직결된다는 차원에서—주목해야 할 것은, 이 두 움직임의 대립이라기보다는 오히려 이들의 상호보완성과 동시성이다. 따라서 아마도 하나의 단일한 움직임에 대해, 즉 팽창적인 동시에 수축적이고 확산적인 동시에 축약적인 움직임에 대해 이야기하는 편이 옳을 것이다. 실제로 팽창은 수축을 통해, 수축은 팽창을 통해 일어난다. 이러한 상황이 전개되는 좁고 감지하기 힘든 경로를 거쳐, 결국 공동체의 '사유'와 공동체의 '신화'는 하나가 된다. 여기서 '공동체'를 실존의 외면화로 이해할 수 있다면, 공동체의 신화화는 이러한 외면성의 내면화로 이해할 수 있다. 조르주 풀레Georges Poulet는 이러한 변증관계를 '원'과 '중심'[57]에 비유한다. 중심은 항상 자신의 위치에서 벗어나 고유의 반경을 테두리까지 극단적으로 확장하려는 성향을 지닌다. 외부적인 것의 인력에 저항하지 못하는 중심은 외부와 함께하기 위해 자기를 나누지 않을 수 없다. 이 외부가 자연이 아니라—루소의 '자아'가 끊임없이 융합을 시도하기도 하는 자연이 아니라—또 다른 인간, 아니, **타인들** 그 자체일 때 이를 무리 없이 '공동체'라는 단어로 부를 수 있을 것이다. 앞서 살펴보았듯이, '나'는 이 공동체 바깥에서 살아가지 못한다. 공동체 바깥에서 '나'의 삶은 심지어—어쩌면, 무엇보다도—실망한 나머지 고립될 때조차 불가능하다. 왜냐하면 '고립' 자체는 전복된 형태로나마 공유의 절대적인 필요성을 표현하기 때문이다. 『고독한 몽상가의 산책』7번째 장에서 루소는 이렇게 말한다. "아니, 개인적인 어떤 것도, 내 몸에 유익한 어떤 것도 진정한 의미에서 내 영혼의 관심을 끌지 못한다. 어떤 성찰도, 어떤 꿈도 나 자신을 잊을 때만큼 달콤하지는 않다. 나는 존재하는 것들의 총체에 거의 녹아들 때 희열을 느끼고, 형언할 수 없는 무아지경에 빠진다."[58] 루소의 '나'는 자아 바깥으로 일탈하려는 충동, 자신을 타자와—타자적인 성격을 공유한다는 깊은 의미에서—'결합'하려는 충동과 일치한다. 그의 존재는 무언가 자신의 일부이면서도 그에게는 속하지 않는 것에서 흘러넘치는 힘, 억제할 수 없는 발산의 힘에 지나지 않는다. 바로 그런 이유에서 루소는 자신을 핍박하는 사람들조차 미워할 수 없는 입장에 놓인다. 여기서 미워하지 않는다는 것은 도덕적인 문제인 듯 보이지만 사실은―놀랍게도―존재론적인 차원의 문제다. 본질적으로 공통적인 것에 함께 참여하는 누군가를―그가 우리의 천적이라 하더라도―어떻게 미워할 수 있는가? "뭐랄까, 나 자신을 너무 사랑하는 탓에 누군가를 미워하지도 못한다. 증오는 나의 존재를 억제하고 축약하는 행위다. 나는 오히려 내 존재를 온 우주로 확장시키고 싶다."[59] 어떻게 보면 루소의 저작 전체가, 다양한 상황에서 어조를 달리할 뿐, 이러한 극단적인 성향의 제안을 반복할 뿐이다. 이처럼 극한을 추구하는 성향 자체가 반복된다. 존재가 스스로의 한계를 추구하는 작업은 고유의 타자 안에서 스스로를 상실할 때까지, 중심이 마지막 원주와 고스란히 일치할 때까지 계속된다.

하지만 여기에 동일한 메달의 이면이 있다. 이와 정반대 현상 역시 일어나기 때문이다. 중심이 원주 안에 머무는 것과 동일한 맥락에서, 동일한 방식으로 원주 역시 항상 중심 안에 머문다. 원주 역시 중심에서 생산되고 중심을 향해 있기 때문이다. 칼 바르트Karl Barth가 주목했던 것처럼, 주체가 모든 것을 쏟아 붓는 대상은―타자는―언제나 **그의** 대상이다. "대상은 당연히 모습을 드러내지만, 그저 다시 사라지기 위해 나타날 뿐이다. 바로 그런 의미에서 루소는 자신이 '대상 없는 사랑으로 불타오르는' 것을 느낀다고 말한다. 그는 '대상을 식별할 줄 모르는 상태에서' 행복을 추구한다. 마음으로 느끼는 감정의 한계 안에서만 여전히 실존의 달콤함을 맛볼 수 있다고 생각한다."[60] 하지만 주의해야 할 점은 이러한 상황이 앞서 언급한 내용을 거스르는 대신 오히려 근거로 전개된다는 것이다. 다시 말해 이러한 상황은 그의 팽창하는 영혼이 결국 머나먼 변방에서 자기를 상실할 때까지 끊임없는 발산을 계속하지 못했기 때문이 아니라 오히려 계속했기 때문에 일어난다. 왜냐하면 그가 이러한 활동의 주체인 동시에 자기상실의 주체이기 때문이다. 실제로 자기상실이라는 '자기만의' 상실이란 자신을 **잃었다고 느끼는** 자의 입장에서 가장 내밀한 자아를 되찾는 일이 아닌가? 루소는 자연의 웅장함을 묘사하면서 이렇게 말한다. "민감한 영혼을 소유한 사람이 자연을 관조할 때에는 자연의 조화가 불러일으키는 '무아지경'에 빠지는 일이 그만큼 용이할 것이다. 달콤하면서도 깊은 꿈의 욕망이 그의 감각을 사로잡기 때문이다. 그는 자신의 **정체를 느끼는** 그곳, 그 총체적인 아름다움의 거대함 속에서 자신을 잊는다."[61] 동정이라는 타자에 대한 연민의 감정이 인간 본성의 구축적인 요소라는 점에 주목할 때에도, 루소는 인간이 연민의 감정으로 받아들이는 타자보다는 감정의 주체인 '나'가 무엇보다 중요하다는 점을 강조한다. 인간은 타자를 항상 좀 더 깊은 내면적 일치가 전제될 때에만 수용한다. "어떤 강렬한 영적 확장에 의해 나 자신을 고통 받는 누군가와 동종의 존재로 느낄 때, 이를 테면 그 안에서 나를 발견할 때 내가 그렇게 느끼는 이유는, 그가 고통 받는 것을 나는 원하지 않는다는 식의 고통을 느끼고 싶지 않기 때문이다. 내가 그에게 관심을 가지는 이유는 나의 자기사랑 때문이다. 동정이라는 도덕적 명령의 근거는 어디에서든 나 자신의 안녕을 욕망하도록 부추기는 본성 자체에 있다."[62] 바로 이 지점에서 극명하게 드러나는 것은 자아의 이질화로부터 타자의 동질화로 나아가는 실존의 움직임이다. 그렇다면 이런 결론을 내려야 할 것이다. 공동체의 사유가 탄생하는 곳은 바로 공동체가 폐쇄되는 곳이다. 하지만 이 폐쇄는 언제나 공동체에 대한 최초의 사유를 품고 있다고도 말할 수 있다.

1   Jean-Jacques Rousseau, *Le contrat social*, in Œuvres Complètes, Paris 1959-69, t. III [trad. it. *Del contratto sociale*, in Opere, Firenze 1972, p. 341].

2   Jean-Jacques Rousseau, *L'état de guerre*, in Œuvres Complètes, t. III [trad. it. *Lo stato di guerra nasce dallo stato sociale*, in Opere, p. 166].

3   Jean-Jacques Rousseau, *Discours sur les sciences et les arts*, in Œuvres Complètes, t. III [trad. it. *Discorso sulle scienze e sulle arti*, in Opere, p. 15].

4   Jean-Jacques Rousseau, *Lo stato di guerra*, p. 165.

5   Jean-Jacques Rousseau, *Manuscrit de Genève*, in Œuvres Complètes, t. III [trad. it. *Manoscritto di Ginevra*, in *Scritti politici*, Bari 1971, vol. III, pp. 67-68].

6   Jean-Jacques Rousseau, *Discorso sulle scienze e sulle arti*, p. 15.

7   Jean-Jacques Rousseau, *Del contratto sociale*, p. 280.

8   같은 책, p. 282.

9   Jean-Jacques Rousseau, *Discours sur l'origine et les fondements de l'inégalité parmi les hommes*, in Œuvres Complètes, t. III [trad. it. *Discorso sull'origine e I fondamenti della disuguaglianza fra gli uomini*, in Opere, p. 82].

10   Étienne de La Boétie, *Discours sur la servitude volontaire*, Paris 1992 [trad. it. *Discorso sulla servitù volontaria*, Torino 1995].

11   Jean-Jacques Rousseau, *Discorso sull'origine della disuguaglianza*, p. 66.

12   같은 책, p. 67.

13   같은 책, p. 74.

14   Jean-Jacques Rousseau, *Economie politique*, in Œuvres Complètes, t. III [trad. it. *Discorso sull'economia politica*, in Opere, pp. 108-9].

15   Jean-Jacques Rousseau, *Emile*, in Œuvres Complètes, t. IV [trad. it. *Emilio*, p. 513].

16   Raymond Polin, *La politique de la solitud*e, Paris 1971, p. 7.

17   Jean-Jacques Rousseau, *Discorso sull'origine della disuguaglianza*, p 54.

18   같은 책, p. 39.

19   이 주제를 예리하게 분석한 Bernard Stiegler, *La technique et le temps*, t. I, Paris 1994 참조. 이어지는 문단들은 이 책을 특별히 참조하며 집필했다.

20   Jean-Jacques Rousseau, *Discorso sull'origine della disuguaglianza*, pp. 43-44.

21   André Leroi-Gourhan, *Le geste et la parole*, Paris 1964 [trad. it. *Il gesto e la parola*, Torino 1977, vol. I, pp. 14 이하].

22   Jean-Jacques Rousseau, *Discorso sull'origine della disuguaglianza*, p. 60.

23   Jean-Jacques Rousseau, *Essai sur l'origine des langues*, Bordeaux 1968 [trad. it. *Saggio sull'origine delle lingue*, in A. Verri, *Origine delle lingue e civiltà in Rousseau*, Ravenna 1983, p. 199].

24 참조한 데리다의 텍스트는 『그라마톨로지』다. Jacques Derrida *De la grammatologie*, Paris 1969 [trad. it. *Della grammatologia*, Milano 1969].

25 Jean-Jacques Rousseau, *Del contratto sociale*, p. 284.

26 Jean-Jacques Rousseau, *J.-J. Rousseau juge de Jean Jacques*, in Œuvres Complètes, t. I [trad. it. *Rousseau giudice di Jean-Jacques*, in Opere, p. 1213].

27 Bronislaw Baczko, *Rousseau, solitude et communauté*, Paris 1974, p. 263.

28 Emile Durkheim, *Le Contrat social de Rousseau*, in «Revue de Méthaphysique et de Morale», marzo-aprile 1918, pp. 138-39.

29 Jean-Jacques Rousseau, *Emilio*, p. 353.

30 같은 책, p. 560.

31 Benjamin Constant, *Principes de politique*, in Œuvres de Benjamin Constant, Paris 1957, pp. 1071 이하.

32 Jacob Leib Talmon, *The Origins of Totalitarian Democracy*, London 1952 [trad. it. *Le origini della democrazia totalitaria*, Bologna 1977].

33 이는 아렌트가 루소를 비판하며 제기했던 관점이다. Hannah Arendt *On Revolution*, New York 1963 [trad. it. *Sulla rivoluzione*, Milano 1983, pp. 79 이하].

34 Jean-Jacques Rousseau, *Del contratto sociale*, p. 285.

35 같은 곳.

36 같은 책, p. 296.

37 Jean Starobinski, *Jean-Jacques Rousseau. La transparence et l'obstacle*, Paris 1971 [trad. it. *Jean-Jacques Rousseau. La trasparenza e l'ostacolo*, Bologna 1982, p. 179].

38 Jean-Jacques Rousseau, *Del contratto sociale*, p. 309.

39 Jean-Jacques Rousseau, *Emilio*, pp. 501-2.

40 Lester G. Crocker, *Rousseau's Social Contract: An Interpretative Essay*, Cleveland 1968 [trad. it. *Il contratto sociale di Rousseau. Saggio interpretativo*, Torino 1971, p. 242].

41 Jean-Jacques Rousseau, *Emilio*, p. 419.

42 Charles Taylor, *Sources of Self. The Making of the Modern Identity*, Cambridge (Ma, Usa) 1989 [trad. it. *Radici dell'io. La costruzione dell'identità moderna*, Milano 1993, soprattutto pp. 367 이하], *The Malaise of Modernity*, Toronto 1991 [trad. it. *Il disagio della modernità*, Bari-Roma 1994, pp. 33 이하], *Multiculturalism and 'Politics of Recognition'*, Princeton 1992 [trad. it. *Multiculturalismo. La politica del riconoscimento*, Milano 1993, pp. 67 이하].

43 Jean-Jacques Rousseau, *Emilio*, p. 353.

44 Pierre Burgelin, *La philosophie de l'existence de J.-J. Rousseau*, Paris 1973, pp. 115-90.

45 Jean-Jacques Rousseau, *Profession de Foi du Vicaire Savoyard*, in Œuvres Complètes, t. IV [trad. it. *Professione di fede del vicario savoiardo*, in Opere, pp. 540, 557].

46 Jean-Jacques Rousseau, *Emilio*, p. 355.

47 Jean-Jacques Rousseau, *Professione di fede del vicario savoiardo*, p. 555.

48 Jean-Jacques Rousseau, *Emilio*, p. 366.

49 Jean-Jacques Rousseau, *Professione di fede del vicario savoiardo*, p. 547.

50 Jean-Jacques Rousseau, *Manoscritto di Ginevra*, p. 6.

51 Jean-Jacques Rousseau, 미라보에게 보내는 1767년 1월 31일자 편지, *Correspondance générale*, Paris 1924-34, t. XVI, p. 248.

52 Jean-Jacques Rousseau, *Emilio*, p. 387.

53 같은 책, p. 452.

54 같은 책, p. 383.

55 Jean-Jacques Rousseau, *Julie ou La Nouvelle Héloïse*, in Œuvres Complètes, t. II [trad. it. Giulia o La Nuova Eloisa, Milano 1992, p. 714].

56 Henri Gouhier, *Les méditations méthaphysiques de Jean-Jacques Rousseau*, Paris 1970, pp. 101 이하.

57 Georges Poulet, *Les métamorphoses du cercle*, Paris 1961 [trad. it. Le metamosfosi del cerchio, Milano 1971, pp. 123-47].

58 Jean-Jacques Rousseau, *Les rêveries du promeneur solitaire*, in Œuvres Complètes, t. I [trad. it. *Le passeggiate solitarie*, in Opere, p. 1360].

59 같은 책, p. 1355.

60 Karl Barth, *Die protestantische Theologie im 19. Jahrhundert*, Zürich 1946 [trad. it. *La teologia protestante nel xix secolo*, Milano 1979, vol. I, p. 275].

61 Jean-Jacques Rousseau, *Le passeggiate solitarie*, p. 1358.

62 Jean-Jacques Rousseau, *Emilio*, p. 513, 각주.

3. 법

1. 루소의 사유가 벗어나지 못했던 모순의 틀을 오히려 철학적 탐구의 대상으로 삼았던 인물은 칸트다. "루소의 생각을 사유하기 위해서는 칸트가 필요했다"[1]라는 베유Eric Weil의 말도 이러한 파격적인 의미에서 이해할 필요가 있다. 칸트의 모든 저술은 루소가 신화적인 요소의 침투에 노출된 상태로 남겨두었던 '공동체'의 문제를, 사유할 수 없는 상태에서 사유할 수 있는 상태로 전환하려는 시도였다고 볼 수 있다. 칸트가 루소를 언급하며 가장 집중적으로 인용하는 글의 주제가 '공동체'인 것은 결코 우연이 아니다. 칸트 자신이 인정하는 것처럼, 그를 진리에 대한 개인적인 탐구의 고독에서 인간들의 공통된 세계에 대한 관심으로 인도했던 인물이 바로 루소다.[2] 하지만 이는 진리보다 더 중요한 무언가가 ─ 친구, 이웃, 지인이 ─ 있기 때문이 아니라 공동체의 문제에서 출발하지 않는 이상 생각조차 할 수 없는 것이 바로 진리기 때문이다. 칸트는 이 점을 아주 분명하게 밝힌다. "이를 테면

공동체 안에서 타인들과 함께 생각하지 않는다면, 그러니까 우리의 생각으로 이들에게 **관여**하고 이들이 자신만의 생각으로 우리에게 관여하지 않는다면, 대체 어느 지점까지 생각할 수 있겠는가?"[3] 공동체 바깥에서 '사유'한다는 것은 불가능하다. 왜냐하면 공동체가 사유의 대상이라기보다는 사유 자체의 뿌리이기 때문이다. 우리는 우리 자신에 속하는 존재이기에 앞서 세계에 속하는 존재다. 바로 이것이 루소의 사상에 함축되어 있었고 칸트가 이론적인 차원에서 완전한 형태로 파악하기에 이르는 전제, 즉 사유의 본질적으로 공동체적인 성격이다. 사람들 사이의 관계라는 보다 넓은 차원에서 바라보면, 공동체는 결코 철학의 수많은 잠재적 주제들 가운데 하나가 아니며 엄밀히 말해 어떤 철학적인 문제도 아니다. 공동체는 오히려 철학 자체의 형식에 가깝다. 이는 사유가—아주 독특한 방식을 취할 때조차—사유 본연의 자리인 공통의 지평에서만 의미를 취할 수 있기 때문이다. "감히 누가 모든 인간의 관심사인 특정 지식이 공통의 지성을 뛰어넘어 존재하며 이를 오로지 철학자들만 이해할 수 있다고 주장하겠는가? (...) 세상에서 가장 고차원적인 철학조차도, 관건이 인간 본성의 본질적인 목적일 때에는, 자연이 공통적 지성의 인도로 우리에게 제공하는 것 외에 어떤 것도 덧붙이지 못한다."[4]

결과적으로 공동체의 문제가 루소와 칸트 사이의 접촉 내지 비교라는 주제로 이어진다면, 이 주제를 뒷받침하는 개념은 과연 무엇인가? 이 비교의 영역을 도입하고 결정짓는 범주는 어떤 것인가? 이 질문에 대한 첫 번째 답변은 헤겔로 거슬러 올라간다. 관건은 의지의 형식, 다시 말해 "의지의 자유를 원하는 자유의지"⁵의 무조건적인 성격이다. 물론 헤겔은 칸트가 요구하는 윤리의 자율성이 전복될 가능성을 제기하며, 주어진 형상에 대한 칸트적인 관점의 추상성과 타율성의 문제를 지적한다. 하지만 헤겔의 이러한 비판적인 시각을 논하는 대신, 헤겔의 답변이 칸트와 루소의 관계를 중심으로 생산하는 해석적 결과에 대해 주목하기로 하자. 간략하게 말하자면, 칸트와 루소를 하나로 묶는—하지만 어느 정도 서로 다른 성격의—공통분모가 의지 우선의 원칙일 경우, 칸트의 철학은 고스란히 루소의 의미론 내부에 머문다. 이때 칸트의 범주적 명령은 루소의 자유의지라는 원칙의 내면화에 지나지 않는다. 바로 이러한 해석, 어떻게 보면 루소-친화적인 해석과 정반대되는 입장에서 대두되는 것이 신칸트주의 해석이다. 여기서 칸트와 루소 간의 위계는 문자 그대로 전복된다. 신칸트주의를 대표하는 철학자 카시러Ernst Cassirer에 따르면, 우선순위를 결정하는 기준 자체가 의지 우선 원칙에서 법 우신 원칙으로 바뀌어야 한다. "루소의 윤리는 감정의 윤리가 아니라 칸트 이전에 체계화된 가장 결정적인 형태의 순수한 법적 윤리다."⁶ 그렇다면 이 경우에는 칸트가 루소에 의존하는 것이 아니라 루소가 칸트를 향해 투영된다고 보아야 한다. 하지만 이러한 해석은 과연 타당한가? 달리 말하자면, 애초에 찾아내려고 했던 두 철학자 사이의 경계선을 오히려 시야에서 사라지게 만들 위험은 있지 않은가? 카시러의 관심은 당연히 루소가 법을 사회적 삶의 필수적인 조건으로 간주하며 칭송하는 글에 집중된다. 대표적인 예는 사회계약론의 다음과 같은 유명한 문장이다. "도덕적 자유만이 인간을 진정한 의미에서 자신의 주인으로 만든다. 왜냐하면 욕구에만 의존하는 충동은 노예 의식인 반면, 우리 자신이 정한 법에 복종하는 자세야말로 자유이기 때문이다."[7] 여기서 중요한 것은 **법**과 **자유**의 연관성이다. 이 주제가 특별히 부각되는『정치경제학에 관한 담론』에서 루소는 이렇게 말한다. "인간의 **정의**와 **자유**는 오로지 법에 의존한다."[8] 하지만 바로 이 지점에서, 자유 의지를 법의 영역에 포함시키는 지극히 칸트적인 구도와 균형을 이루며—어떤 의미에서는 대립 관계를 조성하며—이에 상응하는 구도, 즉 동일한 법이 보편 의지의 영역에 포함되는 구도의 윤곽이 드러난다. 이 경우에 법은—입법자의 입장에서—외형적으로 보편 의지에 부합해야 할 뿐 아니라 내면적으로도, 법 자체의 "원천"[9]으로 간주되는 보편 의지로 환원되어야 한다.

이러한 측면을 결코 무시할 수 없는 이유는 바로 이 문제가 칸트와 루소의 관계를 구축하기—부각시키고 제한하기—때문이다. 칸트와 루소는 모두 법과 의지를 하나의 매듭으로 묶어 이것이 모든 유형의 심리적이거나 실용주의적인 도덕 개념을 뛰어넘도록 만든다. 그리고 둘 다 '자유'를 매개로 이 매듭을 만든다. 하지만 루소가 완전한 법적 실현의 어떤 외부 조건에도 얽매이지 않는 자유 의지에서 법 자체를 도출해내는 반면 칸트는 오히려 의지를 법에—어떤 식으로든 법이 자유의지를 표상한다는 전제 하에—종속시킨다. 하지만 그렇다면 이 자유는 어디에 속하는가? '의지'에 속하는가 아니면 '법'에 속하는가? 누가—혹은 무엇이—이 자유의 주체인가? 아울러 자유의 주체라는 것은 무엇을 의미하는가? 앞으로 자세히 살펴보겠지만, 이 질문들은 모두 공동체를 사유하는 방식과 깊이 연관되어 있다. 이렇게 요약해보

자. 루소가 주체의 역할을 '의지'에 부여하는 반면, 즉 의지가 집단적인 차원에서 법의 역할을 '하는' 반면 칸트는 오히려 '법'에서 의지의 초월적 범주를 발견한다.[10] 다시 말해, 이 범주 안에서 의지 자체가 형성된다고 본다. 이러한 논리적 전환은 우선 '의지'의 영역에서 격차가 노출되는 결과를 가져온다. 루소와는 달리, 칸트의 입장에서 의지는 더 이상 의지 자체와 일치하지 않는다. 달리 말하자면, 더 이상 절대적이지 않다. 어떻게 보면, 의지를 선행하는 동시에 칼날로 도려내듯 추월하는 무언가에 의지 자체가—초월적인 차원에서—의존한다고도 말할 수 있다. 칸트가 의지의 영역에 도입하는 바로 이 내밀한 격차가 다름 아닌 공동체를 신화로 전락할 수밖에 없는 상황에서 구해내고—앞서 언급한 것처럼—사유된 적이 없는 공동체를 사유의 지평으로 복원하는 데 결정적인 역할을 한다. 사실은 루소의 철학에서 의지 자체가 의지의 대상과 일치하던 상황이야말로, 다시 말해 다수의 주체들이 모두 단일한 의지 안에서 동일시되던 상황이야말로 루소의 공동체를 신화적인 회로 안에 가두던 요소, 따라서 부당한 모순을 드러내며 대가를 치르지 않고서는 벗어날 수 없게 만들던 요인이 아니었나? 다름 아닌 내재성 혹은 투명성의 과다로 인해, 루소의 공동체가 결국에는—자유주의적인 성향의 해석자들이 어김없이 비판적인 시각으로 평가했던—'전체주의적인' 성향을 지니게 되었던 것 아닌가?

이러한 성향 내지 편향에 맞서 대두되는 것이 바로 칸트의 법 해석이다. 칸트에 따르면, '의지'가 아니라 '법'이 공동체의 기원이다. 심지어는 법과 전혀 다를 바 없는 것이 공동체라는 결론도 내릴 수 있다. 법은 공동체**의**—이 속격의 이중적인 의미에서*—법이다. 법이 공동체를 규정한다면 공동체 역시 법의 적용 영역을 구축한다. 법은 사물들의 질서와 일치한다. 즉 사물들의 공존을 보장하는 '결속nexus', '로고스', '원형Urform'이라는 의미의 질서다. 법은 인간들의 '공동 지대'로 간주되는 '세계'의 원형적인-선사에. 다시 말해 '상이한' 존재의 등장으로 인해 '자기와는 다른 존재'와의 관계가 시작되는 원천적인 형태의 '주어짐(Darsi, Es gibt)'에 가깝다.[11] 하지만 이 시점에서 아주 기초적인 질문이 떠오른다. '주어지는' 것은 정확하게 무엇인가? 무엇이 이러한 관계의 '질료'인가? 다시 말해 상이한 존재들이 공유하는 내용은 무엇인가? 여기서 우리는 칸트가 루소의 관점을 모델로 삼았다는 점이나 칸트의 생각이 관념주의에서 유래했으리라는 가설을 바탕으로만 칸트를 이해하려는 지나치게 '낙관적인' 해석에 주의해야 한다. 아니, 오히려—이러한 해석에 맞서—칸트가 제시하는 답변의 핵심은 '악이 있다Es gibt Böse'라고 말하는 그의 가장 비관적인 어조에 있다고 볼 필요가 있다. 여기서 '주어지는' 것은 무엇보다도 '악male'이다. '악'이야말로 상이한 존재들이 서로 관계하는 가장 '공통적인' 방식이다. 심지어는 이렇게도 말할 수 있다. 인간들 사이에 '악'이 존재하며 인간들의 상호관계가 '악'의 언어 속에서 전개된다는 사실 자체가 다름 아닌 법을 필요하게 만드는 첫 번째 계기다. 법이 없으면 악을 분간할 수 없듯이, 악의 가

---

*   서양언어에서 속격이 '소유'와 '특성'을 동시에 표현할 때 발생하는 이중적 의미를 가리킨다. 예를 들어 '예술의 선물'이라는 표현은 '예술이 주는 선물'로도, '예술이라는 선물'로 읽힐 수 있다.

능성이 사라지면 법의 필요성도 대두되지 않는다. 바로 이 지점에서 근본적인 변화가 일어난다. 홉스의 자연법에서 서로를 살해할 수 있는 무-법적인 관계나 루소가 말하는 자연 상태의 무-관계와는 달리, 칸트는 '관계' 자체를 악의 가능성과 분리될 수 없는 요소로 간주한다. 이러한 정황은 법을 몰아내는 대신 오히려 요구한다. 칸트가 "비틀어진 나무"의 비유를 사용할 때, 즉 법이 바로잡아야 하지만 결코 완전하게는 바로잡지 못하는 나무의 비유를 사용할 때 암시하는 것이 바로 이러한 변증관계다. 먼저 '죄'가 주어진다. 우리가 이를 거부조차 할 수 없는 이유는 우리의 본성과 아주 복잡하게 연결되어 있기 때문이다. 반면에 이러한 숙명적인 사실은 오로지 법과의 대조를 통해서만 가시화된다. 칸트가 루소와 결정적으로 다른 점이 바로 여기서 발견된다. 칸트에 따르면, 법은 자연적 본성으로의 회귀를 요구하지 않는다. 왜냐하면 인간의 본성이 법과는 오히려 정반대되는 것을 품고 있기 때문이다. 바로 그런 이유에서 칸트는 공동체를 결코 헤겔-마르크스적인 관점에서, 다시 말해 인간이 고유의 본질을 되-찾는 과정의 관점에서 생각하지 않았다. 이는 그 본질의 모양새가 처음부터 일종의 '빚'이자 '결핍'으로, 혹은 역사가 생산한 적도 없고 치유할 수도 없는 '부정적인 것'으로 그려지기 때문이다. 아니, 역사는 사실 이 '부정적인 것'을 붙들지조차 못한다. 왜냐하면 그것이 역사 자체를 항상 앞서 가기 때문이다. 그런 의미에서 기원이—인간의 본성이—역사 속으로 추락했다고 말하기보다는 오히려 역사가 기원의 틈새 속으로 추락했다고 말해야 한다.

칸트가 이러한 문제를 제기하는 곳은 『인류사의 기원에 관한 추론들』이다. 이 저서에서 칸트는 루소의 계보학을 상세히 검토한 뒤 결국에는 계보학적 경로의 방향을 전복시킨다. 물론 루소와 칸트는 모두 동일한 전제에서, 즉 악에 대한 책임이 신에게 있다고 보는 전통적인 신정론의 입장을 버리고 책임은 오히려 인간에게 있다고 보는 관점에서 출발한다. 하지만 둘 사이에는 차이점이 있다. 루소는 악에 대한 책임이 인간에게 있다는 관점과 인간 본성은 원래 선하다는 자신의 기본적인 전제 사이에서 논리적 연관성을 발견하는 데 어려움을 겪는다. 이는—카시러가 기대했던 것처럼—'무고한' 개인과 '대체적으로' 악한 사회의 구분을 통해 간단히 해결될 수 있는 문제가 아니다.[12] 왜냐하면 칸트가 문제점으로—아니 모순으로—간주하는 것이 사실은 이러한 구분법이기 때문이다. 칸트는 이런 질문을 던진다. 사회에 우선하는 인간은 존재하는가? 그렇다면 그는 누구인가? 여기서 다시 한 번 부각되는 것이 바로 루소가 신화라는 틀 안에 가두어두려고 했던 기원의 문제다. 칸트에 따르면, 루소가—통속적인 해석과는 달리—인간은 원래의 무고한 상태, 무고한 기원으로 되돌아갈 수 없다고 생각했다는 것이 사실이지만, 이러한 불가능성 자체는 역사를 거슬러 올라갈 수 없다는 상식적인 차원의 이유가 아니라 오히려 훨씬 더 본질적인 이유, 즉 그런 기원은 아예 존재하지 않는다는 사실에서 비롯된다. 바로 이것이 칸트가 루소의 사상과 연속성을 유지하는 동시에 단절을 시도하며 증명해 보이는 새로운 관점이다. 칸트에 따르면, "인간은 자신의 죄를 선조들이 지은 원죄의 탓으로 돌리는 대신 (...) 이 '첫 번째' 죄의 원인이 스스로에게 있으며, 이성의 남용으로 발생하는 모든 악한 결과가 자기 탓이라고 간주할 권리를 지닌다. 왜냐하면 동일한 상황에 처하더라도 똑같은 방식으로 처신하리라는 것을 너무나 잘 알고 있기 때문이다."¹³ 칸트가 이런 주장을 펼치면서 사실상 위기에 빠트리는 것이 바로 루소가 말하는 '추락'의 관점, 즉 인간이 '무고한' 기원 이후에 타락했다고 보는 관점이다. 칸트에 따르면, 인간의 기원에는 반대로 악의 씨앗을 이미 품고 있는 '자유'가 있다. 이것이 바로 칸트가 루소를 뛰어넘어 '사유'하는 루소의 생각이다. 칸트는 이렇게 말한다. "자연의 역사는 선과 함께 시작된다. 자연이 신의 작품이기 때문이다. 반면에 자유의 역사는 악과 함께 시작된다. 자유가 인간의 작품이기 때문이다."¹⁴

2. 하지만 악이 '먼저' 온다는 원칙은 그리 단순한 것이 아니다. 이 원칙은 어떤 식으로든 예정론의 형태와는 일치하지 않는다. 악이 기원에서부터 인간의 본성을 특징짓는 요소라면, 이는 오로지 악과 인간의 자유가 필연적으로 결속되어 있기 때문이다. 하지만 이것이 사실이라면, 그래서 우리가 악행을 저지를 수밖에 없는 존재라면, 자유는 어떻게 설명해야 하나? 왜 우리는 계속해서 우리가 자유로운 존재라고 천명하는가? 이 자유는 악의 자연성과 어떤 식으로 융합하는가? 이 문제를 다루는 『이성적 한계 안에서의 종교』에서 칸트는 루소가 구축한 기원 신화의 논리적인 탈구축화를 극단적인 지점으로까지 몰고 나아간다. 칸트는 기원이 기원 자체를 분리시키는 이질적인 요인에 의해서만 정의될 수 있다는 구분 내지 전제에서 출발한다. "최초의 기원은 (...) 이성적인 차원의 기원 또는 시간적인 차원의 기원으로 간주될

수 있다. 전자의 경우 뒤따르는 결과의 존재만이 중요한 반면, 후자의 경우 중요한 것은 이 결과가—세계 속의 사건인 만큼—시간적인 차원의 인과 관계 속에서 보여주는 발생 경로다."[15] 칸트는 이러한 차이를 중심으로 기원을 이중화함으로써 악의 자연성이라는 원리와 자유의 절대성이라는 원리의 양립을 가능하게 만든다. 양립이 가능한 이유는 이 두 원리가 공동의 '기원'이기 때문이다. 물론 악이 선천적인 만큼 행위에 앞서 행위의 실재를 좌우한다는 것은 사실이다. 하지만 악이 먼저 온다는 사실을 해석할 때 적용해야 하는 것은 이성적인 원칙이지 시간적인 원칙이 아니다. '자유'의 원리와—즉 기원으로서의 자유와—모순을 일으키지 않으려면, '악'이라는 원리 역시 어떤 구체적인 형태의 자연적 충동이라기보다는 일종의 준칙으로, 그러니까 이 경우에는 독단적 자유의지가 스스로에게 제시하는 '나쁜' 준칙으로 간주할 필요가 있다. 그런 식으로 독단적 자유의지는—자유는—고유의 기원으로 간주하는 것 자체의 시원적 원리가 된다. 고유한 기원의 기원이 되는 셈이다. 달리 말하자면, 자유는 어떤 비/기원적인 기원이다. 자유는 기원인 동시에 그것에서 유래한다.

"우리의 준칙들이 항상 자유의지에 따라 채택되는 만큼, 준칙을 채택하는 행위의 기본 원리 자체는 경험에서 발견되지 않는다. 따라서 우리는 인간 안의 선이나 악을—즉 도덕 법칙과 관련해서 이런저런 준칙을 채택하는 최초의 주관적 원리들을—선천적인 요인으로 간주한다. 그리고 그 이유는 전적으로, 선과 악이 우리의—유년기와 출생시기로까지 거슬러 올라가는—경험 세계에서 모든 자유로운 행위의 기반이며, 인간이 처음부터 지니고 태어나는 요소로 간주되기 때문이다. 이는 물론 출생 자체가 선이나 악의 원인이라는 뜻이 아니다."[16]

칸트의 담론은 고유의 내부적인 모순들을 점점 더 배가하는 방향으로 발전한다. 칸트는 이 모순들을 감추거나 위장하는 대신 오히려 명백하게 드러낸다. 앞서 언급한 것처럼, '원리'는 '시작'과 일치하지 않고 '원인'은 '탄생'과, '근원'은 '시원'과 일치하지 않는다. 기원은 항상 기원 자체의 바깥에 머문다. 다시 말해, 어떤 식으로든 공존하는 또 다른 기원을 항상 앞서는 동시에 뒤쫓는다. 그런 의미에서, '악'은 선천적이지만 그럼에도 불구하고 전적으로 우리의 자유로운 선택에서 비롯된다. '자유로이 선천적'인 동시에 '필연적으로 자유로운' 것이 '악'이다. 이 두 관점 가운데 어느 하나를 예외적으로 부각시키기 위해 나머지가 희생되는 경우는 있을 수 없다. 아울러 이 두 관점이 성경에서처럼 중첩되는 경우도 있을 수 없다. 성경은 선후 관계와 인과 관계를 혼동함으로써 죄를 어떤 무고한 단계에 뒤이어 도래한 것으로, 다시 말해 어떤 외부적인 실체가 인간의 본성에 부여한 것으로 서술한다. 그리고 그런 식으로 죄가 '전제'되어야 한다는 점은 물론 여기에 논리적으로 직결되는 자유의 개념을 망각하기에 이른다. 하지만 자유가 죄에서 유래한다면, 죄가 자유에서 유래하는 것은 대체 어떻게 가능한가? 이는 해결될 수 없는 모순이다. 여기서 칸트는 [죄의] 기원을 파고드는 것이 불가능하다는 점을 인정할 수밖에 없는 입장에 놓인다. 우선 시간적인 차원의 기원을 정확하게 포착하는 것이 불가능하다. 기원을 구성하는 동시에 파편화하는 원리들의 공존 상황으로 인해 기원 자체가 다양화되기 때문이다. 아울러 논리적인 차원의 기원도 포착이 불가능하다. 왜냐하면 독단적인 자유의지로 선택한 어떤 준칙을 '나쁜 것'으로 천명할 수 있으려면 이와 논리적으로 상반되는 '좋은 것' 역시 전제되어야 하기 때문이다. 이와 동일한 맥락에서, 악을 도모하는 우리의 성향이 정말 선천적이라는 판단을 내리려면 이러한 성향으로 인해 부패하게 될 정반대의 성향, 즉 선을 도모하는 성향의 가능성 역시 전제되어야 한다.

> 악은—단순히 인간 본성의 한계에서 비롯되는 것이 아니라—오로지 도덕적으로 나쁜 것에서 유래한다. 그럼에도 불구하고 인간의 근원적인 자세는—부패될 경우 이를 인간의 책임으로 간주해야 할 뿐 아니라 오로지 인간 자신만이 부패시킬 수 있는 그의 근원 자세는—선을 추구하는 자세다. 따라서 최초의 도덕적 악이 도대체 어디서 유래하는지 이해할 수 있도록 도와주는 요인이 우리 안에는 실재하지 않는다.[17]

여기서 우리가 결국 마주하게 되는 것은 '윤리'라는 지대로 연결되는 좁은 문, '말로 만들어진 통로'다. 다시 말해 관건은 악과 자유 사이의 본질적으로 모순적인 변증관계를 설명하는 동시에 더욱더 복잡하게 만드는 도덕적 '법칙'이다. 견고해보이던 기원의 가설에 더욱더 강렬한 최후의 일격을 가하는 것이 바로 이 '법칙'이다. 자유가 오로지 자유 자체에 내포되어 있는 악의 가능성을 전제로만 정의될 수 있다면, 우리는 악을 그것에 선행하지 않을 수 없는 법칙, 다시 말해 악의 시원적인 성격 자체에―선천성에―선행하는 원형적 기원으로서의 법칙을 바탕으로만 인지할 수 있고, 결과적으로 대적할 수 있다. 그럼에도 불구하고, 이 '법칙'은 악의 기원과 여전히 동시적이다. 왜냐하면 '공동의 시원'이라는 원리를 따르기 때문이다. 바로 이 원리가 기원 자체를 무한히 배가하며 '통일된 기원'의 모든 가설을 내부에서부터 무산시킨다. 바로 이러한 모순을 해결하기 위한 시도로 쓰인 책이 『실천이성비판』이다. 하지만 이러한 시도는 사실 학자들이 『도덕의 형이상학을 위한 정초』에서 칸트가 제시했다고 보는 내용과 상반된 방식으로 전개된다.[18] 칸트는 『도덕의 형이상학을 위한 정초』에서 여전히 초월주의적인 방식으로 자유의지에서 도덕의 원리를 도출해내지만, 『실천이성비판』에서는 전개 방향을 전복시켜 자유의지가 오히려 '법칙'의 우선적인 '사실Faktum' 뒤에 오는 구도를 제시한다. 도덕적 '법칙'이 이론적 추론조차 허락하지 않는 명백한 '사실'이라면[19] 이는 곧 '법칙'이 그것에 우선하는 어떤 원칙에서도 도출될 수 없다는 것을 의미한다. 이 법칙은 심지어 선과 악의 구분 원칙으로부터도 도출해낼 수 없다. 왜냐하면 이러한 구분 자체가 법칙을 정초하기보다는 오히려 법칙에서 유래하기 때문이다. 이 '법칙'은 사실 어떤 특정 행위가―혹은 단순히 어떤 준칙이―좋은 것인지 나쁜 것인지 정하는 데 근거가 될 수 있는 유일한 척도다. 그런 의미에서 '법칙'은 논리적으로 이러한 행위 혹은 준칙의 기원, 즉 자유마저 선행한다. 따라서 칸트가 "조건-없는-실천에 대한 우리의 인식은 어디에서 시작되는가? 자유에서 시작되는가 아니면 실천적인 법칙에서 시작되는가?"라는 질문을 던질 때, [어느 것에서도 시작되지 않는 만큼] 우리는 "우리가 의지의 준칙을 정립하자마자 곧장 '도덕적 법칙'을 의식하게 된다는 점에, 다시 말해 그것이 우리에게 가장 먼저 주어지며 우리를 곧장 자유의 개념으로 인도한다는 점에(...)"[20] 동의할 필요가 있다. 물론—반복되는 이야기이지만—이는 '법칙'이 '자유'에 무언가를 명령한다는 뜻이 아니다. 칸트가 몇 번에 걸쳐 강조했던 것처럼, "여하튼 도덕 법칙은 그저 순수한 실천이성의 자율성, 다시 말해 자유의 자율성을 표현할 뿐이다. 이 자율성은 그 자체로 모든 준칙들의 형식적인 조건이며, 준칙들은 이 조건 하에서만 지고의 실천 법칙에 부합한다."[21] 그렇다면 우리를 가장 먼저 자유의 개념으로 인도하는 것은 도덕적 법칙이지만 도덕적 법칙의 형식적인 성립 조건은 다름 아닌 자유라는 결론을 내릴 수 있다. 여기서 우리는 칸트가 이미 『도덕의 형이상학을 위한 정초』에서 주목한 바 있는 '악순환', 즉 상호의존적인 두 개념 가운데 어느 것도 "다른 하나를 설명하거나 그것의 근거를 제시하는 데 활용될 수 없는"[22] 상황에 근접해 있다. 이 악순환을 끊기보다 최소한 논리적으로 침투해 들어갈 수 있는 유일한 방식은 인식론적인 차원과 존재론적인 차원을 구분하는 것이다. 왜냐하면 무엇이 우선하는가를 좌우하는 상이한 척도들이 바로 이 두 차원에서 결정되기 때문이다. 전자는 법칙으로 자유를 설명하는데 필요한 '인식 근거ratio cognoscendi'라는 척도, 후자는 자유가 법칙의 전제라는 점을 보여주는 '존재 근거ratio essendi'라는 척도다. 하지만 칸트가 좀 더 본질적이라고 생각하는 답변은 자유의 문제와 직결되는 '인간'이 '목적들'의 **인지적** 체계에 속할 뿐 아니라 동시에 '실질적인 원인들'의 **감각적** 체계에도 속한다는 사실에서 발견된다. '자유'와 '도덕적 법칙'은 첫 번째 체계에서 공동의 이성적 원리를 바탕으로 일치할 수밖에 없는 반면, 두 번째 체계에서는 필연적으로 분리될 수밖에 없는 상황에 놓인다. 바로 이 두 번째 체계의 관점에서, '자유'의 개념은 이러한 정황만 아니라면 상응해야 할 '법칙'의 개념과 피할 수 없는 모순 관계에 돌입한다. 이런 식으로 마치 자유의 어떤 공백이 열리면서, 혹은 어떤 어두운 측면이 드디어 정체를 드러내며 자유가 법칙에 대한 의식으로 정립되는 것을 가로막고 스스로를 부정하도록 종용하는 것 같은 상황이 전개된다. 물론 이러한 부정은 자유를 실천하는 하나의 방식임에 틀림없지만, 정확히 말하자면 자유를 실천하며 자유로이 자유 자체를 파괴하는 방식이다.

정치의 역할은 바로 이러한 잠재적인 파괴력이 적정선을 넘지 못하도록 하는 데 있다. 다시 말해 정치의 역할은 이 파괴력을 **제거**하는 것이 아니라 **제어**하는 데 있다. 왜냐하면 정치 자체가 이 파괴력의 흔적을 안고 있을 뿐 아니라 어떤 의미에서는 이 파괴력에서 유래하기 때문이다. 따라서 정치의 기원을 밝히려는 모든 시도는—즉 권력이 권리로 변하고 결정이 규범으로, 힘이 논리로 변하는 그 맹점으로 거슬러 올라가려는 모든 시도는—애초에 무력화하고자 했던 허무의 포로로 전락할 수밖에 없는 운명에 처한다. 칸트에 따르면, "이러한 메커니즘의 **역사적인 유래**를 탐색하는 것은 **쓸모없는** 일이다. 다시 말해, 문명사회의 출발 지점으로 거슬러 올라간다는 것은 불가능하다. 왜냐하면 야만인들은 법에 복종하는 행위를 어떤 식으로든 성문화하지 않았고, 이 폭력적인 인간들의 본성 자체는 오히려 이들이 힘에 복종했을 뿐이라는 점을 상기시키기 때문이다."[23] 여기서 분명하게 드러나는 것은 루소를 겨냥한 칸트의 논쟁적인 어조다. 권력 체계에 어떤 법적 기반을 부여할 수 있는 원천적인 형태의 사회계약이 앞서 존재해야 한다는 루소의 생각을 거부하면서, 칸트는 법이 사실상 권력다툼의 결과이며 사회계약은 이 법을 **뒤늦게** 정당화할 뿐이라고 보았다. "개개인이 지닌 다양한 의지의 이질성을 뛰어넘어 공통의 의지를 구축하기 위해서는 이들을 통합할 수 있는 하나의 계기가 마련되어야 한다. 개개인의 개별적인 의지만으로는 이를 생산할 수 없기 때문이다. 따라서 이를 현실화할 때, 법치 국가가 **힘에** 의존하지 않고 출범할 수 있으리라고는 보기 힘들다. 공공의 권리도 뒤이어 강압을 토대로 정립된다."[24] 이런 식의 평가가 『영구평화론』이라는 세계주의 기획의 일부를 구성한다는 점이나 이 저서에서 무엇보다 칸트의 계몽주의 정신이 표명된다는 점은 진정한 정치 공동체의 사유 가능성을 마련하기 위해 극복해야 할 분명한 한계에 대해 아주 많은 것을 시사한다. 진정한 공동체가 필요하다는 점을 뒷받침하는 수많은 동기에도 불구하고, 공동체는 공동체를 규정하는 법률 자체에 의해 체계적으로 금기시된다. 인간들이 이들을 통합하는 보편적인 '형식' 하에 단합한다 하더라도 이들은 공동체의 '내용'을 구축하는 물질적인 사욕으로 인해 돌이킬 수 없는 형태로 분리된다. 결국 부각되는 것은 이들의 사회성과는 대조적이며 정반대되는 특징, 즉 제어가 불가능한 비사회성이다. 바로 그런 이유에서 '공동체'는 그 자체로 실현될 수 없을 뿐 아니라 개념으로도 정립될 수 없고 그저 이성적인 차원의 단순한 이념으로, 다시 말해 결코 도달할 수 없는 어떤 목적지에 대한 생각으로 남을 뿐이다. 칸트에 따르면, "결코 완전하게는 실현될 수 없는 윤리 공동체의 숭고한 이념은 인간의 손아귀에서 한없이 작아진다." 칸트의 이러한 주장은, 윤리와 정치 사이의 즉각적인 전이를 꿈꾸는 환영에—또는, 시도하는 자세에—맞서 이들 간에는 오히려 극복될 수 없는 차이가 있다는 점을 보여준다. '이론'은 '실천'과 다르다는 차원에서, '선善'을 기준으로는 사유될 수 없는 것이 '정치'다. 윤리 공동체가 순수한 가설의 차원에서 "정치 공동체 가운데 위치할 수도"[25] 있다는 것은 사실이다. 하지만 정치 공동체는 시민들을 상대로 윤리 공동체에 가담하라고 강요하지 못한다. 정치 공동체와 윤리 공동체 모두를 무너트릴 위험이 있기 때문이다. 물론 이 두 공동체 간의 조응을 상상하는 것은 달콤한 일이지만—칸트에 따르면—이를 제안하는 것만큼 두려운 일이다. 윤리적인 말과 정치적인 말은 '마치 ~인 것처럼'이라는 불안정한 다리를 통하지 않고서는 연결되지 않는다. 이 다리 밑으로는 우리가 결코 뛰어넘을 수 없는 심연이 흐른다. 윤리 공동체와 정치 공동체의 관계는 순수한 비교의 관계로 남는다. 이 관계를 상징이나 기호, 표상으로—마치 혁명에 열광하는 식으로—표현하는 것은 가능하지만, 어떤 근거나 역사적인 예를 제시하는 식으로 설명하는 것은 불가능하다.[26] 이러한 근거들은 오히려 윤리와 정치의 관계를 규칙적으로 무효화할 뿐이다. 허무를 제어하는 것이 정치의 임무지만, 상황은 마치 정치 자체가 제어되는 것처럼 전개된다. 정치는 그것을 다름 아닌 '공통적인-존재'와 분리시키는 언어 안에서 제어된다. '공통적인-존재'와 일치하지 않으며 일치할 가능성조차 없는 것이 바로 정치다.

3. 하지만 이것이 공동체에 관해 칸트가 한 말의 전부인가? 공동체의 실현 불가능성을 천명하고 나면 공동체를 추구하는 모든 시도는 결정적으로 무산되는 셈인가? 아니면 어떤 극단적인 경로가, 마지막 문이, 다름 아닌 폐쇄를 천명하는 순간 열리는 어떤 담론의 틈새 같은 것이 존재하나? 나는 이 돌파구를 전통적 해석이 집요하게 파고들었던 곳에서는 발견할 수 없으리라는 인상을 받는다. 다시 말해 금하는 것을 규정하고 규정하는 것을 금하는 그 무시무시한 법률의 영역 '바깥'에서는—법에서 벗어나려는 도피의 경로에서는—발견할 수 없을 것이다. 돌파구는 반대로 법의 내부에서 찾아야 한다. 그런 의미에서, 종교적 '목적들의 왕국 Reich der Zwecke'이나 미학적 '취향의 판단'에 대한 언급으로는 공동체에 대한 긍정적인 사유에 접근하지 못한다. 왜냐하면 이 두 영역 모두, 법이 부과하는 금기사항이나 부정성에서 원칙적으로 벗어나 있기 때문이다. 이 두 영역에서는 오히려 주체성의 증폭과 강화 현상이—첫 번째 경우 수직적인 형태로, 두 번째 경우 수평적인 형태로—두드러지게 나타난다. '목적들의 왕국'에서는 주체가 사회의 외재성과 현상들의 세계 자체를 뛰어넘어, 어떤 '신비로운 몸corpus mysticum'의 초월성에 대한 공동의 참조를 바탕으로 타자와의 관계에 들어서는 반면, '미적 판단'의 경우 타자와의 관계는 심지어 주체적 판단의 초월적인 조건으로 전제된다.

널리 알려진 바와 같이, '미적 판단'의 영역이 본질적으로 공동체적인 성격을 지녔다는 점은 아렌트를 중심으로 일군의 해석자들이 집요하게 강조해왔던 부분이다.[27] 『순수이성비판』과 『실천이성비판』에서는 '다수pluralità'의 범주가 전혀 중요하지 않고, 그 이유가 인식의 경험과 도덕적인 경험의 타당성이 '객관적 보편성'을 척도로 평가되기 때문인 반면, 『판단력비판』에서 미적 판단의 타당성을 판가름하기 위해 요구되는 것은—역설적이게도—일종의 '주관적 보편성'이다. 다시 말해 미적 판단은, 우리가 타자들과 공유하는 상식적이고 널리 '통용되는 의미Gemeinsinn' 내지 '공동사회적인 의미gemeinschaftliche Sinn'가 전제될 때에만 가능한 '동의'를 기반으로 이루어진다. 이는 곧 이론적인 영역의 주체가 '나', 윤리적인 영역의 주체가 '자아'인 반면 미적 판단의 주체는 '우리'라는 것을 의미한다. 아니, 이 주체는 오히려 '우리-타자', 즉 우리 스스로를 구축하는 차원에서 타자와의 관계에 열려 있는 '우리'에 가깝다. 사실상 타자의 관점을 취하면서 우리의 관점이 지니는 특수성의 한계를 극복하는 것이 '판단'의 기본 조건 아닌가? 여기서 소통 가능성comunicabilità은 미적 판단의 전제인 동시에 궁극적인 목적으로 제시된다. 그렇다면 공동체comunità에 관한 담론에는 단순히 객관적이지도 않고—옳기만 하지도 않고—예외적으로 주관적이지도 않은—순수하게 개인적이지도 않은—전적으로 '상호주관적인' 기반이 드디어 마련된 셈이다. 다시 말해 공동체적 사유는 돌파구를 찾은 셈이고, 따라서 그런 식으로 공동체의 윤곽이 드러났다고 볼 수 있을 뿐 아니라 어떤 의미에서는 공동체가 우리 사이에 이미 실재한다고도 볼 수 있다.

하지만 이것이 전부인가? 칸트가 내린 결론은 정말 이렇게 간단한가? 이런 의혹이 발생하는 이유는 물론 이러한 유형의 해석이, 판단의 선험적 조건으로 기능하는 소통 가능성의 순수하게 '초월적인' 차원과 실질적인 소통의 '현상적인' 차원 사이를 무절제한 방식으로 넘나들기 때문이기도 하고, 더 나아가, 칸트의 입장에서 일종의 순수하게 형식적인 가능성으로 제시한 것을 곧장 정치적으로 해석하는 관점이 사실은 칸트의 체계적인 비판을 경험적이고 인류학적인 구도로 축약하는 해석과 다를 바 없기 때문이기도 하다. 하지만 이것이 전부는 아니다. 칸트의 결론이 그리 간단하지 않은 이유는 무엇보다 상호주체성과 공동체가 '인본주의적인' 차원에서 중첩되기 때문이다. 여기서 공동체는 주체성이 정해지지 않은 수의 개인으로 배가된 형태와 일치하고, 개인 역시 자기 자신의 완전한 실현을 목표로 타자들과의 관계에 돌입하기만을 기다리는 공동체 구성원과 일치한다. 이러한 중첩은 일관적이고 일방적으로 이루어진다. 결과적으로 공동체를 구축하는 데에는 법조차도 요구되지 않는다. 법은 오히려 일을 그르칠 뿐이다. 따라서 홉스와 루소가 앞서 분리 또는 대립 구조를 지녔다고 생각했던 것들을 다시 조합하는 것만으로도 충분해 보인다. 하지만 그런 식으로 똑같이 간과하게 되는 또 다른 문제가 있다. 이 문제는 칸트의 두 선임자들이 그들에게 주어진 주체적-개인주의의 패러다임으로는 해결할 수 없었기 때문에 방치해 두었던 바로 그 곳에 그대로 남아 있다. 해결이 불가능했던 이유는 무엇보다 주체가 되는 '개인individuo'이 사실상 '나뉘지 않는 indiviso' 존재, 즉 공동체의 어떤 무의식적인 일부로 존재하기보다는 오히려 공동체를 향한 공유의 길을 가로막는 존재이기 때문이다. 아니, '개인'은 오히려 정확하게 개인 고유의 '소통 불가능성incomunicabilità'에 의해 정의된다. 타자의 부재 **속에서**, 타자의 부재에 **힘입어** 살아가는 존재가 '개인'이다. 그는 마치 타자는 존재하지 않는다는 듯이 실존하며 현존하고 존속하는, 타자로부터 **생존하는** 자다.

따라서 우리는—분명해보이는 근거들을 무시하고서라도—공동체를 향해 칸트가 움직인 길을 다른 곳에서, 그리고 주체성이나 온갖 형태의 상호주체성과는 다른 영역에서 찾아야 한다. 주의해야 할 것은 이 '다른 곳'이 곧 '바깥'을 의미하지는 않는다는 점이다. 이는 칸트의 비판철학 전체가 사실상 '주체'라는 축을 중심으로 움직이기 때문이다. 우리는 칸트의 길을 주체의 '바깥'이 아닌 '안'의 허짐들, 공백들, 주체의 외형적일 뿐 아니라 무엇보다 내면적인 여백에서 찾아야 한다. 정확히 말하자면 주체를 관통하고 깎아내며 주체의 유한성과 나약함을 드러내는 '한계', 그리고 바로 그런 이유에서 주체를 고유의 타자라는 심연에 노출시키거나 타자를 주체 속으로 던져 넣는 '한계' 안에서 찾아야 한다. 그렇다면 칸트의 사상에서 유일하게 '공동체의 사유'라고 정의할 수 있는 것은—다시 말해 '공동체'가 단순한 관찰 대상에 불과하지 않고 그 자체로 관찰의 주체가 될 수 있는 사유는—일찍이 칸트가 『순수이성비판』 초판본에서 '초월적 변증관계'를 다루며 주체성의 후퇴에 대해 설명했던 곳에서 발견되어야 한다. 칸트에 따르면, 뒤로 물러서며 스스로에게서 도주하는 주체는 정의하기가 불가능해진다. 왜냐하면 자신과 완전히 다른 존재가 되지 않는 이상 대자적으로도 즉자적으로도 존재하지 않는 어떤 순수한 기능 혹은 단순한 형식적 제의로 변하면서 모든 본질을 상실하기 때문이다. 따라서 '생각하는 나' 또는 Es로 정의될 수 있지만 '주체'는 되지 못한다. 다시 말해 어떤 시공간 안에서 스스로와의 완전한 연속성을 유지하며 살아가는 존재로서의 '주체'로는 정의될 수 없다. '생각하는 나', '자아' 등은 그 자체로 주체-객체적인 형식, 여하튼 단순히 객관적이지도 순수하게 주관적이지도 않은 형식이다. '주체'는 이러한 형식에 얽매일 뿐 아니라 '객체'의 불가해성을 일종의 도전으로 받아들인다. 하지만 객체가 불가해한 이유는 그것과 하나 되기 위한 노력을 하면 할수록 주체의 입장에서 고유의 정체성을 상실하기 때문이다. 그런 식으로 주체는 자신의 사유에서 벗어나는 '물자체(das Ding an sich)'나 '존재자체(das Wesen selbst)'로 변한다. 칸트에 따르면, "생각의 측면만 고려하면, '나-자신'에 대한 의식 속에서 '나'는 '존재자체'지만 결국 이 존재에 대해서는 생각할 만한 것이 전혀 주어지지 않는다."[28] 칸트가 무엇보다도 주체의 실체성과 인격성 간의 배리를 비판하면서 주도한 '나'의 탈-주체화 작업이 결국 실체와 인격 사이를 끊임없이 오가는 '자아'의 제어 불가능한 전이를 가정하는 단계로 이어졌다면 이는 이성을 이성의 부인할 수 없는 한계로 환원하려는 노력의 극단적인 결과일 뿐 아니라, 주체성의 위기 내지 비판은 곧 공동체의 의미론에 상응한다는 점을 뚜렷하게 보여주는 근거이기도 하다.

이러한 상응관계는 『순수이성비판』에서 함축적인 형태로 남아 있었지만 『실천이성비판』에서는 뚜렷하게 드러난다. 이는 이

상응 관계가 형식적인 차원에서 실질적인 '법'의 위상을 취득하기 때문이다. 이 '법'은 사실상 주체가 철회할 때 주체의 철회와 다를 바 없는 형태로 주어지는 공동체의 사유 가능성과 고스란히 일치한다. 혹은 이런 식으로도 표현해볼 수 있을 것이다. 공동체는 법의 비-주체적인 성격과 일치한다. 공동체는 법의 형식과 법의 주체적 내용 사이에 벌어진 틈새와도 같다. 따라서 우리는 법이 주체에 속한다고 보는 모든 해석을 멀리하고, 칸트의 입장에서는 오히려 주체가 법에 속한다는 사실에 주목할 필요가 있다. 카프카의 단편 소설에서처럼, "법 앞에Vor dem Gesetz"[29] 서야하는 것이 바로 주체다. 이는 법이 자가-입법적이기 때문이다. 스스로에게 법 행세를 하는 것이 법이다. 어떤 주체도 법의 저자가 되지 못한다. 심지어는 신도, 혹은 주권자도 법의 저자가 아니다. 신은 그저 법의 보증인에 불과하고 주권자는 단순한 집행인에 지나지 않는다.[30] 하지만 이것이 주체가 법 앞에 서야만 하는 유일한 이유는 아니다. 여기에는 또 다른, 보다 중요한 이유가 있다. 주체는 본질적인 차원에서 법을 '포용'하지 못한다. 법 앞에서 주체는 항상 갚아야 할 빚을 안고 있고 결함과 허물[31] 속에 놓여 있다. 이러한 상황은 법에 부응하려는 주체의 노력에도 **불구하고**, 아니 부응하려고 노력**하면 할수록** 더욱 더 분명해진다. 우리는 이처럼 모순적인―합법성Gesetzmäßigkeit과 죄의식Schuldgefühl 간의―변증관계를 어떤 식으로든 간과하지 말아야 한다. 주체가 근본적인 차원에서 법을 준수하지 못한다면, 그 이유는 단순히 위반의 유혹을 이겨내지 못하기 때문이 아니라 오히려 법이―범주적 명령Kategorischer Imperativ이[32]―그 자체로 실행될 수 없는 성격을 지녔기 때문이다. 법은 준수의 의무 외에 규정하는 것이 없기 때문에, 혹은 법을 지켜야 한다는 형식적인 의무 외에 어떤 구체적인 내용도 제시하지 않기 때문에 실행되지 않는다. 주지하다시피 법은 우리가 보편적인 입법의 원리에 입각해서 우리의 의지를 구축하고 행동해야 한다는 점을 규정할 뿐이지 우리가 무엇을 해야 하는지는 가르쳐주지 않는다. 하지만 법적 명령의 힘은 바로 이 '언급되지-않은' 것 속에 있다. 이것이 바로 범주적 명령의 '범주적인' 성격이 의미하는 바다. 한편에는 범주적 명령의 확정적이고 무조건적이며 절대적인 주권이 있는 반면, 다른 한편에는 이 명령이 모든 유형의 실행 가능성에서 선험적으로 벗어나 있다는 특징이 있다. 이러한 관점에서 보면, 범주적 명령은 이행이 불가능한 명령일 뿐 아니라 이행 불가능성 그 자체다. 이점을 분명히 해둘 필요가 있지만 이 명령의 경로도 놓치지 말아야 한다. 우리가 우리에게 부과된 법을 준수할 수 없는 이유는 그것이 우리 편에서 탄생하지 않기 때문이다. 법은 어떤 식으로든 주체의 산물이 아니다. 반대로 법에 '종속soggetto'되는 것이 '주체soggetto'다.

법 앞에서 주체가 취하는 것은 종속성의 수동적인 방식이지 주체성의 능동적인 방식이 아니다. 아니, 법은 우리의 주체성을 오히려 위협하고 분해하며 부식시킨다. 법은 바깥에서 오며 우리를 우리 바깥으로 이끈다. 이는 주체가 고유의 법을 스스로에게 부여하는 것이 불가능하기 때문이기도 하지만, 근본적으로는 법이 '이행 불가능한' 것을 무조건적인 방식으로 규정하고 또 그런 식으로 주체의 자격정지를 규정하기 때문이다. 법은 주체에게 법 자체가 영원히 '이행 불가능'하다는 규율을 부여한다. "인간이 선한 자세를 갖추기로 마음먹고 그런 자세에 부응하는 품행을 계속 유지하며 산다는 것이 결국 무의미한 이유는, 그렇게 한다고 해도 실제로는 그가 악에서 출발했고 이 악이 결코 갚을 수 없는 일종의 빚이라는 사실을 돌이킬 수 없기 때문이다."[33] 법은 주체를 이 빚에 끝없이 허덕이도록 만든다. 이는 물론—앞서 언급한 것처럼—법이 주체를 배제한다는 뜻이 아니다. 칸트는 어떤 식으로든 '주체'의 범주를 포기하지 않을 뿐 아니라 이를 오히려 자신이 구축하는 '체계'의 중심에 위치시킨다. 법은 주체를 배제하지 않고 법의 외면에 포함시킨다. 법은 여하튼 주체를 주체가 '스스로에게-부여하는-실체'로부터 도려낸다. 이러한 문제점을 잘 이해했던 니체도 '범주적 명령'이 "삶에 위험한 것"[34]이라는 점을 강조한 바 있다. 법이 삶을 위협한다면, 이는 단순히 법에 부응한다는 것, 즉 '형식적 의무에 대한 순수한 복종'이 사실상 '괴로움Leid'이나 '고통Schmerz' 같은 법의 본질적인 요소들만 남고 모든 주관적 감정, 쾌락, 이윤 등이 사라지는 곳에서 비로소 타당해진다는 지극히 일반적인 이유에서라기보다는 좀 더 구체적으로, 주체성을 구축하는 '자기애Selbstliebe', '이기심Eigenliebe', '자신에 대한 관대함Philautia' 같은 주체의 본질적인 요소들을 '깎아 내리고', '손상시키고', '부끄럽게 만들' 때에만 법의 위압적인 성격이 유지되기 때문이다.

유일하게 모든 면에서 진정으로 객관적인 도덕 법칙은 자기애가 지고의 실천 원리에 개입하는 것을 엄격하게 배제하며, 자기애의 주관적 조건들을 법으로 간주하는 모든 추정 행위를 부단히 엄벌한다. 하지만 그것이 우리를 부끄럽게 만든다. 우리의 판단과 추정을 무효화하기 때문이다. 결과적으로 도덕 법칙은 모든 인간을—그가 이러한 도덕 법칙과 자신이 지닌 자연적인 본성의 민감한 성향을 비교할 때—부끄럽게 만든다.[35]

법은 정확하게 이러한 본성이 '근원적'이라는 주체의 억측을 부끄럽게 만든다. 다시 말해 주체가—스스로의 본질적인 한계 안에서 결정되고, 제한되고, 정의되기보다는 오히려—법에 우선하며 법을 결정짓는다는 추정 자체를 굴욕적인 것으로 만든다. 이와 마찬가지로, 법은 주체의 '의지'를 상대로도 고유의 '필연적인', '주권적인', '강제적인' 효력을 발휘한다. 물론 주체는 법에 비싼 대가를 치르고 "스스로에 대한 존중"을 확보함으로써 일종의 보상을 받는다는 것이 사실이다. 하지만—굳이 주체의 상반되는 '기원'으로 인해 더욱더 분리되는 '나'의 내면에서 이러한 억측이 불러일으키는 갈등을 고려하지 않더라도—이 "스스로에 대한 존중"의 확보로 인해 우리의 유한성까지 말소되는 것은 아니다. 다시 말해, 이 존중은 법의 영원한 이행 불가능성에 종속되어 있는 주체의 유한성을 제거하는 것이 아니라 오히려 그것을 전제로 이루어진다.[36] "이와 관련하여 주목해야 할 것은, '존중'이 어떤 이성적 존재의 감정, 따라서 감성을 상대로 이루어지는 행위인 만큼 이러한 '존중' 자체가, 도덕 법칙을 존중해야 하는 존재들의 감성은 물론—결과적으로—유한성 역시 전제한다는 사실이다."[37]

이러한 유한성이 의미하는 것은 다름 아닌 공동체의 불가능성이다. 달리 말하자면, 공동체의 '구현'을 언급하는 순간 우리는 돌이킬 수 없이 유한한 존재라는 사실이 드러난다. 하지만 이러한 유한성은 공동체에 대한 사유 가능성을 최초로 제시하는 요소이기도 하다. 달리 말하자면, 유한성은 공동체에 대해 생각을 하도록 만드는 요소다. 공동체는 법의 바깥이 아니라 법의 경계 내부에서 찾아야 한다는 말도 이러한 의미에서 이해할 필요가 있다. 단지 공동체의 완성을 처음부터 가로막는 것이 법일 뿐이다. 이러한 모순을 회피해서는 안 된다. 모순에 뒤따르는 역설도 마찬가지다. 왜냐하면 바로 이러한 모순이 칸트의 철학은 이전 세대의 모든 철학과 다르다고 볼 수밖에 없는 결정적인 근거가 되기 때문이다. 홉스처럼 공동체의 문제 자체를 거부하던 철학자들과 루소처럼 신화적인 해결책을 모색했던 철학자들로 양분되어 있는 형태의 철학과는 근본적으로 다른 것이 칸트의 철학이다. 칸트만이 믿는 이 모순 자체가 말하는 것은 공동체가 불가능하다는 선언을 정반대로 읽어야 한다는 것이다. 즉 공동체가 불가능하다는 말은 곧 그런 식으로 **불가능한 것 자체가 공동체**라는 뜻이다. 인간들이 법을 수용한다는 조건 하에 실험할 수 있는 유일한 공동체는 이들이 지닌 유한성의 공동체, 즉 불가능성의 공동체다. 정확히 말해, 인간들이 공유하는 것은 바로 이 불가능성이다. 사람들은 공동체의 불가능성을 중심으로, 즉 '불가능'이라는 공통의 책무를 중심으로 하나가 된다. 인간들은 결코 도달할 수 없는 일종의 **표적**처럼 자신들을 관통하며 뛰어넘는 어떤 '부정성'에 의해 하나가 된다. 이 표적은 결코 실현될 수 없는 형태로 전개되는 실현 시도만이 유일하게 중요한 실현 **대상**과도 같다. 왜냐하면 이것이 바로 '모두가 공유하는 고유의 **허무**'와 일치하기 때문이다. 이것이 다름 아닌 공동체적 법의 대상이다. 이 **조금도**-공통적이지-않은 허무는 결코 파괴될 수 없고 홉스가 원했던 것처럼 단순한 허무로도 환원되지 않는다. 왜냐하면 모든 파괴를 선행하는 동시에 포괄하기 때문이다. 이 대상은 실현될 수도 없다. 루소가 막연히 소망했던 대로, 여기에 실체를 부여하는 것은 불가능하다. 왜냐하면 '결함'을 실현하는 유일한 방법은 결함을 그대로 유지하는 것뿐이기 때문이다. **사물**은 **허무**와 떨어질 수 없다. 공동체의 **법**이 천명하는 것은 바로 '한계'는 지울 수도 없고 뛰어넘을 수도 없다는 것이다.

칸트에 관한 여록

바로 이러한 '한계'에 대한 언급을 기점으로, 우리가 앞서 너무 간략하게 다루었던 '판단'의 문제를 ─무엇보다 아렌트가 제시하는 '정치적' 해석의 차원에서─ 좀 더 구체적으로 살펴볼 수 있다. 이 테마가 결코 사소하지 않은 이유는 칸트의 철학이 지닌 공동체-사상적인 성격을 좀 더 깊이 파헤치는 데 기여할 뿐 아니라, 아렌트 자신이 공동체의 의미론과 유지하는─결코 무의미하다고 볼 수 없는─관계를 구체적으로 밝히는 데에도 유용하기 때문이다. 아렌트의 철학은 공동체의 사유인가? 나는 이 구체적인 질문에 대한 답변을 무모하게 직접적으로 제시하는 대신 간접적으로 『판단력비판』에 대한 아렌트의 해석에서 찾아보고자 한다. 한 가지 확실하게 말할 수 있는 것은, 우리가 다루게 될 관점이 칸트의 공동체에 관한 종전의 연구가 멈춰 섰던 단계뿐만 아니라 뒤이어 좀 더 발전된 형태의 논의가 구축한 새로운 구도마저 결정적으로 뛰어넘는 해석이라는 사실이다. 후속 단계의 새로운 구도를 마련했던 것은 먼저 골드망Lucien Goldmann의 저서 『칸트의 인간 공동체와 세계La communauté humaine et l'univers chez Kant』를 중심으로 전개된 일련의—프랑스에 국한되지 않는[38]—연구와 독일에서 하버마스와 아펠Karl-Otto Apel이 제시한 '소통 공동체' 이론이다. 구조와 구도의 차원에서 분명한 차이점을 가지고 있는 이 이론들을 동일한—다름 아닌 아렌트의 해석에 의해 무산되는—해석적 지평 안에 묶어두는 요인은 이 해석자들이 칸트의 텍스트를 읽는 '수용적인' 동시에 '제한적인' 방식이다. 이들은 자신들이 수용하는 관점을—골드망의 입장에서 변증적인 관점, 아펠과 하버마스의 입장에서 윤리-담론적인 관점을—앞서 제시한 인물이 다름 아닌 칸트라는 사실을 인정하면서도, 칸트의 성찰이 '개인적인' 차원에서 '집단적인' 차원으로, 형식의 단계에서 내용의 단계로 나아가야 한다는 이중의 요구를 충족시킬 만큼 성숙하지 못했고 사유 자체를 이러한 단계에 가두어두는 객관적인 한계를 극복하지 못했다고 진단했다. 하지만 칸트를 비판하는 이들은 칸트의 법 공동체가 정확하게 '거부'하는 것이 이처럼 감각의 영역과 의미의 영역을 획일화하는 성향이라는 사실에 조금도 개의치 않는 듯이 보인다. 골드망이 이러한 특징을 칸트가 당대의 "부르주아-개인주의적인"[39] 문화 때문에 치러야 했던 비극적인 대가로 설명한 반면, 아펠은 이러한 "이상적인 공동체"와 "실질적인 공동체" 사이의 모순이 "초월적 관념주의의 중재를 통해 (...) 사실상 이미 항상 전제되어 있는 사회의 사실주의와 심지어는 역사적 유물론에 힘입어"[40] 언제나 해결될 수 있다고 보았다. 이들은 그런 식으로 칸트의 '한계'를 칸트의 철학적 핵심 개념이 아니라 오히려 제거해야 할 장애물로 이해했다. 이들은 이 '한계'를—법의 강제성을—공동체의 축약된, 내밀한, 중략된 형성 방식으로 보는 대신 공동체의 실현을 불가능하게 만드는 부정적인 요소로만, 따라서 극복해야 할 문제로만 이해했고, "'헤겔과 마르크스의 변증관계'를 구축하는 방향으로"[41] 혹은 하버마스의 표현대로 "도덕적 감성을 윤리에 도입함으로써"[42] 해결해야 할 문제로 해석했다.

아렌트가 근본적인 차원에서 문제를 제기하며 비판하는 것이 바로 이러한 계보학적 '설정'이다. 아렌트에 따르면, 칸트의 '공동체'는 헤겔의 철학으로 채우지 말아야 할 뿐 아니라 오히려 헤겔의 철학으로부터 철저하게 보호되어야 한다. 아렌트가 '칸트냐 헤겔이냐'는 '양자택일'[43]적인 구도를 제시한 뒤 곧바로—마치 서문을 마치고 본문에 들어가듯—아주 구체적으로 '의지의 비판'에 관한 책을 썼다는 사실은, 아렌트가 헤겔을 거부하고 칸트를 택했다는 점이 단순히 과거와 현대의 역사 철학에 대한 그녀의 기본적인 거부 반응만을 증명한다기보다는 오히려 '공동체의 사유'라는 주제를 중심으로 제기되는 많은 문제점의 상관관계에 대해, 좀 더 정확히 말하자면 '의지'와 '법' 사이를 오가는 공동체의 본질적인 동요에 대해 아렌트가 자신의 입장을 분명하게 표명한 셈이라는 생각을 하게 만든다. 물론 아렌트가 이러한 표현들을 구체적으로 사용한 것은 아니다. 하지만 우리는 아렌트가 칸트를 선택하고 루소와 헤겔을 거부하면서, 달리 말하자면 지극히 헤겔적인 루소를 거부하면서 '공동체'를 '의지의 의미론'과 분명하게 분리시키는 방향으로 나아갔다는 결론을 어렵지 않게 내릴 수 있다. '의지'가 필연적으로 '통일체'와ㅡ개인적인 주체 또는 정치공동체적 몸의 통일과ㅡ결속되는 반면 공동체는 오히려 타자성과 분리될 수 없고, 여하튼 이 타자성이 유기적 통일체의 형태로 이루어지는 모든 융합을 거부하며 부여하는 '한계'와 분리될 수 없는 성격을 지닌다. 아렌트가 이러한 선택을 했다는 사실 자체는 우리가 앞서 의도적으로 남겨두었던 질문, 즉 아렌트의 철학과 공동체의 사유 사이에 직접적인 연관성이 있는가라는 질문에 긍정적인 답변의 첫 번째 근거를 제시한다. 결과적으로 아렌트가 공동체의 '함께(cum)'를 '근접성'보다는 '거리'와 연결시킨다는 차원에서, 그녀의 철학은 분명히 공동체의 사유 가운데 하나라고 말할 수 있다. 공동체에서 인간들의 관계는 서로의 차이를 토대로 이루어진다. 칸트는 이 관계를ㅡ'사랑'과는 다른ㅡ'존중'이라고 불렀다.[44] 아렌트에 따르면, "세상에서 함께 살아간다는 것은 곧 사람들이 공유하는 사물들의 세계가 본질적으로 존재한다는 것을 의미한다. 한 탁자가 그 주변에 모인 사람들 사이에 놓여 있는 것과 같은 이치다. 모든 '안-사이in-between'처럼, 세계는 인간들을 나누는 동시에 서로 관계하도록 만든다."[45]

물론 이로써 모든 문제가 해결되는 것은 아니다. 다름 아닌 서로 간의 '거리'를 공동체의 '모습'으로 간주하는 순간 또 다른 질문, 즉 이러한 차이와 이를 기반으로 소통하는 주체들 간의 관계는 과연 어떤 유형의 관계인가라는 질문이 대두된다. 이러한 차이가 실재하는 곳은 주체들의 외부인가 아니면 내부인가? 이 차이는 그저 주체들의 개성을 보존하기 위해 이들을 떼어놓는 공간에 불과한가, 아니면 이들의 개성에 문제를 제기하며 개성으로서의 특수성 자체를 파고들어 해체하는 기능인가? 달리 말하자면, '한계'의 경로는 주체들 '곁을' 지나는가 아니면 '안을' 지나는가? 이러한 양자택일적인 질문에 나름대로 답변을 시도하면서, 아렌트는 상호주체성의 다양한 철학 가운데 하나를 향하거나 공동체의 사유를 향해 나아간다. 하지만 이 두 차원은 아렌트의 이론적인 동시에 비유적이고 서술적인 장치 안에서 번갈아 등장하며 일관성 없이 뒤섞이는 듯이 보인다. 여기서 우리가 주목해야 할 것은 '주체'의 개념 자체와 직결되는 모호함의 잔재다. 이 모호함은 아렌트가 '주체'를 다룰 때 사용하는 상당히 다양한 양식의—현상학적, 실존주의적, 탈구축주의적—어조에서 비롯된다. 너무나 다양해서 여기에 어떤 결론적인 의미를 부여하는 것도 거의 불가능하다.

한 가지 확실한 것은 이러한 모호함이 어떤 식으로든 해소되지 않을 뿐 아니라 아렌트의 칸트 해석으로 인해 오히려 배가된다는 점이다.[46] 아렌트가 공동체의 '자리'를 『실천이성비판』이 아닌 『판단력비판』에서 찾으려고 노력했다는 점은 그녀가 법의 세계와—즉 주체의 유한성과—공동체 사이의 구조적인 연관성을 파악하는 데 사실상 실패했다는 것을 보여주는 첫 번째 단서다.

의지주의에 대한 아렌트의 비판이 개인적 모나드의 확장에서 유래하는 모든 유형의 유기적 공동체 개념에 타격을 입힌다는 것은 사실이다. 하지만 아렌트가 활용하는 반-율법주의적인 비판이 주체성의 문제를 지적하기보다는 오히려 주체성을 배가하는 쪽으로 기울어진다는 것 또한 사실이다. 물론 그렇다고 해서 다수성의 공동체가 유한성의 공동체와 원칙적으로 대립한다는 말을 하려는 것은 아니다. 실제로 이 공동체들은 모두 주체들 간의 차이에 영향을 받는 동시에 이러한 차이를 바탕으로 구축된다. 하지만 아렌트는 '사망'과 명백히 상반되는 '탄생'*에 중점을 둠으로써 이 '차이'를 상호주체적 '안-사이'에 대한 전통적인 해석의 고랑 안에 가두어버린다. 바로 그런 이유에서 아렌트는 이 '차이'를 주체성의 문제적인 측면에서 관찰하지 못한다. 다시 말해 사실상 '명령'에 종속되는 만큼 스스로에 대해 이중적일 수밖에 없고 따라서 더 이상 주체적이라고도 볼 수 없는 주체성의 내부적인 틈새에 비추어 관찰하지 못한다. 바로 여기서 아렌트의 '인본주의 탈구축론' 자체를 지배하는 특유의 '인본주의적인 어조'가 유래한다. 이러한 특징이 극명하게 부각되는 곳은 아렌트의 칸트 해석이 구체적인 형태를 갖추기 시작하는 논문 「문화의 위기」다. 아렌트에 따르면 "취향에 의한 판단이 다루는 것은 세계의 외관과 세속적인 측면이다. 다시 말해 이를 전적으로 '사심 없이' 다

---

* 아렌트에 따르면, 인간의 삶은 탄생을 토대로 시작된다. 그런 의미에서 인간에게는 창조능력에 앞서 스스로 시작할 줄 아는 능력이 주어진다. 아렌트가 창조성의 범주와 상반되는 개념으로, 이를 대체하기 위해 제시하는 탄생성의 범주는 창조주 창조에서 유래하는 공동체가 어떤 식으로든 단일한 시원으로 환원되어야 한다는 전제에 얽매이지 않는다.

루며 개인의 실질적인 이윤이나 '나'의 윤리적인 주장이 개입하는 것을 허락하지 않는다. 취향에 의한 판단에서 가장 중요한 것은 인간도, 인간의 삶이나 자아도 아닌 세계다."[47] 물론 이러한 견해가 다름 아닌 「문화의 위기」에서 언급되는 정황을 과소평가하려는 의도는 없다. 아울러 '삶의 보존'에 대한 아렌트의 비판, 다시 말해 '무상의 선물'[48]로 간주되는 삶의 '면역화'에 대한 비판이 그녀의 '무위적인'[49] 공동체, 즉 비생산적이기 때문에 다른 모든 형태의 활동과 구분되는 정치공동체적 담론과 직결된다는 점도 간과하고 싶은 생각은 없다. 그러나 '정치 공동체'라는 표현 자체가 안고 있는 문제점을 무시하더라도, 또 아렌트가 다름 아닌 공공의 지평에서 후퇴하는 정신적인 형식들을 다루는 바로 그곳에서 공동체를 발견한다면 과연 어떻게 할 것인가라는 문제를 뒤로 미루어두더라도, 다름 아닌 '취향'의 개념이 키케로와 비코의[50] 철학 전통에 대한 구체적인 언급과 함께 설명되기 때문에 뚜렷하게 인본주의적인 색체의 범주적 구도 안에서 정립된다는 점은 부인하기 힘들다. 이 '취향'이 "진정한 의미에서 아름다움을 인간화하고 문화를 창출하는 정치적 기량"[51]으로 정의되는 것은 우연이 아니다.

결코 무의미하다고 볼 수 없는 일련의 이론적이고 해석적인[52] 변화가 있었음에도 불구하고, 아렌트가 말기에 시도한 칸트적인 '판단'의 해석은 이러한 실존주의적 성향의 영향에서 완전히 벗어났다고 보기 힘들다. 예를 들어, 아렌트는 칸트의 『영구평화론』을 다루면서 심지어 이런 결론을 내린다. "모든 개인이 인류에 대해 지닌 이러한 생각 덕분에, 인간들은 인간적이다."[53] 결국 누군가가 아렌트를 존중하면서도 그녀의 사유를 "건강주의 사유"로, 다시 말해 '휴머니즘'의 신화를 근본적인 차원에서 조명하기보다는 오히려 보호하려는 성향이 훨씬 더 강한 사유로 간주할 때 그의 입장을 틀렸다고 보기는 힘들다.[54] 하지만 내가 여기서 특별히 강조하고 싶은 것은 이런 식으로 파생된 듯이 보이는 주체주의를 아렌트가, 다름 아닌 칸트의 철학에서 이끌어낸 공동체적 논제 내부에서, 특히 "공통의 의미sensus communis"를 중심으로 발전시켰다는 것이다. '공통의 의미'는—객관적으로—공동체를 인식하는 데 필수적인 '경로'인 동시에 가장 까다로운 '장애물'이다. '경로'인 이유는 이 '공통의 의미'가 서로 이질적인 '실체'들 간의—'주체' 대신 중립적인 의미의 '실체'라는 용어를 사용하면—어떤 잠재적 '동의'를 분명한 형태로 암시하기 때문이다. 하지만 동시에 '장애물'이기도 한 이유는 이러한 '동의'가 우선적으로 어떤 조화가 아니라 오히려 끝없는 부조화의 의미, 즉 '비-화합적인 동의'의 의미를 지니기 때문이며, 더 나아가 그런 식으로 '동의하에 화합하지 않는 마음'이 사실은 '인간'이나 '주체'가 아니라, 이러한 내적 갈등으로 인해 강해지기는커녕 오히려 혼란에 빠지는 개인 주체의 상상력, 지성, 이성 같은 '기량'에 불과하기 때문이다. 하지만 칸트가—앞서 언급한 것처럼—이 두 가지 가능성을, 즉 단순한 상호주체성의 가능성과 '불가능한' 공동체의 가능성을 항상 구분하는 것은 아니다. 칸트의 여러 텍스트에서 이러한 가능성들은 오히려 중첩되는 양상을 보인다. 대표적인 예는 다음과 같은 문장이다. "'상식'은 우리가 공유하는 어떤 의미의 일종으로 이해해야 한다. '상식'은 성찰하는 가운데 다른 모든 이들의 표현 방식을 '선험적으로' 참작하는 판단 능력의 일종으로 간주할 필요가 있다."⁵⁵ 칸트는 이러한 차원의 '동의'를 어떤 가능성이나 의도 혹은 의무로 제시할 뿐, 경험적으로 증명하거나 구체적으로 실현할 수 있는 현실로는 설명하지 않는다. 실제로 아렌트의 연구는 두 번째가 아닌 첫 번째 전제로 기울어지는 양상을 보인다. 다시 말해 아렌트가 시도하는 초월성의 인류학적 해석은 일종의 단락회로 안에서, 즉 소통 가능성comunicabilità이 소통 활동comunicazione으로, 소통활동이 실질적인 공동체comunità로 끊임없이 전이되는 폐쇄회로 안에서 이루어진다.⁵⁶ 아렌트는 이렇게 말한다. "우리가 다룬 것은 비판철학이 수반하는 정치적 결과이자 비판철학과 소통 가능성의 연관성이다. 이 소통 가능성 역시 당연히 소통하기 위해 필요한 인간들의 공동체를 수반한다."⁵⁷ 하지만―리오타르가 반복해서 지적했던 것처럼―이러한 직선적인 전이야말로 다름 아닌 칸트주의의 내밀한 논리가 금하는 것 가운데 하나다. 이는 물론 '소통 가능성'이 이에 상응하는 경험적 요소를 지니지 않는 개념이기 때문이지만 이에 앞서, 좀 더 보편적인 차원에서 비판철학의 가장 중요한 의미가 다름 아닌 장벽들의―유사성이라는 이름의 가냘픈 고리로만 결속되어 있는 진정한 심연들의―구분에 있기 때문이다. 이 장벽들은 서로 이질적인 기량들 간의 자유분방한 전이를 가로막거나 상이하고 상반되는 영역에 속하는 문장들, 예를 들어 묘사적이거나 규정적인 영역 혹은 윤리, 정치, 미학 분야에 속하는 문장들 간의 자유로운 전이를 가로막는다. 실제로 미학적인 영역의 문장은 고유의 감각적 직관을 제시하는 데 활용할 만한 개념을 지니지 않는다. 리오타르에 따르면, "결과적으로 '미'와 '숭고'가 호소하는 보편성은 어떤 근거도 제시할 수 없는 일종의 공동체 개념에 지나지 않는다. 다시 말해, 이에 대해서는 직접적인 설명이 아니라 오로지 일련의 간접적인 설명만이 가능하다."[58] 이러한 각도에서 살펴보면 '공통적인 의미sensus communis', 즉 상식은 '선의'와 무관할 뿐 아니라 '공통적인 이해intellectio communis'와도, 혹은 '공동체의 지성intellectio communitatis'[59]과도 무관하다. 이는 결국 공동체가 오로지 부정적인 방식으로만 파악될 수 있다는 것을 의미한다. 다시 말해, 공동체가 아닌 것은 무엇인가라는 형태로만 이해될 수 있다. 이것이 바로 공동체의 법 아니었나? 이것이 바로 공동체의 실재는 필연적인 동시에 불가능하다는 법 아닌가? 하지만 그렇다면, 공동체와 직결되는 범주는 '미'가 아닌 '숭고'다. 바로 이 시점에서 아렌트의 해석이 지니는 맹점의 정체가 드러난다. 아렌트의 관심이 전적으로 『판단력비판』의 1부에 집중되는 이유는 사실 칸트가 제시하는 가장 까다로운 길을 꺼려하기 때문이다. 이 길은 공동체와 법의 이율배반적인 중첩이라는 결과로 이어진다. '숭고'가 공동체와 직결되는 이유는, 다름 아닌 미적 판단의 감각적인 영역과 법의 윤리-이성적인 영역을 연결하는 교량 역할을 하기 때문이다. 칸트가 강조하는 것처럼, "실제로 도덕적 감성과 유사한 영혼의 자세로 다가서지 않는 이상, 자연에 대한 숭고의 감정을 품는다는 것은 불가능하다."[60]

그렇다면 왜 아렌트가 칸트의 '판단력비판'을 분석하면서 '숭고'를 언급하지 않고 회피했는지가 분명해진다. 그 이유는, 아렌트의 분석을 이론적으로 뒷받침하던 '윤리학과 미학의 절대적 분리'라는 전제, 즉 공동체의 논의를 윤리학에서 미학의 영역으로 고스란히 옮겨오기 위해 필요했던 이 전제를 다름 아닌 '숭고'의 개념이 위기에 빠트릴 수도 있었기 때문이다. 공동체의 논의를 윤리학에서 미학의 영역으로 가져온다는 것은 오로지 감각적인 영역과 윤리-이성적인 영역 사이에 놓인 '숭고'의 좁고 위험한 경로를 무시할 때에만 가능하다. 이 경로가 '좁은' 이유는 '숭고'가 고유의 도덕적인 소명에도 불구하고 항상 이성이 아닌 상상력이라는 기량과 결속되어 있기 때문이다. 반면에 '위험한' 이유는 상상력에 대한 이성의 우위를 다시—법의 요구에 부응하며—정립하기 위한 유일한 방식이[숭고가] 바로 감각의 '희생'과 주체성의 끝없는 상해를 수반하는 폭력적 강요이기 때문이다. 주지하다시피, 법의 실행을 위해 요구되는 것은 감각과의 단절이며 이는 불쾌함을, 더 강렬하게는 고통을 수반한다. 칸트가 때에 따라 활용하는 '권력', '공포', '우위', '동맹', '굴복' 같은 전쟁의 어휘도 바로 이런 차원에서 이해할 필요가 있다. 리오타르의 설명대로, '숭고라는 아들'의 탄생을 위해서는 '아버지-법'이 가장 순수한 폭력의 피로 '어머니-상상력'을 잉태시켜 어머니의 죽음과 함께 아들이 태어날 수 있도록 해야 한다.[61] 하지만 가장 놀라운 사실은 상상력에 가해지는 이러한 폭력을 원하는 것이 미학의 영역에서는 부재하는 이성이 아니라 다름 아닌 상상력 자체라는 것이다. 상상력은 그것에 속하지 않는 법을 충족시키기 위해 스스로의 파멸을 상상하는 지경으로까지 발전한다. "(...) 숭고에 관한 미적 판단에서, 이러한 폭력을 우리는 이성의 도구인 상상력 자체에 의해 실행된 것으로 이해한다."[62]

그렇다면 이처럼 이득이 상실에서 비롯될 뿐 아니라 심지어 상실 자체와 일치하는 희생의 경제론은 어떻게 설명해야 하나? 그리고 상상력의 숭고한 자기파괴는 우리가 다루고 있는 주제 '공동체'와는 무슨 상관이 있는가? 나는 '공동체'가 한계의 문제와 깊이 연관되어 있다는 인상을 받는다. 공동체는 그것의 정체를 '폭로하는 베일', 즉 공동체를 드러내는 동시에 법으로 보호하고 법으로 금하면서 금기된 상태로 드러내는 것과 연관되어 있다. '미美'가 부정형의 형성을 표현하고 혼돈의 체계화, 무한성의 제한을 표현하는 반면, '숭고'는 무한성의 표현을 절망적으로 추구한다. 절망적으로! 왜냐하면 이러한 표현이 다름 아닌 법에 의해―법 자체가 뛰어넘으라고 강요하는 한계 외부의 가장자리에서―중단되고 보류되고 단절되기 때문이다. 숭고는 관념에 상응해야 하는 상상력의 과제가 부적절하다는 느낌에서 탄생한다. 그리고 이 부적절함에서 오는 불만은 고유의 부적절함에 적절히 적응한다는 느낌의 만족감에 의해 상쇄된다. 하지만 숭고는 왜 이런 시험을 치르는가? 상상력을 불러일으키는 동시에 움츠러들게 만드는 것은 무엇인가? 어떤 이유에서 상상력에 과제로 부과되는 것이 곧 상상력의 금기 사항인가? 이 질문들에 대한―칸트의 마지막 질문에 대한―답변은 두말할 필요 없이 법의 본성과 직결된다. 법은―반복되는 이야기이지만―공동체의 법이다. 이는 무엇보다 공동체가 우리에게 거부할 수 없는 '집'으로 주어졌다는 것을, 아울러 우리를 부르는 이 공동체의 목소리에 우리가 귀를 기울이지 않을 수 없는 이유도 그것이 바로 우리 자신이 낳은 목소리이기 때문이라는 것을 의미한다. 하지만 이 공동체가 어떤 법이 부과되는 형태로 주어진다는 것은 곧 우리가 이 공동체를 직접적으로는 수용할 수 없다는 것을 의미한다. 완전한 복종이 불가능한 만큼, 부과되는 동시에 분리되는 어떤 노모스nomos의 여과 기능 없이는 수용이 불가능하다. 아니, 어떤 의미에서는 노모스가 불복종을 명령한다고도 볼 수 있다. 물론 이는 법에 전적으로 복종한다는 것이 곧 법의 초월성을 무효화하는 것과 다를 바 없기 때문이다. 법이 현실 속에 이미 새겨져 있다면 법 자체는 불필요해진다. **현실** 그 자체는—"사물 자체"는—접근할 수 없는 것으로 남는다. 하지만 잊지 말아야 할 것은 그 이유가 우리 자신으로부터 현실을 보호하기보다는 현실로부터 우리 자신을 보호해야 하기 때문이라는 점이다. 우리를 보호하기 위해, 현실의 무시무시한 진실을 완전히는 드러내지 않고 우리에게 알리는 것이 바로 '숭고'다. 달리 말하자면, 진실을 '드러내는' 베일의 불투명성 때문에 이 진실은 '숭고'해진다. 바로 그런 의미에서, 칸트는 엄밀하게 **법**의 사유 안에 남는다. 칸트에 따르면, 공동체는 어떤 격막으로, 즉 우리가 공동체 안으로 추락하지 않으려면 넘어서지 말아야 선으로 보호해야 한다. **객체**가 우리를 그 안으로 완전히 빨아들여 주체로서의 우리를 잃게 만드는 상황, 혹은 이 객체 외의 다른 모든 확실성이 불분명해지는 **바닥-없는** 곳으로 추락하는 상황을 피해야 한다.[63] 이러한 한계의 이면에서 모습을 드러내는 것은 '광대한Ungeheure 것'[64]의 의미 없는 얼굴, 혹은 한계 없는 세계의 참을 수 없는 자기전시 내지 흉물스러움, 말 그대로 불분명해서 불결한 세계, 스스로와 절대적으로 일치하며 모든 차이에 전적으로 무차별한 공동체다. 이것이 바로 "맹렬한 파괴"[65]

와 "순수한 공포"⁶⁶라는 표현을 사용하며 헤겔이 '그의 관점에서' 직관적으로 감지했던 극단적인 위험 아니었나? 헤겔은—칸트가 거리를 두려고 했던 바로 그 지점으로 칸트를 다시 몰아넣으며—이렇게 묻는다. 스스로를 대하는 인간 주체의 절대적인 내밀함을 가장 파괴적인 악으로 전복시키지 않을 수 있는 '선한' 공동체는 있을 수 있는가? 헤겔에 따르면, "주체에게는 외관에 불과한 객관성과 보편성에 맞서 주체가 내면적으로 시도하는 가장 은밀한 성찰로서의 '악'은 사실 건전한 의도를 지닌 추상적 '선'과 다르지 않다."⁶⁷ 하지만 바로 여기에 금기의 동기가 ['선'과 '악'을 분리해야 하는 이유가] 있다. 단지 이 금기를 무효화하려는 욕망이 공존할 뿐이다. 이 욕망은 유한성을 뛰어넘으려는, 무한성을 맛보려는 욕망이다. 이는 곧 **사물** 자체를 직접 만난다는, 공동체를 그것의 살 속에서 경험한다는 것을 의미한다. 이는—리오타르의 표현대로—상상과 상징을 뛰어넘어 **현실** 자체를 향유한다는 뜻이다.⁶⁸

현실 자체를 향유한다는 것은—법의 필요성이 무의미해질 정도로 법을 완벽하게 실현한다는 것은—곧 "삶 속에서 죽는 편이 나은 경우"⁶⁹와 접촉한다는 것을 의미한다. 우리를 이러한 극단적인 경로로—더 이상 칸트 안에서가 아니라 전복된 칸트의 편에서—인도하는 인물은 라캉이다. 라캉의 설명에 따르면, 숭고에 대한—혹은 숭고가 수반하는 절제된 감흥에 대한—칸트의 설명은 바로 윤리를 욕망과 분리시키려는 마지막이자 가장 위대한 시도였다. 칸트의 의도는 그 '쾌락 이상의' 무언가를 '숭고'화함으로써 금하는 것이었다. 이 '쾌락 이상의' 무언가는 사실상 '존재하지 않는 성격'과, 혹은 공동체의 '모든' 것이 되려는 자기소멸적인 성향과 조금도 다를 바 없다. 칸트가 전통적인 윤리를 극단적인 한계 지점으로 밀고 나아갈 때 부각되는 것은 또 다른 성장의 필요성이다. 이는 칸트가 도덕의 지평을 구축하는 기준은 '가능성'이 아니라 '불가능성'이라는 점을 역사상 처음으로 완벽하게 포착했기 때문이다. 바로 그런 이유에서, 범주적 명령의 법은 절대적으로 무조건적인 반면 정말 무엇을 할 수 있는가라는 문제는 어떤 식으로든 제기하지 않는다. 그리고 바로 이 지점에서, 아리스토텔레스 이후의 철학자들이 줄곧 이해해왔던 윤리학이 절정에 달하는 동시에 위기에 봉착한다. 윤리는 이 위기에서 벗어나기 위해 스스로를 뛰어넘어, 칸트가 걷지는 않았지만 부정적인 방식으로 지시했던 길로 들어선다. 그런 식으로 도덕은 계율과 의무를 뛰어넘는 방향으로, 여하튼 바울이 제시했던 율법과 죄 사이의 변증 관계, 다시 말해 법을 죄의 기회이자 심지어는 명령으로까지 간주하는 변증관계 역시 뛰어넘는 방향으로 나아간다. 법을 위반하는 행위는 법에서 자유로워지는 것이 아니라 오히려 법을 가장 확실하게 정립하는 방식이다. 법에서 자유로워지려면 법을 담론의 또 다른 질서 속으로, 즉 법의 언어라기보다는 욕망의 언어가 지배하는 담론의 질서 속으로 옮겨와야 한다. 라캉에 따르면, "(…) 법이 정말 그곳에 있을 때, 욕망은 힘을 잃는다. 하지만 그건 법이 사실상 거세된 욕망과 매한가지이기 때문이다."[70] 법이 욕망의 거세와 일치한다면, 욕망은 우리에게 법의 언어와 결별하라고 요구하지 않을 수 없다. 바로 이것이 칸트가 넘지 않은 경계선이다. 하지만 칸트가 법에서 법의 모든 내용을 비워내며 열어젖힌 허공을 배경으로, 다름 아닌 **사물**의―물건(die Sache)이 아닌 사물(das Ding)의―수수께끼 같은 모습이, 마치 메두사의 얼굴처럼 우리를 매료시키는 동시에 마비시키는 **사물** 자체의 윤곽이 드러난다.

1   Eric Weil, *J.-J. Rousseau et sa politique*, «Critique», n. 56, 1952, p. 11.

2   Immanuel Kant, *Bemerkungen in den «Beobachtungen über das Gefühl das Schönen und Erhabenen»*, in *Kant-Forschungen*, Hamburg 1991, vol. III, p. 38.

3   Immanuel Kant, *Was heißt: Sich im Denken orientieren?* in Gesammelte Schriften, Berlin-Leipzig, pp. 1900, vol. VIII [trad. it. *Che cosa significa orientarsi nel pensiero*, in *Questioni di confine*, Fabrizio Desideri 감수 및 서문, Genova 1990, p. 14].

4   Immanuel Kant, *Kritik der reinen Vernunft*, in Gesammelte Schriften, vol. IV [trad. it. *Critica della ragion pura*, P. Chiodi 편, Torino 1967, pp. 622-23].

5   G. W. F. Hegel, *Grundlinien der Philosophie des Rechts*, Hamburg 1955 [trad. it. *Lineamenti di filosofia del diritto*, Roma-Bari 1974, p. 54]. 헤겔의 칸트 비판에 대해서는 논문집 *Hegel interprete di Kant*, Napoli 1981, 특히 Remo Bodei *«Tenerezza per le cose del mondo»: sublime, sproporzione e contraddizione in Kant e Hegel*, pp. 179-218 참조.

6   Ernst Cassirer, *Das Problem J.-J. Rousseau*, in «Archiv für Geschichte der Philosophie», 1912 [trad. it. *Il problema Gian Giacomo Rousseau*, Firenze 1938, p. 84].

7   Jean-Jacques Rousseau, *Del contratto sociale*, Firenze 1972, p. 287.

8   Jean-Jacques Rousseau, *Discorso sull'economia politica*, p. 285.

9   같은 책, p. 287.

10 루소와의 관계 전반에 대해서는 Paolo Pasqualucci, *Rousseau e Kant*, Milano 1974, vol. I. 참조. 아울러 Katia Tenenbaum, *Il pensiero politico di I. Kant e l'influsso di J.-J. Rousseau*, in «Giornale Critico della Filosofia Italiana», vol. V, anno LIII, s.d., pp. 344-92 참조.

11 이러한 법 해석에 대해서는 Jacob. Rogozinski, *Kanten*, Paris 1996, p. 136. 참조.

12 Ernst Cassirer, *Il problema Gian Giacomo Rousseau*, p. 58.

13 Immanuel Kant, *Mutmaßlicher Anfang der Menschengeschichte*, in Gesammelte Schriften, vol. VIII [trad. it. *Congetture sull'origine della storia*, in *Scritti politici*, Torino 1965, pp. 210-11].

14 같은 책, p. 202.

15 Immanuel Kant, *Die Religion innerhalb der Grenzen der bloßen Vernunft*, in Gesammelte Schriften, vol. VI [trad. it. *La religione nei limiti della semplice ragione*, in *Scritti morali*, Torino 1970, p. 360].

16 같은 책, p. 340.

17 같은 책, pp. 364-65.

18 이러한 대조에 대해서는 David Ross, *Kant's Ethical Theory*, Oxford 1954, pp. 86 이하와 T. C. Williams, *The Concept of the Categorical Imperative*, Oxford 1968, pp. 100 이하 참조. 반면에 패튼은 이에 비해 훨씬 더 복합적인 동시에 모순적인 입장을 고

수한다. H. J. Paton, *The Categorical Imperative*, London 1947.

19 이 문제를 세밀하게 다룬 Sergio Landucci, *Sull'etica di Kant*, Milano 1994, pp. 69 이하 참조. 란두치는 베크의 반직관주의 논제나 롤스의 전적으로 구성주의적인 논제와 상반되는 입장을 고수한다. 이와 관련하여 L. W. Beck, *Das Faktum der Vernunft: Zur Rechtfertigungsproblematik in der Ethik*, «Kant-Studien», LII, 1960-61, p. 279 이하와 J. Rawls, *Kantian Constructivism in Moral Theory*, «Journal of Philosophy», LXXVII, 1980, p. 515 이하 참조.

20 Immanuel Kant, *Kritik der praktischen Vernunft*, in Gesammelte Schriften, vol. V [trad. it. *Critica della ragion pratica*, in Scritti morali, p. 166].

21 같은 책, pp. 170-71.

22 Immanuel Kant, *Grundlegung der Metaphysik der Sitten*, in Gesammelte Schriften, vol. IV [trad. it. *Fondazione della metafisica dei costumi*, p. 111].

23 Immanuel Kant, *Die Metaphysik der Sitten - Rechtslehre*, in Gesammelte Schriften vol. VI [trad. it. *Principi metafisici della Dottrina del Diritto*, p. 530).

24 Immanuel Kant, *Zum ewigen Frieden*, in Gesammelte Schriften, vol. VIII [trad. it. *Per la pace perpetua*, p. 318].

25 같은 책, p. 418.

26 이 불가능성은 리오타르가 칸트에 관한 그의 모든 글에서 강조했던 부분이다. Jean-François Lyotard, *Le différend*, Paris 1983 [trad. it. *Il dissidio*, Milano 1985, pp. 158 이하] 참조.

27 Hannah Arendt, *Lectures on Kant's Political Philosophy*, Chicago 1982, [trad. it. *Teoria del giudizio politico*, Genova 1990].

28 Immanuel Kant, *Critica della ragion pura*, p. 350.

29 카프카와의 비교에 대해서는 Immanuel Kant, Benjamin Constant, *La verità e la menzogna. Dialogo sulla fondazione della morale e della politica*의 Andrea Tagliapietra 서문, Milano 1996, pp. 12 이하 참조.

30 *Eine Vorlesung Kants über Ethik*, Berlin 1924 [trad. it. *Lezioni di etica*, Bari 1970, pp. 45 이하].

31 이러한 해석에 대해서는 Bernard Baas, *Le corps du délit*, in *Politique et modernité*, Paris 1992, pp. 69~100 참조.

32 이 주제를 심도 있게 다룬 Jean-Luc Nancy, *L'impératif catégorique*, Paris 1983, 참조.

33 Immanuel Kant, *La religione nei limiti della semplice ragione*, p. 394.

34 Friedrich Nietzsche, *L'anticristo (Der Antichrist)*, in Opere, vol. VI, 3, p. 177.

35 Immanuel Kant, *Critica della ragion pratica*, p. 216.

36 이와 관련하여 Paul Ricoeur, *Finitude et culpabilité*, Paris 1960 [trad. it. *Finitudine e colpa*, Bologna 1970, pp. 149 이하] 참조.

37 Immanuel Kant, *Critica della ragion pratica*, p. 218.

38 Alexis Philonenko, *Théorie et praxis dans la pensée morale et politique de Kant et de*

Fichte en 1973, Paris 1968. 이 외에도 마술로의 저서가 지니는—무엇보다도 쓰인 시기를 고려할 때—중요성을 언급하지 않을 수 없다. Aldo Masullo, *La comunità come fondamento. Fichte, Husserl, Sartre*, Napoli 1965.

39 Lucien Goldmann, *La communauté humaine et l'univers chez Kant*, Zürich 1945 [trad. it. *Introduzione a Kant*, Milano 1972].

40 Karl Otto Apel, *Transformation der Philosophie*, Frankfurt a. M. 1973 [trad. it. *Comunità e comunicazione*, Torino 1977, p. 171].

41 같은 책, p. 264.

42 Jürgen Habermas, *Moralbewußtsein und kommunikatives Handeln*, Frankfurt a. M. 1983 [trad. it. *Etica del discorso*, Bari 1985, p. 110].

43 Hannah Arendt, *La vita della mente*, p. 311.

44 Immanuel Kant, *Lezioni di etica*, pp. 213 이하.

45 Hannah Arendt, *The Human Condition*, Chicago 1958 [trad. it. *Vita activa*, Milano p. 39].

46 완전하고 견고한 비평적 재구성을 위해서는 Simona Forti, *Vita della mente e tempo della polis. Hannah Arendt tra filosofia e politica*, Milano 1994, pp. 333-70 참조.

47 Hannah Arendt, *Society and Culture*, in *Between Past and Future. Six Exercises in Political Thought*, New York 1961 [trad. it. *Tra passato e futuro*, Firenze 1970, p. 241].

48 Hannah Arendt, *Vita activa*, p. 2.

49 내가 다른 해석자들에 비해 훨씬 더 문제적으로 이해하는 아렌트와 '공동체' 개념의 관계에 대해서는 Hannah Arendt, *Il concetto di amore in Agostino* (Milano 1992)의 해제 Laura Boella, *Amore, comunità impossibile in Hannah Arendt*, pp. 151-65와 Adriana Cavarero, *Nascita, orgasmo, politica*, in «Micromega», Almanacco di Filosofia, 1996, pp. 541-49 참조.

50 Hans G. Gadamer, *Wahrheit und Methode*, Tübingen 1960 [trad. it. *Verità e metodo*, Milano 1983, pp. 42-70].

51 Hannah Arendt, *La crisi della cultura*, p. 243.

52 Hannah Arendt, *Teoria del giudizio politico*, R. Beiner 서문, pp. 141-213.

53 Hannah Arendt, *Teoria del giudizio politico*, p. 114.

54 Jean-François Lyotard, *Lectures d'enfance*, Paris 1991 [trad. it. *Letture d'infanzia*, Milano 1993, pp. 79 이하].

55 Immanuel Kant, *Kritik der Urteilskraft*, in Gesammelte Schriften, vol. V [trad. it. *Critica del giudizio*, Bari 1970, p. 150).

56 Étienne Tassin, *Sens commun et communauté: la lecture arendtienne de Kant*, in «Les Cahiers de Phiosophie», n. 4, 1987, pp. 81-113 참조. Laura Bazzicalupo, *Hannah Arendt. La storia per la politica*, Napoli 1996, pp. 285 이하 참조.

57 Hannah Arendt, *Teoria del giudizio politico*, p. 65.

58 Jean-François Lyotard, *Il dissidio*, p. 211.

59   Jean-François Lyotard, *Sensus communis*, in «Cahier du Collège International de Philosophie», n. 3, 1987 [trad. it. in *Anima minima*, Parma 1995, pp. 19-20].

60   Immanuel Kant, *Critica del giudizio*, pp. 121-22.

61   Jean-François Lyotard, *Anima minima*, pp. 70-71.

62   Immanuel Kant, *Critica del giudizio*, p. 122.

63   Bernard Baas, *Le corps du délit*, p. 91.

64   Jacob Rogozinski, *Kanten*, pp. 147-67.

65   G. W. F. Hegel, *Lineamenti di filosofia del diritto*, p. 36. 헤겔의 이러한 칸트 비판에 대해서는 Franca Papa, *Tre studi su Kant*, pp. 17-58 참조.

66   G. W. F. Hegel, *Phänomenologie des Geistes*, in Gesammelte Werke, Hamburg 1968, vol. IX [trad. it. *Fenomenologia dello spirito*, Firenze 1963, vol. II, p. 133].

67   G. W. F. Hegel, *Enzyklopädie der philosophischen Wissenschaften im Grundrisse*, in Werke, Berlin 1830, vol. VIII [trad. it. B. Croce, *Enciclopedia delle scienze filosofiche in compendio*, Bari 1967, p. 460].

68   Jean-François Lyotard, *Anima minima*, p. 91.

69   Jacques Lacan, *Le séminaire. Livre VII. L'éthique de la psychanalyse (1959-1960)*, Paris 1986 [trad. it. *Il seminario. Libro VII. L'etica della psicanalisi 1959-1960*, Torino, p. 131].

70   Jacques Lacan, *Ecrits*, Paris 1966 [trad. it. *Scritti*, Torino 1974, vol. II, p. 782].

4. 무아지경

1. 공동체에 관한 칸트의 질문을 있는 그대로 받아들인 유일한 철학자는 마르틴 하이데거였다고 해도 과언이 아닐 것이다. 그리고 이는 무엇보다 하이데거가 피히테나 헤겔처럼 자신들이 칸트의 '요새'를 무너트리며 이 질문에 결정적인 답변을 제시했다고 주장해온 철학자들과 상이할 뿐 아니라 '상반되는' 방식으로 칸트를 해석했기 때문이다. 하이데거에 따르면, "이 철학자들은 칸트를—당연히 모든 예우를 갖추어—뛰어넘었지만 그를 극복하지는 못했다. 극복한다는 것 자체가 불가능했기 때문이다. 왜냐하면 칸트의 근본적인 입장을 공격한 것이 아니라 그저 포기했을 뿐이니까. 아니, 사실은 포기했다고 보기도 힘들다. 왜냐하면 진정한 의미에서 칸트를 정복한 적도 없고 그저 우회했을 뿐이기 때문이다. 새로운 사조의 어깨 너머에서, 칸트의 사상은 난공불락의 요새로 남아 있다."[1] 하지만 이 '요새'는—카시러가 논쟁적인 어조로 언급했던 것처럼—오로지 '무력으로'만, "이를테면

무기를 쥐고 칸트의 체계 내부로 침투해 들어가 그를 굴복시킨 뒤에 자신의 문제를 해결하는 데 이용하려는 찬탈자"[2]에 의해서만 함락될 수 있다. 실제로 하이데거가 '해설가' 대신 '찬탈자'의 입장을 취했다는 사실은 부인하기 힘들다. 왜냐하면 그가 자신의 저작 활동 전체에 칸트의 사상을 '복종시킬' 목적으로 사용한 철학적 과장과 억측과 진정한 의미에서의 폭력을 부인하기 어렵기 때문이다. 이는 예를 들어 하이데거가 칸트의 논리학을 제쳐두고 초월적 변증법에—상상력의 도식적인 수용에—'명백히' 과장된 역할을 부여한 것만 보아도 쉽게 파악할 수 있는 특징이다. 하지만 여기서 주목해야 할 점은 하이데거에게 중요했던 것이—바로 이 부분에서 그가 카시러의 충실한 문헌학을 뛰어넘는다고 볼 수 있겠는데—칸트가 '정말' 한 말이 아니라 하지 '않은' 말이었다는 점이다. 그에게 중요한 것은 "한 작품의 중심에서 활동하는 비밀스러운 충동에 의지하며 깊이 파고들어 '언급되지 않았던 것'을 강제적으로라도 표현해낼 수 있는 자격을 지닌"[3] 해석이었다. 그리고 보면 이러한 "강제성"[4]을 오히려 부추기거나 적어도 허락했던 것이 바로 칸트 아니었나? 자신이 열어젖힌 공동체의 법이라는 문 앞에서, 자신을 '심연'으로 추락시킬지도 모를 그 마지막 한걸음을 내딛지 못하고 멈추어 섰던 인물이 바로 칸트 아니었나? "칸트는 자신의 탐구를 철두철미하게 전개하면서 형이상학의 '가능성'을 이 심연 앞으로 가져왔다. 미지의 세계를 발견한 그는 한 걸음 뒤로 물러서야만 했다."[5]

그렇다면 과연 무엇을 보았기에 뒤로 물러설 수밖에 없었나? 칸트가 심연에서 발견한 것은 무엇인가? 혹은 보고 싶지 않았던 것은 무엇인가? 이에 대한 하이데거의 답변은 그 심연이 무엇보다 주체성 속의, 또는 주체성의 심연, 즉 "자기 자신으로 존재하기의 심연(Abgrund des Selbstseins)"[6]이라는 것이다. 이 심연, 이 허무를 칸트는 일찍이 『순수이성비판』을 집필하는 동안 형이상학적 주체의 빈틈없는 완전성 안에서, 다시 말해 항상-동일자로-존재하는 형이상학적 주체의 '영속성' 속에서 발견했다. 왜냐하면 이 허무는 바로 시간이기 때문이다. 다름 아닌 시간의 구조가 주체subiectum를 그의 정체에서 이탈시켜 불확정성 혹은 유한성의 세계에 머물도록, 따라서 더 이상 주체로 머물지 못하도록 만든다. 혹은 주체로 남더라도, 데카르트적 전통이 주체에 본질적인 특성으로 부여했던 것과는 전혀 다른 형태를 취한다. 이 주체는 고유한 '부정non'의 주체, 다시 말해 다른 어떤 종류의 고유성보다도 더 고유한 '비고유성'의 주체다. 하이데거가 칸트로 하여금 다시 '말하도록 만드는' 칸트의 '언급되지 않았던 것'이 바로 '시간'이다. '시간'은 주체를 확장하고 '펼쳐' 결국에는 쪼개기에 이른다. 그런 식으로 주체를 열어젖혀 주체의 구축적인 타자성에 노출시킨다. 좀 더 정확히 말하자면, 주체를—주체 바깥으로 추방하고 무력화하는—타자성의 형태로 구축한다. 하이데거가 바로 이런 의미를 부여하며—한편으로는 후설Edmund Husserl의 의식주의에 맞서—활용하는 것이 현존재Dasein**의**, 아니 현존재**로서**의 '실존esistenza' 혹은 '무아지경estasi'이라는 표현이다. 이는 곧 초월되는 것이 다름 아닌 주체이지 사물들은 아니라는 뜻이며, 무엇보다 관건은 내재성과 상반되는 형태의 초월성이 아니라 내재성에 내재하며 상응하는 초월성이라는 것을 의미한다. 초월성은 주체의 과잉을 의미한다. 하지만 이 과잉은 자기 바깥으로 넘쳐흐르는 단순한 범람이 아니라 '바깥'의 편심적인 형태를 취하면서 '자신 안에 머물기'다. 따라서 왜 하이데거가 『인본주의에 관한 서신』에서 실존은 "존재의 진실에 무아지경의 상태로 내재하기(ek-statische Innerstehen)"[7]인 동시에ー불과 몇 쪽 앞에서ー"존재의 진실 안에서 외재하기(Hin-aus-stehen)"[8]라고 주장했는지가 충분히 이해된다. 다시 말해, 실존이 '내재하기'인 동시에 '외재하기'인 이유는 문제의 핵심이 '존재'와 관계하는 주체가 주체의 존재론적 구축 과정에서 겪는 변화에 있기 때문이다.

　이 모든 것이 칸트의 철학 속에 이미 들어 있었다고 보기는 어렵다. 사실은 하이데거도 전혀 그렇게 생각하지 않는다. 달리 말하자면, 그렇게 보더라도ー그가 칸트를 다루는 모든 저서에서 단정적인 평가를 꺼려하는 이유도 바로 여기에 있을 텐데[9]ー하이데거는 이를 반대되는 경우와 함께 생각한다. 이는 사실 칸트가 형이상학적 언어의 경계를 극단화하면서도 이를 '내부에서' 시도할 뿐 경계선은 절대로 넘어서지 않기 때문이다. 칸트는 형이상학적 심리학에 적용되는 '존재자적' 범주들을 기준으로 '나'를 확정짓는 것이 불가능하다고 생각할 뿐 '나'를 '존재론적'으로 확정짓는 단계에는 도달하지 않는다.[10] 칸트는 '사고 주체(cogito)'에 함축되어 있는 '존재 주체(sum)'를 여전히 '사유하는 실체res cogitans'의 데카르트적인 의미론을 기준으로 이해한다. 하지만 그렇다고 해서, 칸트가 '나'를 새로운 형태의 담론으로 풀어내며 인간에게 본질적인 시간의 차원과 시간이 표상하는 내-외부의 움직임에 노출시킨다는 점이 무의미해지는 것은 아니다. 이는 물론 무엇보다 감각적인 상상력의 '수동성'에 길들여진 인식 주체에 해당되는 이야기이지만 아울러—하이데거가 1930년의 한 중요한 강의에서 주목했던 것처럼[11], 어쩌면 이에 못지않게—도덕적 주체에도 해당되는 이야기다. 도덕적 주체는 칸트가 실제로는 시도하지 못한 존재론적 해석이 궁극적인 차원에서 유일하게 적용될 수 있는 존재다. 그 이유는 법을 필연적으로 실천하지 못한다는 이유에서 법에 종속되는 유일한 주체가 바로 도덕적 주체이기 때문이다. 하이데거에 따르면, "어떤 의무에 깊이 천착하는 존재는 자신이 '아직-실천하지-못한' 자의 위치에 서 있다는 것을 안다. 따라서 자신이 일반적인 차원에서 무엇을 해야 하는지 묻지 않을 수 없다."[12] 이 문장에는 결코 가볍게 볼 수 없는 내용이 담겨 있다. 이 말은 곧 윤리 역시 근본적으로는 '유한'하다는 것을 의미한다. '유한'하다는 표현의 이중적인 의미, 즉 '종결'되어 있고 '폐쇄'되어 있다는 의미에서 윤리는 존재를 '에워싸는' 혹은 '지배하는' 가치들의 형이상학이다. 그런 식으로 윤리가 우리에게 보여주는 "옳은 길"을, 하이데거는 『형이상학 입문』[13]에서 '존재'와 '존재 의무' 사이의 변증법을 묘사하고 논박하며 설명한다. 윤리는 윤리 자체의 존재론적인 뿌리 안에서 그것을—소진하고 완성하며—변화시키는 또 다른 무언가에 의해 종결되고 제한되고 결정된다.[14]

바로 이것이 카시러와 하이데거 간에 벌어진 논쟁의 핵심 문제였다. 카시러가 범주적 명령을 일종의 "돌파구"로 보고 주체가 이를 통해 자신의 현상적 유한성을 극복하며 무한한 자유의 세계에 도달할 수 있다고 생각했던 반면, 하이데거는 이러한 관점을 근본적인 차원에서 뒤엎는다.

> "범주적 명령에는 유한한 존재를 뛰어넘는 무언가가 있다. 하지만 다름 아닌 명령이라는 개념 자체가 사실은 그것이 유한한 존재와 내부적으로 직결되어 있음을 보여준다. (...) 초월성 역시 여전히 피조물과 유한한 것의 내부에 머문다. (...) 나는 사람들이 윤리적 행위가 추구하는 바에 선입견을 가지고 접근하는 이상, 아울러 현존재에 대해서도 다름 아닌 법의 내부적인 기능을 충분히 검토하지 않는 이상 칸트의 윤리학을 파악하는 데 오류를 범할 수밖에 없다고 생각한다."[15]

여기서 하이데거는—카시러의 인본주의에 맞서—"도덕적 존재의 유한성"[16]을 새차 주장하며 '주체'와 '법' 가운데 무엇이 우선하는가라는 문제 혹은 무엇이 전제되어야 하는가라는 문제를 제기하는 듯이 보인다. 앞서 언급했던 바와 같이, 주체는 법을 선행하거나 생산하는 것이 아니라 '전제'한다. 다시 말해 **먼저** 오는 것은 주체가 아닌 법이다. 좀 더 정확히 말하자면, 법이 **먼저** 오는 것은 '주체subject'가 다름 아닌 법에 '종속sub-ject'되기 때문이다. 하지만—하이데거에 따르면—법 자체를 절대화하는 것은 피해야 한다. 다시 말해, 초월적인 방식으로라도 법을 실체화하는 것은 피해야 한다. 바로 이 지점에서 하이데거는 사실상 **그의** 칸트로부터도 점점 더 분명하게 거리를 두기 시작한다. 법이 절대화될 수 없다는 것은 곧 주체를 선행하는 도덕적 법칙 역시 무언가의 뒤에 온다는 것을 의미한다. 정확히 말하자면 법 자체를 '존재'하도록 만들기 때문에[17] '법의 바깥'이라고 해야 할 '또 다른' 법칙이 존재한다. 바로 이것이 '본원적 윤리ursprüngliche Ethik'[18]는 언제나 존재론이라는 하이데거의 주장이 뜻하는 바다. 이 윤리는 도덕적, 신학적, 법률적 규범을 제시하지 않는다. 이 규범들처럼 그 자체로 파생적이거나 부차적이지 않은 보다 근원적인 요구가 모든 법의 법이라는 형태로, 즉 법의 가능성 그 자체로 존재한다.

윤리가 이처럼 존재론적인 성격을 지녔다는 점 자체는 하이데거의 분석철학이 칸트의 비판철학과 어떻게 다른가를 설명하는 데 유용하고 좀 더 구체적인 지표가 될 뿐 아니라, 칸트가 자신의 '발견' 앞에서 뒤로 물러설 수밖에 없었던 이유는 과연 무엇인가라는 질문에 좀 더 분명한 답변을 제시한다. 칸트가 **볼 수** 없었던 것은—보기를 두려워했던 것은—다름 아닌 법의 **비**-원천적인 성격이다. 좀 더 정확히 말하자면, 그것은 법이 '결정짓는' 주체에 법 자체가 내재하는 현상이다. 바로 이 사실을 하이데거는 『존재와 시간』에서 다음과 같은 문장으로 표현한다. "[양심의] 부름은 내 안에서 나를 초월하며 솟아오른다."[19] 하이데거가 이런 식으로 강조하는 것은 '초험성(Transzendenz)'이나 '초월성(transzendental)'으로는 해석되지 않는 타자성이다.*

---

* 칸트의 철학에서 '초월성transzendental'은 사물의 감각적 영역에 선행하는 사고 주체의 주관적인 차원에서 경험을 초월하는 모든 것을 가리킨다. 반면에 '초험성Transzendenz'은 객관적인 차원의 경험만을 초월하는 것, 즉 감각적으로는 감지가 불가능하고 사고를 통해서만 인지할 수 있는 모든 것을 가리킨다. 초월성과 초험성의 차이는 인식론적 분석의 접근 방식에 있다. 존재론적으로 주관적인 차원의 초월이 '초월적'인 반면, 존재론적으로 객관적인 차원의 초월은 '초험적'이다. 간단히 말하자면 '초월성'은 인식론적인 차원의 초월을, '초험성'은 존재론적인 차원의 초월을 가리킨다.

이 '부름'은 더 이상 '현존재Dasein'의 바깥에서 범주적 명령에 복종할 것을 명하는 외재적인 요구가 아니라 스스로를 대하는 '현존재' 자체의 외재성 혹은 이질성이다. 바로 그런 이유에서, 이 외재성은 아무런 주장도 하지 않고 오히려 침묵의 형태로만 말한다. 물론 칸트의 '법' 역시 대체할 수 없는 '범주적 성격' 외에는 아무 것도 규정하지 않는다. 그럼에도 모든 것은 여전히 공동체의 불가능한 '실현'을 요구하는 형태로 이루어진다. 하이데거의 경우에도 공동체의 실현은—앞으로 보게 되겠지만—역사-숙명적인 퇴보의 과정을 밟지 않는 이상 불가능하다. 하지만 그 이유는 공동체가 도달할 수 없는 목표이기 때문이 아니라 그저 목표로 설정되기 이전부터 **이미** '주어져 있기' 때문이다. 이는 곧 공동체가 목적이 아닐 뿐더러 정확히 말해 전제도 아니라는 것을 의미한다. 바로 그런 이유에서 목적론과 함께 고고학도 무의미해진다. 결과적으로, 다름 아닌 전제 자체가 공동체의 규범으로 기능하는 원형-원천적인 형태만이 가능해진다. 즉 이 법은 '~이어야할 **의무**'의 차원이 아니라 '~ 할 의무로 **존재**하는' 차원의 법이다. 하이데거가 말하는 윤리학과 존재론의 절대적인 일치도 바로 이러한 관점에서 이해할 필요가 있다. 따라서 하이데거가 존재론을 위해 윤리학을 희생시켰다고 몇 차례에 걸쳐 지적한 바 있는 에마누엘 레비나스[20]의 견해나, 실망스럽다는 어조로 "존재론이 윤리학의 문턱을 지킨다"라고 표현했던 폴 리쾨르[21]의 해석은 정확하다고 보기 힘들다. 아니, 엄밀히 말하자면 둘 중 어느 견해도 지지하기 힘들다. 이는 이러한 관점들이 모두 사실은 하이데거가 제시하는 '**존재**의 윤리학'을 바탕으로 극복되어야 할 문제점들이기 때문이다. 하이데거는 이 윤리학의 근거를 그가 『인본주의에 관한 서신』에서 해석하는 헤라클레이토스의 단상 "사람의 성향은 그의 운명이다ethos anthropo daimon"와 횔덜린의 시 "공로는 충분하지만, 이 땅에서 시적으로 살아가는 것이 인간Voll Verdienst, doch dichterisch wohnet / der Mensch auf dieser Erde"에서 발견한다. 하이데거가 인용하는 이 두 문장이 상이한 방식으로 공유하는 주제는 '주거', '머물기Aufenthalt'의 문제다.* 하이데거에 따르면, 이 두 문장에서 '머물기'는 언어의 차원에―즉 말하기, 귀 기울이기, 혹은 '응답ent-sprechen'의 차원에―속하는 '본원적인 대화das ursprüngliche Gespräch'로 간주된다. 그리고 이 대화를 시작하는 것은 우리가 아니다. 우리가 존재의 열림 자체에 속하듯이, 이 대화에 우리는 원래부터 소속되어 있다.[22] 바로 이것이―하이데거에 따르면―칸트가 두려워했던 '심연', 다시 말해 칸트가 그 앞에서 뒤로 물러서며 법으로 '가로막았던' 심연이다. 이제 우리는 이 '심연'의 본질에 대해―끝으로―또 다른 설명을 제시할 수 있다. 장-프랑수아 쿠르틴이 주목했던 대로, 이 심연은 '존재는 주어진다Es gibt Sein'라는 표현에 함축되어 있는 존재의 '선사', 즉 '무누

---

* 예를 들어 헤라클레이토스의 단상을 하이데거는 이렇게 해석한다. "'ethos anthropo daimon'(fr. 119)은 흔히 '사람의 성향은 그의 운명이다'라고 번역한다. 하지만 이 번역은 고대 그리스적인 사고방식이 아니라 현대적인 사고방식을 따른다. 원래 ethos가 의미하는 것은 '머무는' 곳, '주거' 공간이다. Ethos라는 말은 인간이 살아가는 열린 공간을 명명한다. 인간의 주거 공간이 열릴 때, 인간의 본질을 찾아 다가오고 그런 식으로 출현하며 인간의 본질과 가깝게 머무는 것이 부각된다. 인간이 머무는 곳에는 인간이 본질적으로 소속되어 있는 것의 출현 가능성이 잠재적으로 보존되어 있다. 헤라클레이토스에 따르면, 바로 이것이 daimon, 즉 신이다."

스'23다. 하지만 여기서 관건이 되는 것은 아주 독특한 형태의 '무누스(munus)', 다름 아닌 '함께(cum)'에 의해 구축되는 '무누스'다. 이러한 특징은 '말'의 가장 내밀한 본질에 주목하면 분명해진다. 하이데거에 따르면, "말 자체는 사물을 사물로 전하고 유지하는 것과 **일치**한다. 전하고 유지하는 만큼, 말은 관계 자체다."24 다시 말하자면 관건은 '공동체-communitas'와 동일한 형태의 'cum-munus'다. 이것이 바로 '주체subiectum'의 허무이자 원천적인 기저다. 이 허무 속에서, 주체주의적인 동시에 객체주의적인—아울러 칸트적인—형이상학이 독백의 차원에서 해석하는 모든 '개인'은 자아의 상실을 경험할 수밖에 없다. "주거의 근본적인 특징은 배려하기"25라는 하이데거의 말은 사실상 우리의 "세계-내-존재 In-der-Welt-Sein"가 정확하게 어떤 '공통된 영역' 내부의 "사이에 있기", "사이에서", "상호 존재"라는 것을 의미한다. 하지만 우리는 이러한 표현들을 인류학이나 상호주체성의 관점에서 해석하지 않도록 유념해야 한다. 여기서 '공통성'이란 유사한 것들이 아니라 멀리 떨어져 있거나 반대되는 것들의 공통성, 예를 들어 하이데거가 말하는 네 가지 '우주적인' 극단, 즉 땅, 하늘, 신성한 존재들, 유한한 존재들처럼 상반되는 요소들의 공통성을 가리킨다. 이 요소들은 이들 사이의 환원될 수 없는 차이를 공통점으로 "단일한 하나"26가 된다. 하이데거의 설명대로, "땅 위"가 곧 "하늘 아래서"를 의미하는 만큼 이 표현들은 함께 "우리가 인간들의 공동체에 소속되어 있음"을 의미한다.27 이것이 바로 법에 우선하는 법의—법에 '우선하며prima' 그 자체로 '최초인prima' 법의—궁극적인 의미다. 이는 법은 곧 뒤로 물러서며 스스로를 선사하는 존재의 근원적 윤리와 일치한다.

노모스nomos는 단순히 '법'으로 그치는 것이 아니라 보다 근원적인 차원에서, 존재의 숙명적 섭리 안에 함축되어 있는 '할당'을 의미한다. 이러한 숙명적 섭리만이 인간에게 존재하는 자세를 부여할 수 있다. 이러한 자세를 통해서만 지탱하고 결속하는 것이 가능해진다. 그렇지 않다면 모든 법은 인간 이성의 산물에 불과할 것이다. 법을 정립하는 것보다 더 본질적인 것은, 인간이 존재의 진실 안에 머무는 길을 발견하는 것이다. 여기에 머무는 것(Aufenthalt)만이 인간에게 '유지될 수 있는 것(das Haltbare)'의 경험을 허락한다. 모든 차분한 태도(Verhalten)의 기반(Halt)을 선사하는 것은 존재의 진리다.[28]

따라서 공동체가 '의미부여Sinngebung'의 공간 그 자체라는 것이 사실이라면—다시 말해 칸트가 법적 금지에 의해 가로막힌 것으로밖에는 볼 수 없었던 '의미 선사'의 공간이라면—그렇다면, 하이데거가 『아낙시만드로스의 격언』에서 '정의正義'를 일종의 '연계'[29] 혹은 '원천적인 수확'[30]으로 해석하는 것은 어떻게 보면 당연한 결과라고 할 수 있다. 똑같은 차원에서, "우리가 하나의 대화일 때부터"라는 횔덜린의 시구를 하이데거가 다음과 같이 해석하는 것도 그리 놀라운 일은 아니다. "우리는 하나의 대화다. 이는 우리가 서로에게 귀 기울일 수 있다는 것을 의미한다. 우리가 하나의 대화라는 것은 동시에 우리가 언제나 단 하나의 대화라는 것을 의미한다."[31] 여기서 하이데거는 칸트의 무너진 적이 없는 '요새' 안에 이미 들어와 있다. 메두사는 이제 우리를 더 이상 두렵게 하지 못한다. 칸트의 '심연'이 사실은 우리가 지닌 유한성의 무한한 '함께cum'에 지나지 않기 때문이다.

2. 칸트가 끝까지는 사유하지 못했던 것이 바로 이 '함께cum'라는 요소다. 달리 말하자면 칸트는 '함께'를 사유의 대상으로 전혀 고려하지 않은 상태에서 사유했다고도 볼 수 있다. 하이데거에 따르면, "사전에 축조된 형태의 고립된 주체를 받아들이는 데카르트의 입장에서 칸트는 완전히 벗어난 것처럼 보인다. 하지만 그것은 인상에 불과하다."[32] 칸트가 어쩔 수 없이 놓치는 것은 "존재론적인 차원에서 결정적인 것, 즉 현존재 혹은 세계-내-존재라는 '주체'의 근본적인 구성"[33], 정확히 말하자면 공동체의 **존재**다. 다시 말해 칸트가 놓치는 것은, 공동체가 미래에 실현되어야 할 어떤 순수한 잠재력으로 존재하거나 우리의 현존재에 항상 선행하는 규범으로 존재하는 것이 아니라, 단지 **독특하게 복수적인** 구성으로 나타나는 현존재 자체로 존재한다는 사실이다. 바로 그런 이유에서 하이데거는—『시간 개념의 역사 서설 Prolegomena zur Geschichte des Zeitbegriffs』에서 『형이상학의 근본 개념들Die Grundbegriffe der Metaphysik』에 이르기까지 1920년대 후반에 발전시킨 공동체 철학의 차원에서—칸트가 구축한 규범의 윤리학뿐만 아니라 모든 형태의 정치철학과도 거리를 두기 시작한다. 다시 말해 하이데거는 홉스의 공동체-파괴적인 형태뿐만 아니라 루소와 칸트의 공동체적 운명과 전제라는 형태의 정치철학 역시 거부한다. 하이데거의 입장에서 공동체가 파괴될 수 없는 이유는 이러한 파괴 역시 상호 인간관계의 한 방식에 불과하

기 때문이고, 공동체가 무언가로 전제되거나 운명으로 설정될 수 없는 이유는 공동체의 진행형 실현에 앞서거나 외부적인 무언가로 간주될 수 없기 때문이다. 공동체는 우리의 과거나 미래에 속하는 것이 아니라 **지금의** 우리에게 속할 뿐이다. 공동체는 우리의 무아지경에, 혹은 무아지경에 빠진 우리에게 속한다. 이러한 각도에서 살펴보면, 공동체를 어떤 목표로 간주하고 이를 달성하기 위해 기울이는 모든 노력은 사실 공동체를 언젠가 잃어버린 기원으로 간주하고 이를 되찾기 위해 기울이는 노력 못지않게 무용하다. 공동체가 머무는 곳은 사회 이전도 사회 이후도 아니다. 다시 말해 공동체는 사회가 묵살했던 것도, 사회에 주어져야 할 일종의 과제도 아니다. 그런 의미에서 공동체는 어떤 계약의 결과도, 개인들이 공유하는 어떤 단순한 요구나 의지의 실현도, 더 나아가 개인들이 어느 순간엔가 포기했을 뿐 스스로의 뿌리로 간주해야 할 태고의 기원도 아니다. 공동체가 이 모든 가설과 무관한 이유는 개인들이 이들의 공통된-세계-내-존재 바깥에서는 실재하지 않는다는 아주 단순한 사실 때문이다. 그리고 바로 그런 이유에서, 하이데거의 '정치철학'에 대한 학자들의 모든 연구는 허구적일 뿐 아니라 본질적인 차원에서 근거가 없는 것으로 드러난다. 하이데거의 철학은 정치철학이 아니다. 정확히 말하자면, 하이데거의 철학은 정치철학을 공동체의 사유로 탈구축하는 철학이다. 정치철학은 항상 미리 정해놓은 '개인들'의 개념에서 출발한다. 이들 가운에 머물기 위해서든, 혹은 정치철학이 '공동체'라는 이름을 부여할 수도 있을 보다 큰 규모의 '개인' 안에서 이들을 융합하기 위해서든 상황은 변하지 않는다. 반면에 공동체의 사유는 항상 공유 관계에서 출발한다. 하이데거에 따르면, "이처럼 '함께하는' 세계-내-존재에 근거할 때, 세계는 항상 이미 내가 타자와 함께 나누는 세계다. 현존재의 세계는 공동의-세계다. 내재하는-존재는 타자와 함께하는-존재다. **타자들**의 세계내부적인 존재-그-자체는 함께하는-**현존재**와 일치한다."[34]

『존재와 시간』의 26장에 등장하는 이 핵심적인 문장은 정말 문자 그대로 이해할 필요가 있다. 장-뤽 낭시[35]가 몇 번에 걸쳐 강조했던 것처럼, 이 문장은 존재하는 모든 것이 함께 존재한다는 사실을, 혹은 실존이란 '함께(cum)'를 뜻하는 'con', 'mit', 'avec'가 본질인 존재라는 사실을 표현한다. 실존은 함께하는 실존이거나 아예 존재하지 않거나 둘 중 하나다. 이 '함께'는 바깥에서 실존적 존재에 덧붙일 수 있는 무언가가 아니다. 정확하게, 존재를 있는 그대로 존재하도록 만드는 것이 바로 '함께'다. 결과적으로 하이데거의 철학에서는 원래 '우리'가 아닌 '자아'나 '자기'의 모든 가능성이 전적으로 줄어든다. 이러한 상황은 "타자가 없고 타자를 알지도 못하는"[36] 경우에도, 아울러 가장 완전한 '고독'의 경우에도 바뀌지 않는다. 하이데거에 따르면, "홀로-존재하기는 더불어-존재하기의 한 부족한 방식에 불과하다. 홀로-존재하기의 가능성 자체가 이를 증언한다."[37] 두말할 필요 없이 '고립'도—물론 이기적 개인주의에서 비롯되는 유아론과는 전적으로 다르다는 전제하에—"각자가 모든 사물의 본질과 세계에 가까이 다가서기 위한 유일한 방편으로서 '홀로-되기'에 가깝다."[38] 뭐랄까, 실존의 격변화는 '우리가 있다'는 복수 1인칭으로만 일어난다. 하지만 주의해야 할 것은 이 '우리'가 상호주체성의 차원에서 실재하는 것도 아닐 뿐더러, 특정 주체와 타자의 첫 번째 초월적 만남을 가능케 하는 의도성의 차원에서 실재하는 것도 아니라는 점이다. 하이데거는 '나'의 내재성에서 '타자'의 초월성으로 이어지는 경로의 문제와 결정적으로 결별을 고한다. 이는 실존의 분석에 '자아'를 위한 자리가 없을 뿐 아니라 엄밀히 말하자면 '타자'를 위한 자리도, 그러니까 또 다른 주체의 성격을 지녔기 때문에 흔히 '또 다른 자아'로 불리는 '타자'의 자리 역시 없기 때문이다. 이러한 각도에서 살펴보면, 하이데거의 입장은—레비나스가 간파했던 대로—모든 타자성의 철학과 사실상 양립할 수 없다는 점을 확인할 수 있다. 이 타자성이 '근접성'의 차원에서 해석되든 '이질성'의 차원에서 해석되든, 하이데거는 이를 수용할 수 없는 지점에 머문다. 왜냐하면 어떤 경우에든 타자성의 철학에서는 '주체'가 '타자'와 필연적으로 분리될 수밖에 없는 관계에 놓일 뿐 아니라 이들 간의 간극이 타자성의 부정을 수반할 수밖에 없는 자기화의 노력을 통해서만 채워질 수 있기 때문이다. 하이데거에 따르면, "'서로-옆에-서서-가기'가 주는 인상은, 무엇보다 사람들 사이에 다리를 놓아 '서로-옆에-서기' 자체가 극복되어야 할 것처럼 보이고 결코 각자가 '서로에게 전이된' 상태로는 실재하지 않는 것처럼 보일 뿐 아니라 타자에 도달하려면 각자가 먼저 타자와 완전히 동화되어야 할 것처럼 보인다는 것이다."[39] 아이러니하게도 타자성의 철학이 시도하는 이러한 상호 융합과 희생을 거부하며 하이데거는 공유된 실존의 특징, 즉 근본적으로 단수적인 동시에 복수적인 성격과 본질적인 무아지경의 상태를 강조한다. 이를테면 각자는 모두를 향해 '열린' 존재다. 단수적 존재**임에**

도 불구하고 열리는 것이 아니라 단수적 존재**이기 때문에** 열리는 존재, 달리 말하자면 분리되지 않는(in-dividuo) 개인(individuo)의 정반대다. '각자'가 '타자'를 가까이하며 흡수하거나 통합한다는 것이 불가능하고 '타자'의 입장에서도 마찬가지인 이유는, 사실상 '타자' 없이는 '각자'도 없다는 점을 고려하면 '타자'는 '각자'와 **이미 함께**하고 있다는 것이 분명해지기 때문이다. 그런 의미에서 심지어는 '우리'라는 말도, 항상 '우리-타자'를 동시에 의미하지 않는 이상 부적절하다고 보아야 할 것이다. 이는 곧 하이데거가 '나' 또는 내가 아닌 '타자'가 아니라 항상 '함께'에서 출발한다는 것을 의미한다. 다시 말해 우리가 타자와 함께하는 것은 우리가 어느 시점에 이르러 하나로 뭉치는 점들처럼 존재하거나 세분화된 전체의 형태로 존재하기 때문이 아니라, 오히려 언제나 '서로가-서로와-함께', 그리고 '서로가-서로의-일부로' 존재하기 때문이다.

그렇다면 이 '함께' 혹은 '일부'는 어떻게 이해해야 하나? 몇몇 학자들은 하이데거가 이 근본적인 질문에 대해 만족스럽거나 최소한 충분하다고 볼 수 있는 답변을 제시한 적이 없다고 비판한다. 하지만 이러한 비판은 모두 하이데거가 의도했던 바를 아예 무의미하게 만들거나 전복시킬지도 모를 크나큰 오해에서 비롯된다. 하이데거를 나무랐던 칼 뢰비트Karl Löwith나 칼 야스퍼스Karl Jaspers 혹은 뒤이어 생각을 바꾼 아렌트[40] 같은 철학자들이 지적했던 부분은 하이데거가 고유의 유아론적 범주들을 어떤 완성된 형태의 사회학 이론에 입각해서 검토한 적이 없다는 것이었다. 하지만 이러한 비판 자체의 문제점을 지적하며 당연히 반론을 제기했던 학자들의 의견대로,[41] 이들이 망각한 것은 무엇보다도 하이데거의 담론이 근본적으로는 존재론적 담론이지 사회학이나 정치철학 혹은 인류학적 담론이 아니었다는 사실이다. 하이데거의 담론은 오히려 이러한 분야들에 대한 명백한 반론의 형태를 취한다. 물론 존재에 관한 존재론적 질문은 존재론의 유일한 참조 대상인 '인간'으로 귀결될 수밖에 없다는 것이 사실이다. 하지만 그렇다고 해서 이처럼 현존재Dasein의 현실에 도달하는 경로 자체는―비록 방법론적인 차원에서 필수적이라 하더라도―탐구의 목적이 될 수 없고 사실상 대상도 될 수 없다는 점이 바뀌는 것은 아니다. 하이데거가 '인간성'이라는―'함께하는-인간성(Mitmenschlichkeit)' 같은―단어를 사용하지 않는 것은 결코 우연이 아니다. 하이데거는 뢰비트가 범하는 인류학적 오류를 피하기 위해[42] 오히려 '함께하는-존재(Mitsein)', '함께하는-현존재(Mitdasein)', '함께하는-세상(Mitwelt)' 같은 표현들을 사용한다. 하지만 하이데거의 공동체 개념이 완전치 못하다는 학자들의 지적은 사실 훨씬 더 심각한 몰이해에서 비롯된다. 이들은 이러한 불완전성이 사실은 하이데거가 제시하는 공동체 개념의 한계가 아니라 그것의 정확한 의미라는 점을 간파하지 못한다. 이들이 놓치는 것은 공동체가 본질적으로는 미완성이라는 점, 미완결성이야말로 공동체의 본질이라는 점, 공동체의 **단순한** 실존적 본질은 필연적 결핍이라는 점이다. 뭐랄까 하이데거의 공동체는 일종의 틈새를 보여준다. 공동체의 구성 못지않게 원천적인 이 틈새가 공동체를 고유의 본질과는 결코 일치할 수 없는 것으로 만들면서 공동체의 완성을 방해한다. 그러나 사실은 이러한 형식적인 구도의 묘사마저 불충분해보인다. 언뜻 시간이 흐르면서 서로 상쇄되는 '두 종류'의 움직임을 떠올리게 만들기 때문이다. 물론 실제 상황은 그렇지 않다. 다시 말해 한편에 긍정적인 움직임이 있고 다른 한편에 이를 중단하거나 방해하는 부정적인 움직임이 있는 것은 아니다. 이 틈새는 공동체의 외면에서 갈라진 것이 아니다. 공동체 자체가 이 틈새와 다를 바 없기 때문이다. 좀더 정확히 말하자면, 인간들이 공유하는 것은 바로 이들과 공동체가 이미 '일치하기' 때문에 공동체를 '만들 수 없다'는 사실이다. 인간들은 이들의 본질적인 결핍을 숙명으로 받아들이게 하는 무아지경적인 열림을 공유할 뿐이다. 바로 그런 이유에서 하이데거는 이렇게 말한다. "다름 아닌 고독 속에 결합의 부재가 지니는 현실이, 즉 결합**보다** 더 강한 결속 관계의 현실이 있다."[43] 우리를 하나로 묶어주는 것은 '충만함'이 아니라 '허무', 일종의 '결함' 내지 '추락'이다. 이러한 관점에서 공동체는 '동시 발생(co-incidenza)'의 문자적인 의미로, 즉 **동반** 추락'으로 이해할 필요가 있다. 물론 이 추락, 이 **내던져짐**(Geworfenheit)은 이전의 어떤 완전한 단계에서 미끄러지는 추락이 아니라 우리의 실존에 부여된 유일한 원천적 조건을 의미한다. 현존재Dasein는 이러한 추락의 결과나 추락의 주체가 아니라 추락 그 자체, 혹은 '저곳에-내던져진-존재'의 '저곳'이다. 하이데거의 어휘 가운데 이러한 결핍 상황을 보여주는 '채무', '허물', '실패' 같은 표현들은 모두 고유의 근원적인 허무가 특징인 존재의 극복할 수 없는 미완결성을 가리킨다. 우리의 행위도—정확하게는 우리 자신과 다를 바 없는 행위 역시—이러한 상황에 고스란히 영향을 받는다. 이는 행위가 밖으로 드러날 때 표현되는 의미의 형성 자체가 사실은 근본적인 무의미의 투영에 지나지 않기 때문이다.

　이러한 관점에서는 '본래적인' 것과 '비-본래적인' 것의 대립 관계 역시 중요성을 잃고 무의미해진다. 몇몇 학자들은 비판적인 각도에서, 하이데거가 '함께-존재하기'의 현상을 '비-본래적인' 차원에서 다루었을 뿐 '본래적인' 관계성의 영역에는 적용하지는 않았다고 지적한다.⁴⁴ 하지만―'eigentlich'와 'uneigentlich'를 윤리적 의미가 지나치게 부각되는 기존의 '본래적인'과 '비-본래적인'으로 번역하는 대신 '고유한'과 '고유하지 않은'으로 번역해야 한다는 점은 제쳐두고라도―주목해야 할 문제는, 전통적으로 대립 관계에 놓여 있던 이 두 차원이 실제로는 분리가 불가능하고 지속적으로 중첩된다는 사실에 있다. 공동체의 목적은―물론 '목적'에 대해 이야기하는 것이 당연하지는 않아도 가능하다는 전제하에―고유의 부정적인 측면을 삭제하거나 고유의 여백을 메우거나 고유의 본질을 현실화하는 것이 아니다. 이는 공동체가 '고유성'을 열망하지 않기 때문이 아니라 우리의 '고유성' 자체가 다름 아닌 우리 자신의 '비고유성'에 대한 의식 속에만 있기 때문이다. 우리는 '기원'을 그것의 부정적인 형태로만, 즉 기원은 **아닌** 것의 형태로만 우리의 것으로 소화할 수 있다. 우리에게 기원은 그것이 '아닌' 것과 같다. 바로 그런 이유에서 철학의 가장 우선적인 전제는 더 이상 실질적인 '세계-내-존재'에 물들지 않은 후설적인 '순수한 나'가 될 수 없으며, 오히려 익명의 비개인적 '긍정'이라는 '고유하지 않은' 형태의 '현존재'가 되어야 한다. '고유한' 태도란 어떻게 보면 '고유하지 않은' 것의 사실상 불가능한 분해에 있지 않고 그것을 있는 그대로 받아들이는 데, 여하튼 그것을 배려하는 데 있다. 한편으로는 '배려Sorge'야말로 공동체의 필연적인 **불투명성**이 가장 **투명하게** 드러나는 방식이다. 이는 공동체의 기반이 바로 '배려'이기 때문이다. 공동체의 기반은 '이윤'이 아니다. 배려가 공동체에 의해 결정되듯, 공동체 역시 배려에 의해 결정된다. 배려 없는 공동체나 공동체 없는 배려는 존재하지 않는다. '공동의 배려'가 있을 뿐이다. 그렇다면 이는 곧 공동체의 '과제'가 우리를 배려로부터 자유롭게 하는 데 있지 않고, 반대로 공동체의 존속을 유일하게 보장하는 '배려' 자체를 보존하는 데 있다는 것을 의미한다. 이것이 바로 하이데거의 분석에서 드러나는 전적으로 새로운 측면이다. 이러한 구도를 바탕으로 우리는 하이데거가 구분하는 '배려하기'의 두 가지 상이한—상반된—방식을 좀 더 분명하게 이해할 수 있다. 한편에는 우리와 실존을 공유하는 타자의 자리를 우리가 취하고 그를 대체하며 배려에서 자유롭게 하는 방식이 있고, 다른 한편에는 타자에게 배려를 종용하는 방식이 있다. 즉 그를 **배려에서 자유롭게** 하는 것이 아니라 그가 **자유롭게 배려할** 수 있도록 하는 방식이다. 하이데거에 따르면, "타자들이 스스로를 위해 배려하는 무언가가 아니라 이들의 '실존'과 본질적으로 직결되는 형태의 진정한 배려만이 타자들을 자기 배려에 대해 자유롭고 의식적일 수 있도록 만든다."[45]

그렇다면 이는 어떻게 가능한가? 타자를 돕는다는 것은 대체 무슨 뜻인가? 하이데거에 따르면, 타자를 돕되 그를 침해하거나 대체하지 않을 수 있는 유일한 방식은 타자 자신이 **자신과는**

다른 타자성 안에서, 혹은 자신의 가장 고유한 비고유성 안에서 '존재하도록 허용하는' 것이다.

> 단호한 결단을 통해 **현존재**는 **타자들**이 가장 고유하게 존재할-수-있는 가능성 안에서 함께 '존재하도록' 허용할 수 있으며, 아울러 이들을 스스로의 **배려**에서 자유로울-수-있도록 동일화하는 '배려하기'로 이들의 존재-가능성을 함께-열어젖힐 수 있다. 결단을 통해, 현존재는 **타자들**의 '의식'이 될 수 있다.⁴⁶

이는 곧 타자들과 관계하는 긍정적, 동의적, '정치적'—혹은 '윤리적'—방식이 '함께-열어젖히는' 방식 외에는 없다는 것을 의미한다. 다시 말해, 유일하게 가능한 방식은 고유의—우리의, 그들의, 분간할 수 없는—배려에 대한 공동의 책임을 향해 함께-스스로를-열고 함께-서로를-열어젖히는 것뿐이다. 관건은 단순한 '선사'가 아니라 존재의 선사 혹은 헌신 속에서 함께-존재할 가능성을 타자에게 '부여'하는 것이다. 공동체는 구축적인 차원에서 비정치적이며 비정치적인 차원에 남아 있어야 한다. 이는 '함께 존재하기'를 그것의 모든 역사-경험적 실현 요구로부터 지켜낸다는 조건 하에서만 우리가 '함께하는-존재'에 상응할 수 있기 때문이다. 우리가 주체의 역할을 스스로 떠맡지 **않으면** 공동체는 '주체들'을 지니지 못한다. 왜냐하면 주체성을 주체의 이질화라는 형태로 구축하거나 탈구축하는 것이 다름 아닌 공동체이기 때문이다.

3. 이점을 분명히 해둘 필요가 있다. 왜냐하면 하이데거의 '철학'과 '정치'의 관계에 대한 대부분의 오해가 다름 아닌 공동체의 비정치적 구도를 사유하지 못하는 정황에서 비롯되었기 때문이다. 하지만 이는 하이데거의 해석자들에만 국한되는 이야기가 아니라 대략 1930년대 초반의 하이데거 자신에게도 해당되는 이야기다. 그렇다면 마치 하이데거가 자신을 오해한 것 같은, 혹은 자신의 철학이 지닌 가장 본질적인 차원을 놓친 것 같은 상황이 벌어졌다고도 볼 수 있을 텐데, 철학자가 자신의 사유에서 무언가를 망각한다는 것은 과연 있을 수 있는 일인가?

그렇다면 철학자가 자기 자신의 사상에 대한 편파적이고 표면적이며 결과적으로 부적절한 해석에 사로잡히는 일은? 내가 보기에는 바로 이것이 하이데거에게 일어났던 일이다. 이는 그가 이미 『존재와 시간』의 후반부에서 '공동체'를 다룰 때 사실상 그의 철학과 무관하고 그가 직접 배제하기까지 했던 개념, 즉 공동체의 운명적 역사화라는 개념을 중심으로 해석을 몰고 나아갔다는 사실에서 그대로 드러난다. "(…) 지극히 숙명적인 현존재는 세계-내-존재이며, 그래서 언제나 본질적으로 타자들과 함께하는-존재로 실존한다. 따라서 현존재의 역사화는 공동의-운명으로 구축되는 공동의-역사화와 일치한다. 공동체와 민족의 역사화를 우리는 이런 식으로 이해한다."[47] 몇 년 뒤에 이 "운명 공동체"가 "진정한 독일 공동체echte deutsche Gemeinschaft"의 국가적인 성격을 띠기 시작할 무렵 하이데거가 전혀 예측하지 못한—아니, 전적으로 파괴적인—결과들을 받아들일 수밖에 없었다는 사실은 널리 알려져 있다. 물론 해석을 시도하면서 어떤 저자의 명백하게 이질적인 표현들을 억지로 획일화하려는 성향에서 만큼은 벗어날 필요가 있다. 예를 들어 하이데거는 결코 자신의 입장이 곧 '피'와 '땅'의 저속한 생물학적 정치와 일치한다고 피력한 적이 없다. 하지만 하이데거는 이 생물학적 정치를 근본적인 차원에서 거부하는 대신 마지못해 그것의 정신적인 차원을 부각시켰고, 이는 결국 한 국가 공동체의 특수주의와 정신적인 세계시민주의 사이의 이데올로기적 폐쇄회로를 객관적인 차원에서 비대하게 만드는 결과를 가져왔다.[48] 이러한 변천 과정의 신화창조적인 성격은—다시 말해 정치의 미학적 구성을 토대로 정립된 철학의 정치적 실현은—이미 다른 곳에서 다룬 적이 있는 내용이다.[49] 아울러 이러한 철학의 뿌리 깊은 계보가 최소한 피히테의 『독일 국민에게 고함』을 수용하는 단계에서 시작되었으리라는 점도 충분히 논의된 바 있다.[50]

이 모든 내용은 널리 알려져 있고, 따라서 이를 또다시 분석적인 차원에서 검토할 이유는 없어 보인다. 반면에 여기서 필요한 것은 공동체에 관한 가장 진지한 사유가 공동체의 사유를 가장 파괴적으로 부정하는 지경에까지 이르는 데 결정적인 역할을 한 개념들이 과연 무엇이었는지 식별해내는 일이다. 이런 일이 **정말** 일어났다는 것은 부인할 수 없는 사실이다. 하지만 그런 일이 **어떻게** 가능했는지는 하나의 질문으로 남는다. 이 질문에 대한 첫 번째 답변은 공동체라는 주제가 실존의 분석보다 사실상 '뒤늦게' 도입되는 정황과 직결된다. 앞서 살펴본 대로 하이데거는 근본적으로 공동체적인 방식에 입각해서 실존을 분석했고, 바로 그런 이유에서 '현존재Dasein'는 원래부터 항상 '함께하는-현존재Mitdasein'와 일치한다. 하지만 여기서 주목해야 할 것은 이 두 개념의 일치가 사실상 **경험**을 통해 이루어졌다는 점과 '함께하는-존재Mitsein'라는 표현이 『존재와 시간』 25장에 이르러서야, 다시 말해 하이데거가 '현존재Dasein'를 이미 독립된 주제로 충분히 검토한 다음에야 등장한다는 사실이다. 여기서 제기되는 문제는 형식적인 차원이 아니라 실질적인 차원의 문제다. 왜냐하면 '현존재'가 '함께하는-존재'의 전제라면, 이는 '함께하는-존재'가—근원적인 요소로 표명되는 만큼—'현존재'를 구축해야 함에도 불구하고 사실은 '현존재'에 비해 파생적이며 부차적인 요소라는 것을 의미하기 때문이다. 하지만 실제로는 '함께하는-존재'도—'현존재'를 구축해야 할 뿐—'현존재'의 전제 조건은 되지 못한다. 물론 바로 이것이 뒤이어 하이데거가 선택하게 되는 경로지만, 사실 하이데거는 이를 첫 번째 경로와 중첩시킬 뿐이다.

바로 이러한 특징이 공동체의 의미론을 역사-정치적 차원으로 번역-반역하는 문제에 대한 두 번째, 보다 본질적인 답변의 단서라면, 여기서 관건이 되는 것은 기원의 문제, 좀 더 정확히 말하자면 기원의 정통성 주장에 관한 문제다. 앞서 살펴본 바와 같이, 하이데거는 현존재Dasein의 정통성이나 고유한 차원을 고유하지 않은 차원과 상반되는 것으로 간주하지 않는다. 따라서 고유하지 않은 차원은, 이전에 존재했고 뒤이어 부패한 무언가의 악화된 상태로 이해할 것이 아니라, 다시 말해 어떤 원천적인 상황에서 재정복해야 할 차원으로 이해할 것이 아니라 오히려 그것의 동일한 내용으로 간주해야 한다. 여기서 고유하지 않은 것은 고유한 것과 다르지 않다. 고유하지 않은 것은 오히려,

스스로의 가장 '고유한 비고유성' 속에서 인식되는 '현존재' 그 자체에 가깝다. 아니, '현존재'만 처음부터 고유하지 않은 것으로 드러날 뿐 아니라 사실은 우리의 공동체적 조건과 다를 바 없는 '기원' 자체가 고유하지 않다. 달리 말하자면, 우리는 이 기원을 재발견하거나 반복하거나 답습해야 할 필요가 없다. 왜냐하면 처음부터 항상 우리와 함께 하기 때문이다. 우리 자신은 '단수적으로 복수적'이라는—고유의 비고유성이라는—우리의 실존적 특성 안에서 존재한다. 하지만 하이데거는 이러한 관점 역시 끝까지는 고수하지 않는다. 하이데거는 마치 '고유성'과 '비고유성'의 완벽한 상응 관계에 깊이 뿌리박혀 있는 개념의 근원적인 성격을 감당하지 못하고 그 앞에서 주춤거리는 듯이 보인다. 그러는 사이에 결국 이 두 용어 간의 팽팽한 긴장 관계가 파괴된다. 이 시점에서 하이데거는 부주의하게도 이 용어들 사이에 미묘한 '윤리적' 불균형을 도입하며 상실과 재발견, 소외와 포용, 유실과 복구의 변증적 언어를 생산해낸다. 아도르노Theodor Adorno가 하이데거의 이른바 '정통성의 어휘'[51]에 대해 이야기할 수 있었던 것도 바로 이 때문이다. 예를 들어 점점 더 고유해질 수밖에 없는 죽음의 절대적인 고유성에 대한 수직적인 이해를 비롯해 아무런 근거 없이 일상의 삶을 무분별한 평준화와 동일시하는 성향, 또는 '잡담'과 상반되는 '정통적'이고 완전한 '언어'를 강조하기 위해 부각되는 '용기', '의지', '근원', '자기성취', '제도', '결심'의 수사학 모두가 이 '정통성의 어휘'에 속한다. 뭐랄까, 기원을 상실했다면 기원을—다름 아닌 하이데거 자신이 탈-구축했던 '전제'와 '운명'의 변증적 상호-수반 관계를 토대로—다시 복원할 필요가 있다는 결론이 나온다. 다시 말해 공동체가 우리의 상황을 선행하는 무언가로 전제된 이상 공동체를 우리의 운명 속에서 인지해야 하고, 따라서 그것의 원천적인 본질 또는 기원적인 '~이었던 만큼'에 따라 다시 기획하고 재구성할 필요가 있다는 것이다. 바로 이것이 그의 담론 내부에서 하이데거 자신을 사로잡았던 무시무시한 논리적 조합이다. 바로 이 논리가 가장 과감한 공동체의 사유를 은밀하게 공동체의 가장 전형적인 정치철학적 신화소로 변형시켰고, 바로 이 논리가—가장 순수한 고유의 기원을 재발견하고 이를 토대로 고유의 미래를 정복하기 위해—모두의 **공통성**을 **하나의** 특수한 공동체로 변형시켰다. 이것이 바로 하이데거의 나치즘이었다. 고유한 것에 직접 다가서려는 노력, 고유성을 비고유성으로부터 분리시키려 고유의 기원이 스스로의 긍정적인 목소리를 낼 수 있도록 하려는 것, 고유한 것에 주체와 땅과 역사를 부여하고 계보와 목적을 부여하려는 것, 다시 말해 계보학을 통해 목적론을 제시하려는 것이 하이데거가 시도했던 것들이다.

그 목적론이 무엇이었는지, 하이데거가 어디서 그런 운명적 기원을 찾았는지 우리는 알고 있다. 헤르더를 비롯해 헤겔에서 후설에 이르는 기나긴 '재고유화'의 전통이 찾아 헤매던 기원은 다름 아닌 그리스다. 그리스는 '정초'의 땅이다. '시원'의 힘을 지녔기 때문이다. 하이데거에 따르면, 시원은 "뒤에 오는 모든 것을—심지어는 그것이 '시원'을 **거스르는** 경우에도—좌우하기 때문에 위대하다."[52] 바로 그런 이유에서, 그리스는 독일의 운명을 결정짓는 일종의 시원으로, 예를 들어 독일에 압박을 가해오던 러시아와 미국의 새로운 물질주의적 세력에서 독일을 해방시킬 수 있는 시원으로 간주된다. 하이데거에 따르면, 운명 공동체는 이 시원을 반복할 때에만 공동체에 주어진 과제에 부응할 수 있다. "시원은 여전히 존속한다. 그것은 아주 오래전에 일어난 사건처럼 우리의 **어깨너머에** 있는 것이 아니라, 오히려 우리 **바로 앞에** 놓여 있다. (...) 시원은 우리에게 그것의 위대함을 다시 정복하라고 말한다."[53] 하지만 이처럼 원천적인 모형을 재생해야 하는 모방의 이데올로기가 얼마나 파괴적인 힘을 지녔는지는 '민족국가적인 현존재völklichstaatliche Dasein'가 '독일적인 현존재deutsche Dasein'의 국가적인 의미를 취득하고 이 국가의 영토가 라인 강과 다뉴브 강 사이라는 점이 부각되는 시점에서 결정적으로 분명해진다. 그런 식으로 결국에는 '죽을-수밖에-없는-존재'가 얼마든지 '죽음의-행사'로도 변신할 수 있고 정신Geist의 불꽃도 피의 색깔을 띨 수 있는 상황이 전개된다. '원천적'인 공동체는 스스로 '최종적'이 될 수밖에 없는 상황에 놓인다. 안타깝게도, 이 공동체에 속하지 않는 모든 것과 스스로에게도 종말을 가져온다는 의미에서.

그럼에도 불구하고 그리스는—때로는 하이데거의 글 속에서도—또 다른 길, 또 다른 관점을 제시한다. 그것은 우리의 공통적 실존이 기원의 파편화나 분산의 형태로 구성되는 만큼, 기원 그 자체는 모든 유형의 역사-운명적 통합에서 이미 벗어나 있다고 보는 관점이다. 하이데거에 의하면, "'함께하는-존재'는 근본적으로 형이상학적인 형태의 파종disseminazione에 가깝다."[54] 여기서 기원의 '파종'은 그리스적인 기원의 특성과 상충되지 않을 뿐 아니라 그것의 일부이기도 하다. 하이데거는 일찍이 『형이상학 입문』에서 그리스적인 기원을 이중화된 형태, 즉 '시원적인 시원anfänglicher Anfang'과 '시원적인 종결anfägliches Ende'의 차별화된 형태로 제시한 바 있다. '시원적인 시원inizio iniziale'은 정초하는, 견고한 기반(Grund)인 반면 '종결적인 시원inizio finale'은 뒤로 물러서는, 헤아릴 수 없는 심연(Abgrund)이다. 한편으로는 하이데거가 독일의 모델로 제시했던 그리스 역시 고대 로마와 모든 형태의 신고전주의가 모방했던 것과는 다른 그리스다. 여기서 관건이 되는 것은 오히려 근원-철학적인 그리스, 즉 기원의 기원으로서—혹은 사유된 적이 없는[55] 기원으로서—역사적 기원을 선행하는 그리스다. 그래서 이 그리스는 사실상 모방이 불가능하다. 왜냐하면 역사적으로 정의하는 것이 불가능하기 때문이다. 이러한 역사성의 철회 속에서—즉 모방 불가능한 것의 모방 속에서—이미 모방 원리의 성급한 역사-실천적 적용에 대한 내부적인 항변의 목소리를 감지할 수 있다. '시작'에 충실할 수 있는 유일한 방법은 '시작'을 반복하지 **않는** 것뿐이다. 다시 말해 완전히 새로운 무언가에 생명을 부여함으로써 '시작'의 특수성을 존중하는 것뿐이다. 기원이 스스로를 선행한다면—역사적인 관점에서 식별 가능한 모든 '먼저'보다 **먼저** 온다면—이는 기원이 오히려 그 '이후'에 **이미** 와 있다는 것을, 즉 우리와 완벽하게 동시대적이라는 것을 의미하며 결과적으로 기원은 기원의 단순한 '주어짐'을 뛰어넘어 반복되거나 다시 활성화되거나 완성될 수 없다는 것을 의미한다.

『철학에의 기여』에서 이러한 탈-역사화 과정은 원천적인 '함께cum'를 '선사'하며 시대적 원리 원칙들을 분해하는 가운데 더욱

더 가속화되고, 그런 식으로 '선사-관계'로서의 존재가 지니는 '원형-없는an-archico' 성격을 드러낸다.[56] 다음 문장은 바로 이런 차원에서 이해할 필요가 있다. "성숙함이란 열매와 선물이 되려는 자세와 일치한다. 바로 여기에 '최종적인 것das Letzte'의 의미, 즉 시원이 요청했던 (...) '본질적인 결말'의 의미가 있다."[57] 역사적인 차원은 사라지는 것이 아니다. 다만 시원의 절대성에 종말을 고하는 순간 또 다른 시원을 열어젖히는 어떤 지속적인 초월의 지배하에 놓일 뿐이다. 바로 그런 의미에서, "**최후**의 신은 어떤 종말이 아니라 오히려 스스로의 내면 안으로 공진해들어가는 시원이며, 따라서 지고한 '거부'의 형상이다. 왜냐하면 시원적인 것은 어떤 식으로든 고착되기를 거부하고 물러서서, 그 안에 이미 미래로 포함되어 있고 고유의 결정력에 환원되어 있는 모든 것을 초월할 때에만 본질적인 가치를 지니기 때문이다."[58] '시원'은 무엇 앞에서 뒤로 물러서는가? 시원은 당연히 온갖 '시간의 역사화'와 '공간의 구체화'에 내재하는 '기원의 실체화' 앞에서 뒤로 물러선다. 그렇다면 하이데거 자신이 같은 시기에 다름 아닌 이 '실체화'의 유혹을 경험했다는 것은 굉장히 모순적이다. 왜냐하면 그의 가장 체계적인 사유가―이 '실체화'와는 달리―'존재적-사건 Ereignis'이라는 테마에서 '시원'과 '시작'의 분쟁적인 상호 소속 관계를 재발견하는 방향으로, 여하튼 그의―그리고 우리의―'함께 cum'에서 절대적인 기원으로 되돌아가기가 불가능하다는 것을 재발견하는 방향으로 나아갔기 때문이다.

공통의 기원, 원천적인 공동체를 되찾으려는 시인 횔덜린의 광적인 요구와는 달리, 유한한 인간들은 이 원천적인 공동체의 직접적인 경험이 불가능하다는 것을 잘 알고 있다. 왜냐하면 공통의 기원은 칸트가 생각했던 것처럼 규범에 가로막혀 있지 않고 오히려 기원 자체의 '물러서기' 속에 '머물러' 있기 때문이다. 베일을 걷어내는 폭로 과정에 베일의 흔적이 그대로 묻어 있듯이, 혹은 기억이 떠오를 때 그것의 배경인 망각이 기억 속에 그대로 묻어 있듯이. 그래서 인간들은 시인의 허망한 시도를 두려운 눈으로 바라보며, 탐구에 몰두하는 시인 앞에서 뒤로 물러선다. 왜냐하면 시인이 기원으로 거슬러 올라가는 동안 기원이 사실은 이미 바다와 뒤섞여 있고 우리가 도달하게 될 곳은 끝없는 방황의 공간뿐이라는 점을 망각할 위험이 있기 때문이다. 그러나 인간들의 두려움 속에는 시인의 그것과 동일한 탐구를 요구하고 어떤 의미에서는 탐구의 일부라고도 볼 수 있는 무언가가 남아 있다. 이들은—이 '타자들'은—모든 것을 떠나, 그리고 시인과 근본적으로 다름에도 불구하고 그의 **친구**로 남는다. 왜냐하면 결국에는 동일한 운명을 공유하기 때문이다. 이들이 시인의 친구로 남는 것은 이러한 공동의 운명이 사실은 시인이 처음부터 주목했던 **공통의 우정**과 다르지 않기 때문이다. 하이데거는 이렇게 말한다. "이들이 친구인 것은 미래의 시적 임무라는 숙명을 기반으로 우정을 나누었기 때문이다. 시인이 소식을 묻는 이들, 시인 역시 일원인 이 친구들은 시를 시작하면서 그가 떠올렸던 숨은—오늘도 여전히 숨어 있는—**항해사들**이다."[59]

하이데거에 관한 여록

하지만 그래서 "시인이 기원 가까이에 산다(…)"라는 말은 과연 사실인가?[60] 돌아올 길 없이 투쟁에만 끝없이 몰두하는 이 **항해사들과는 달리** 시인이 "스스로 고향에 남아 있는 존재"라는 말은 사실인가?[61] 또 이 시인의 말이 "특정 민족의 역사적인 행보를 그 민족 고유의 영토에 정초한다는" 것은 사실인가?[62] 이 질문들에 대한 긍정적인 답변의 시도를 극단적으로 난해하게 만드는 인물은 사실 하이데거가 말하는 이 '시인', 다름 아닌 횔덜린이다.[63] 따라서 하이데거가 횔덜린에 대해 쓴 글을 읽을 때에는 당연히 획일적이거나 선입견적인 해석에서 신중하게 벗어날 필요가 있다. 다시 말해 횔덜린의 시에 대한 지독한 오해를 종식시키려는 하이데거의 시도 자체를 우리 역시 곡해하지 말아야 한다. 하이데거가 기본적으로 의도했던 것은 횔덜린의 시를 횔덜린과는 그리스도교 옹호론 못지않게 거리가 먼 '고국' 혹은 '국가' 예찬론의 일종으로 간주하는 해석에서 그를 구해내는 것이었다.[64] 실제로 하이데거가 횔덜린의 시어 '고향Heimat'에 부여하는 사실상 생물학적이지도, 국가주의적이지도 않은 의미에 관한 모든 의혹을 종식시킬 수 있는 단서들은 여러 곳에서 발견된다. 이러한 의혹들은 예를 들어 하이데거가 "모든 국가주의는 형이상학적인 차원에서 일종의 인간중심주의이며, 그런 의미에서 주체주의다"[65]라는 일반적인 평가를 제시할 때뿐만 아니라 횔덜린의 시에서 "'고국'의 본질은 현대인의 '고향상실Heimatlosigkeit'을 생각하려는 의도와 더불어 거론"된다고 구체적으로 지적할 때 사라진다. "그가 그의 고향 사람들이 고유의 본질을 발견해야 한다고 느낄 때 (...) 횔덜린은 이 본질을 결코 그의 민족적 이기주의가 아니라 오히려 이들이 운명적으로 서구에 소속되어 있다는 사실에서 찾으려고 노력한다." 게다가 이 '서구'도 "동방과 상반되는 영토 또는 단순히 유럽으로만 간주되는 서구가 아니라 오히려 세계의 역사라는 차원에서 이해된다."⁶⁶

이처럼 하이데거가 횔덜린의 시적 경험에 부여하는 객관적으로 공동체적인 성격을 항상 염두에 둔 상태에서, 잠시 이를 정의하는 데 결코 불필요하다거나 무의미하다고 볼 수 없는 특징한 가지를 살펴보자. 하이데거는 횔덜린과 '고향상실'의 성향을 유일하게 공유하는 인물이 니체라고 보았다. 물론 이보다 더 의미심장한 것은 하이데거가 이러한 평가를 시도하게 되는 정황이다. 이러한 해석은 그리스와 독일 사이에 애국주의의 축을 구축했던—적어도 '체계화'했다고 볼 수 있는—또 한 명의 철학자 헤겔의 짙은 그림자에서 횔덜린을 구출해내기 위한 시도로 이루어졌다.⁶⁷ 하이데거에 따르면, "헤겔뿐만 아니라 그의 친구 횔덜린 역시 헤라클레이토스로부터 지대하고 강렬한 영향을 받았다. 하지만 둘 사이에는 큰 차이가 있다. 헤겔이 뒤를 바라보며 결론을 내린 반면, 횔덜린은 앞을 바라보며 길을 열었다."⁶⁸ 하지만 여기서 횔덜린과 헤겔의 대립 관계가 부각되는 방식만큼은 횔덜린에 대한 하이데거의 해석적 일관성에 대한 우리의 앞선 의혹을 다시 떠올리게 만든다. 이를테면 헤겔과 횔덜린은 동일 선상에서 주어지는 양자택일의 함수 관계에 놓인다. 즉 이들의 대립은 서로의 철학적 업적이나 방식의 차원이 아니라 미래에서 과거를 바라보거나 과거에서 미래를 바라보는 방향의 차원에서 발생한다. 그렇다면, 문제의 핵심이 무엇인지 살펴보기 전에 잠시 이 문제의 또 다른 측면에 주목해보자. 널리 알려진 바와 같이, 하이데거가 횔덜린의 시에—그리고 니체의 철학에—천착하기 시작한 것은 대략 칸트의 철학을 완전히 포기하지 않았을 뿐 서서히 주요 관심사의 배경으로만 간주하기 시작하는 시점과 일치한다. 따라서 이러한 정황은 횔덜린이 칸트를 대체하는 식으로 전개되었다는 인상을 준다. 하지만 바로 이 시점에서, 하이데거가 놓친 듯이 보이는 질문이 대두된다. 횔덜린이 과연 칸트를 '대체'할 수 있을까? 달리 말하자면, 횔덜린을 헤겔과 관련된 온갖 종류의 종속 관계에서 자유롭게 했던 철학자는 다름 아닌 칸트 아니었나?[69] 횔덜린의 표현대로, 칸트는 "자유로운 동시에 고독한 사색의 사막으로 들어가 신성한 산의 확고부동한 계율로 당대의 유일하게 가능한 철학을" 구축한 "모세"가 아니었나?[70] 횔덜린이 이런 식으로 칸트의 업적을—몇 번에 걸쳐 강조하며—인정했다는 사실은 중요할 수밖에 없다. 왜냐하면 바로 여기서 칸트와 횔덜린의 공통분모는 하이데거가 '고향상실'이라는 주제와 함께 제기했던 '공동체'의 문제라는 점이 드러나기 때문이다. 정확히 말하자면, 여기서 부각되는 것은 헤겔적인 '조화'에서 완전히 벗어난 형태의 공동체다. "계율의 사막"이라는 횔덜린의 비유가 가리키는 것은 사실 어떤 유형의 획일화에도 포착되지 않는 '유한성'에 가깝다. 이 비유는 칸트만이 과감하게 인정할 줄 알았던 괴리 현상, 즉 감각과 이성, 인성과 신성, 실존과 본질 사이의 중재 불가능한 괴리, 혹은 무엇보다 시간을 중심으로 자기 자신과 전투를 벌이며 성장하는 인간 주체의 분리를 가리킨다. 횔덜린도—
이하의 문장에서—이를 암시하는 듯이 보인다. "시간은 그것을
고통 속에서 가늠할 때 정말 시간처럼 다가온다. 왜냐하면 고통
속에서는 현재에서 미래를 지적으로 추론하지 않고, 영혼이 시간
의 흐름을 훨씬 더 의식적으로 추적하며 시간의 단순한 흐름을
포착하기 때문이다."[71] 여기서 현재와 미래의 시간적 단절이 가리
키는 것은 '이미 ~이었던' 것과 '더 이상 ~일 수 없는' 것 사이에
서 모든 유형의 예견이나 반복의 메커니즘을 불가능하게 만드는
'간극'이다. 「정신의 공동체주의Communismus der Geister」[72]라는 강렬
한 제목의 단상에서 횔덜린은 이렇게 묻는다. "그렇다면 그 시간
과 우리의 시간을 잠시 비교해보자. 공동체Gemeinschaft를 어디서
발견하겠는가?" 하지만 이 '간극'은 원천적 단절이 지배하는 세계
안에서 상반되는 것들의 대립을 종식시키는 변증의 시도조차도
불가능하게 만든다. 바로 이러한 불가능성의 차원에서, 횔덜린의
다음과 같은 말을 이해할 필요가 있다. "(...) [특수성과 보편성의
변증관계 속에서 투쟁하며 정체를 유지하는 '질서'와 '혼돈'의] 극
단적인 적대성이 탄생하는 가운데, 지고의 화해가 실현되는 듯이
보인다. 그럼에도, 이러한 순간의 개별성은 지고한 분쟁의 산물
에 지나지 않는다."[73] 이 '부분'들의 관계는 더 이상 '종합sintesi'이
아니라, 양쪽의 경쟁자 모두가 지칠 줄 모르고 투쟁하도록 만드
는 끝없는 '전투' 방식을 토대로 전개된다. 뭐랄까, 여기서 조화와
반목, 코스모스와 카오스, 한계peras와 무한apeiron의 공존은 사실
숙명적으로 영원히 지속될 수밖에 없는 투쟁 관계라는 것이 드
러난다. 투쟁하지 않으려는 것과 투쟁하는 것 역시 투쟁의 한 형

태이기 때문이다. 휠덜린이 제시하는 적대 관계는 변증적인 해소가 불가능하다. 왜냐하면 단절에 선행하는 '전체'가 없고 '근원적 단절Ur-Teilung'만이 있기 때문이다. 간극이 최대한 팽창되는 바로 그 지점에서 교차하는 식으로 공존하는 양극단의 이름이 바로 근원적인 단절이다. 휠덜린은 이렇게 말한다. "비극적인 것의 예술적 표현이 가능해지는 가장 기본적인 이유는 무엇인가? 기적적인 요소들, 예를 들어 신과 인간이 짝을 이루거나 자연의 힘과 인간의 가장 깊은 내면이 격정 속에서 무한정 하나가 되는 방식을 수긍하는 것이 가능해지는 이유는 무한정한 단결이 오히려 무한정한 단절 속에서 정화되기 때문이다."[74] 일단 기원을 마주하고 나면, 단절은 기원과 관계하는 방식에도 영향을 끼친다. 따라서 관건은 더 이상 헤겔이 말하는 재출발이나 재생 혹은 회귀의 방식이 아니다. 사실상 다시 시작해야 할 일도, 되돌아가야 할 곳도 없기 때문이다. 다시 피어오르게 해야 할 새벽이나 도달해야 할 해안이 아니라, 단지 우리가 다가서면 다가설수록 뒤로 물러서며 사라지는 어떤 형상만이 있을 뿐이다. 바로 그런 의미에서, "시작과 끝은 어떤 식으로든 어우러지지 않는다."[75] 현대 유럽이 고유의 정체성을 그리스에서 발견한다는 것은 불가능하다. 이는 그리스 역시 근원적 그리스와 동일하지 않기 때문이다.

이러한 관점을 뒷받침하는 가장 결정적인 단서는 1801년 12월 휠덜린이 친구 울리히 뵐렌도르프Ulrich Böhlendorff에게 보낸 편지의 내용이다. 휠덜린은 이렇게 말한다. "우리가 그리스인들과 닮은 점이라곤 조금도 없다."[76] 그 이유는 모든 민족이 고유의 '시원적인' 영역에서—예를 들어 고대 그리스인의 '자연'이나 현대인의 '예술' 같은 영역에서—탁월해지려고 애쓰기 보다는 오히려 정확하게 반대되는 영역에서 탁월해지려는 성향을 지녔기 때문이다. 결국 현대인의 입장에서 그리스인들을 모방한다는 것이 불가능한 이유는 그들이 너무 완벽했기 때문이 아니라 그들의 고유성에 결함이 있기 때문이다. 달리 말하자면, 우리와 너무 멀리 떨어져 있기 때문이 아니라 우리와 너무 닮았기 때문이다. 그리스인들은 우리가 겪은 것과 똑같은 파국을 경험했고 우리가 경험한 것과 똑같은 숙명적 불신에서 벗어나지 못했다. 오로지 이질적인 것만을 고유한 것으로 취할 수 있었다는 의미에서, 그리스인들 역시 '무아지경'에 빠져 있었다. 따라서 그리스를 모방한다는 것은 정확하게 이러한 이질화의 원리를 모방하지 않는 이상, 다시 말해 더 이상 그리스적이지 않은 것을 모방하지 않는 이상 불가능하다. 바로 이것이 횔덜린이 남긴 편지의 핵심이다. 유럽인의 입장에서 그리스인들이 지녔던 가장 그리스적인 특징, 다시 말해 그들이 그들 자신과도 달랐다는 점을 반복한다는 것은 곧 더 이상 그리스적일 수 없다는 것을, 과거와 현재 사이의 모든 변증관계를 단절하고 이 관계에 의존하는 '완성'에서 멀어진다는 것을, 또 우리가 철석같이 믿는 기원과의 모든 고리를 결정적으로 잘라낸다는 것을 의미한다. 그 기원은 우리의 것이 아니며 우리가 찾아 헤매는 곳에서는 나타나지 않는다. 언제나 다른 곳에 있는 '그것'은 더 이상 복원이 불가능한 또 다른 기원의 차별화된 반복에 지나지 않는다. 따라서 이 그리스는 기원이 아니라 기원의 부재와 결함의—부재하는, 사라진, 흩어진—장소다. 그래서 땅, 고향, 뿌리라기보다는 차라리 결여, 틈새, 현기증에 가깝다. 물론 땅이지만 고유의 타자성에 의해 뒤흔들리고 짓밟히고 파헤쳐진 땅, 이방에서—아시아에서—유래하며 이방으로 향해 있는 이질적인 땅, 자기에 안주할 줄 모르는 땅, 기반이 없어서 어떤 정체성도—특히 이 땅을 고대의 어머니라 부르는 대륙의 정체성은 더더욱—정초할 수 없는 땅이다. 이 대륙이 이러한 불가능성 자체를 가장 근본적인 차원에서 스스로의 몫으로 떠맡지 않는 이상, 그런 식으로 스스로를 고유의 원천적인 비고유성과 일치시키지 않는 이상 정체성의 정립은 불가능하다. 어떻게 모방이 불가능한 것을 모방할 수 있겠는가? 스스로의 내부에 타자성을 재생하지 않는다면, 따라서 스스로를 다시 이 타자성의 땅으로—혹은 그 절대적인 땅에서 후퇴하는 땅으로—해석하지 않는다면 어떻게 가능하겠는가? 이런 식으로 후퇴하는-땅이 후퇴하면서 재발견하는 것은 어떤 '본질'이나 '운명' 혹은 어떤 '완성' 같은 것이 아니다. 그것은 차라리, 어느 무엇에서도 유래하지 않는 고유의 기원을 동방에서 재발견하는 '황혼'의—진정한 일몰occasus의—기호에 가깝다. 횔덜린의 의도는 사실 "유럽의 경계를 뛰어넘는 (...) 그 동방의 원리"[77]를 통해 그리스 예술을 "수정"[78]하는 것 아니었나? 서방을 향해 흐르는 강들이 실어 나르는 순수하기 이를 데 없는 물은 동방에서 태어나지 않았나? 그렇다면, 이제 "두려움"을 불러일으키는 것은 **바로 그** "원천" 아닌가? "풍요는 바다에서 시작된다."[79]

이 '횔덜린'이 헤겔의 변증법과 거리가 멀다는 점은 반론의 여지가 없다. 그렇다면 횔덜린의 생각이 사실은 하이데거가 제시하는 해석과도 분명하게 다르다는 점을 간과하기 힘들다. 물론 하이데거의 해석은 '이질성' 또는 '비고유성'에 집중되는 것이 사실이다. 이는 다름 아닌 '방황'의 시인 휠덜린에게 어울리는 해석이다. 하지만 하이데거는 이 '이질성'을, "낯선 땅으로 이주(Wanderschaft in die Fremde)"[80]하기 때문에 '고유성'의 획득을 허락하는 요인으로 이해한다. 이 고유성과 비고유성의 관계라는 문제는 사실 우리가 지금까지 분석을 시도하면서 줄곧 마주해 왔던 것과 **똑같은** 문제다. 다시 말해 이 문제는 공동체의 문제와 조금도 다르지 않다. 물론 하이데거는 고유성을 그것의 정반대인 비고유성과 항상 함께 사유한다. 하이데거의 입장에서 고유하지 않은 것은 고유한 것이 스스로를 실현하는 과정에서 극복해야 하는 단순한 장애물로 그치는 것이 아니라 고유한 것 자체의 전제이기도 하다. 하지만 그렇다면 이러한 구도는 결국 또 다른 형태의 변증법을 생산하지 않는가? 비고유성과 고유성이—하이데거가 다른 곳에서 의도했던 바와는 달리—일치하지 않는다면, 다시 말해 비고유성이 고유성의 '전제'라는 내밀한 형태만 유지할 뿐 사실상 고유성 자체에서 떨어져 나왔다면, 따라서 비고유성이 오히려 어떤 재고유화 과정의 특정한, 아니 보편적인 시발점이라면, 그렇다면 이 비고유성은 어떤 변증법적 진테제의 폐쇄회로를 재생하지 않는가? 결국에는 공동체가, '기원'으로 천명했던 '함께cum'와는 전혀 다른—후속적인—유형의 필요성과 직결된다고 말하지 않는가? 결국에는 이 '함께'를, 원래부터 함께하는 우리의 공존 영역 바깥에 있을 수밖에 없는 어떤 외형적인 목적의 전제이자 약속으로 만들지 않는가?

이 질문들에 대한 답변을 나는 '바다'에서 찾고 싶다. 왜냐하면 '바다'야말로 '대립'이 발생하는 장소, 하이데거와 휠덜린을 연결하는 동시에 멀어지게도 만드는 공간이기 때문이다. 먼저 공통점부터 살펴보자. '바다'는 고유하지 않은 것의 장소, 집에서 멀리 떨어진 곳, 방황의 공간이다. '바다'는 우리의 숙명인 '분열'의 유동적인 동시에 극단적인 형상이며, 뿌리의 상실을 의미할 뿐 아니라 바로 그런 이유에서 우리의 운명에 대한 주도권의 상실을 의미하는 요소다. 우리가 곧 '항해사'라는 휠덜린의 말은 우리에게 주어진 것이 우리 자신으로부터 떠나는 머나먼 여행의 조건이라는 것 외에 또 다른 것을 의미하지 않는다. 하지만 바로 이 시점에서 두 가지 관점의 분리가 시작된다. 이 먼 여행은 그것의 여정 너머에 어떤 목적지를 지녔나, 아니면 여행 그 자체가 목적인가? 나는 하이데거가—빈번한 망설임과 관점의 실질적인 전환에도 불구하고—결국에는 첫 번째 답변을 선택했다고 생각한다. 하지만 정말 놀라운 것은 하이데거가 이 답변을 다름 아닌 휠덜린으로부터 도출해냈다고 확신했던 반면, 정작 휠덜린의 선택은—적어도 『엠페도클레스』의 실패 이후로는—오히려 두 번째 답변으로 기울어졌다는 것이다. 실제로 하이데거는 이렇게 말한다. "드넓게 펼쳐진 바다에서, 이질적인 것을 고유한 것으로 전환하려는 최후의 결단이 이루어진다."[81] 그리고 "기억을 희미하게 하면서도 선사하는 것이 바다다"라는 휠덜린의 시 '회상Andenken'의 한 구절을 이렇게 해석한다. "오로지 항해가 허락하는 이 이질적인 것에 대한 헌신만이 고유한 것에 대한 사고를, 이질적인 것 자체를 바라보며 깨어나게 만든다."[82] 하지만 그렇다면 하이데거는 헤겔이 유럽의 계보학에 도입했던 것과 사실상 다를 바 없는 변증적 역할을 '바다'에 부여한 셈이다. 헤겔의 입장에서도 바다는 '혼성', '불균등성', '이질성'의 상징적인 원리였다. 헤겔에 따르면, "우리가 바다를 건너 가장 먼저 도달하게 되는 나라는 바다에 수많은 방향으로 흩어져 있는 땅과 다를 바 없다."[83] 게다가 이는 동일한 바다에서 실패를 경험한 여러 아시아 민족과—카리아, 프리지아, 리키아와—결코 분리시켜 생각할 수 없는 바다다. 그럼에도 불구하고 헤겔은 곧장 올바른 진로의—동방에서 서방으로, 즉 비 고유성에서 고유성으로 나아가는 진로의—지표를 다음과 같이 제시한다. "자유롭고 아름다운 그리스적 정신은 (…) 이러한 이질성의 극복에서 탄생한다." 왜냐하면 "이러한 외부적이고 이질적인 요소에 고유한 정신을 토대로 새로운 형식과 독립성을 부여한 것이 (…) 그리스인들이기 때문이다."[84] 헤겔은 이러한 극복이 어떻게 이루어졌는지에 대해서도 자신의 입장을 분명히 밝힌다. 극복이 가능했던 이유는, 그리스 민족의 과제가 영토 확장과 정복에 있었고 바다가 이를 허락할 뿐 아니라 어떤 식으로든 요구했기 때문이다. 헤겔에 따르면, 바다는 "인간에게 정복과 약탈뿐만 아니라 소득과 취득을 종용한다."[85] 헤겔이 대륙의 편에 서서 사실상 수용하는 것은 호전적인 '해양적' 사고방식이다. 지중해와 대서양의 수많은 정복자들이 소유했던 이 사고방식은 '공격적인 힘' 내지 전쟁과 약탈의 열기에 대한, 혹은 칼 슈미트의 표현대로 "고삐 풀린 기술"을 실어 나르는 무시무시한 바다의 악령에 대한 완벽한 이해에 상응한다.[86] 자유 항해의 모든 옹호론을 거부하며 바다에 폭풍을 몰고 오는 것이 바로 이 강력한 쟁취의 힘, 폭력적인 고유화의 힘이다. 그러고 보면 방어도 공격도 할 줄 모르는 바다가 땅의 힘에 어떻게 저항할 수 있었겠나? 하지만 바다의 '고래'가 지상의 '곰' 못지않게 강하고 더 잔혹하지 않았다면, '리바이어던(바다 괴물)'이라는 이름이 어떻게 절대적인 주권의 왕좌를 쟁취할 수 있었겠나?[87]

이것은 횔덜린의 '바다'가 아니다. 그의 '바다'는 땅에 철썩이며 부딪히는 파도의 '~을 향한 충돌'이 아니다. 그에게 '바다'는 파도를 일으키는 과도함hybris이 아니다. 밀물은 올라오지만 언젠가는 다시 가라앉기 마련이다. 나치의 유럽 침략에 대해 시몬 베유가 언급했던 것처럼 "바다에서 파도는 거칠게 몰아치고 또 몰아치지만 허공밖에 남지 않는 어느 지점에 이르게 되면 멈추고 가라앉기 마련이다. 독일이라는 파도는 그런 식으로—그 누구도 영문을 알지 못한 채—영국 해협의 연안에서 멈췄다."[88] 횔덜린에게도 바다는 이처럼 뒤로 물러서는 것, 후퇴 속에서 실재하는 것에 가깝다. 두 종류의 다른 경로가 아니라 단일한 움직임 안에서 뒤로 물러서며 스스로를 선사하고, 스스로를 선사하며 뒤로 물러서는 것이 바다다. 그런 식으로 물러서며 땅이 존재할 수 있도록 놔두는 것이다. 그렇다면 이와 꼭 닮은 것이 바로 공동체의 형상 아닌가? 바로 이것이 우리에게 '고유한 이름'의 부재 속에서만 '공통의 이름'을 선사하는 원천적인 **무누스**가 아닌가? 여기서 바다가 환기하는 것은 더 이상 '무한성'이 아니라 인간 존재의 '유한성'이다. 바다가 가리키는 것은 '정복'이 아니라 '난파'다. 이는 어떤 예측하지 못한, 예측할 수 없는 사고로서의 난파가 아니라 세계 안에서 살아가는 우리의 존재 조건 자체, 예를 들어 '당신은 배를 탔다'라는 파스칼의 상징적인 표현 속에 완벽하게 함축되어 있는 존재 조건으로서의 난파다.[89] 파스칼에게 답하듯이 부르크하르트는 이렇게 말한다. "우리를 바다에서 표류하게 만드는 그 파도의 정체를 알 수 있다면 좋을 것이다. 단지 우리 자신이 그 파도일 뿐이다."[90] 하지만 우리가—바다라는 공동체 안에서—무엇인지에 대해서는 일찍이 횔덜린이 「므네모시네Mnemosyne」의 두 번째 원고에서 언급한 적이 있다. "우리는 무의미하고 고통을 모르는 하나의 기호일 뿐, 낯선 땅에서 우리는 거의 할 말을 잊었다. 정말 인간들 위로, 하늘에서 분쟁이 일고 별들이 위용을 떨치면, 그때 말을 하는 것은 바다다. (...)"[91]

횔덜린의 시어들은 헤겔이 유럽의 무한한 확장이라는 전제하에 철학적으로 '찬양'했던 바다의 영웅적 서사시와는 정확하게 반대되는 것을 표현한다. 영웅적인 면을 거부하는 횔덜린의 바다는 '고유화가 우리에게 공통적으로 불가능하다는 사실'에 대해 말한다. 그가 표현하는 것은—횔덜린이 이 시의 세 번째 원고에서 분명히 언급했던 것처럼—'앞'도 '뒤'도 모르는 순수한 항해에 가깝다. 혹은 유토피아의 치명적인 유혹뿐만 아니라 그리움에서조차 벗어나 있는 절대적인 '현재'에 가깝다. 이는 아도르노도—하이데거를 비판하면서—주목했던 부분이다.[92] '현재'는 기원이 상실되는 시간이다. 시원을 시원의 표상 가능성과 분리시키는 시간이 현재다. 여기서 비롯되는 불가능성에 주목하라고 말하는 것이 바로 바다의 텅 빈 메타포다.[93] 바다가 목표도 방향도 논리도 지니지 않았다는 것은 곧 기원 자체가 너무 깊이 가라앉아 있어서 뒤로 물러서는 움직임 속에서가 아니라면 보이지 않는다는 것을 의미한다. 바로 이것이 바다다. 그것은 영원히 '오고-가는' 파도의 움직임이다. 치고 나아가며 뒤로 물러서는 움직임, 혹은 되돌아오는 파도처럼 땅에 바다의 무언가를 남기거나 반대로 되찾아가는 움직임이다. 이 바다는 결코 땅과 상반되는 것이 아니라 오히려 땅의 은밀한 의미로 이해해야 한다. 바다는 땅의 감추어진 배경을 이루는 땅의 열악하고, 불안정하고, 요동치는 차원이다. 바다는 땅이 스스로의 힘으로는 볼 수 없는 것, 스스로에게조차 감추어져 있는 무엇이다. 그런 의미에서 횔덜린은 그의 땅을 "인간들이 한때는 '감추어진 것die Verborgene'이라는 이름으로"⁹⁴ 불렀다고 말한다. 이 땅은 곧 횔덜린이 "어떤 열린 공동체의 자리에서 대신 노래할"⁹⁵ 때 이 공동체의 소리 없는 노래가 애타게 찾는 "어머니 땅Madre Terra"이기도 하다. 이에 대해서는 하이데거조차도—'탈고유화'를 이끌어 내는 그만의 특징적인 분석에서—**세계**의 정초적인 차원에 **대지**의 "자기-폐쇄적이고 자기-은폐적인"⁹⁶ 철회를 대비시켰다는 점에 주목할 필요가 있다.

하지만 이처럼 '반-변증적이고 비극적인' 횔덜린의 진정한 후계자는 니체일 것이다. 바다의 경험이 이를 시도하는 이들에게 가져올 위험 자체가 '열어젖히는' 바다에서 모험을 즐길 줄 알았던 유일한 인물이 바로 니체다. "(...) 드디어 우리는 다시 한 번 배의 돛을 올리고 온갖 종류의 위험을 맞이하러 나갈 준비가 되었다. 인간에게 모든 종류의 지적 모험이 다시 허용된다. 바다, 우리의 바다가 우리 앞에 다시 열렸다. 아마도 바다가 이토록 '열린' 적은 이제껏 한 번도 없었을 것이다."⁹⁷ 바다가 이토록 열린 적이 없었던 이유는 항해사들의 입장에서 그들의 항해가 더 이상 되돌아 올 수 없는 여행이라는 점이—인생이라는 '취한 배

bateau ivre'에는 닻도 없고 방향타도 없다는 점이―지금처럼 분명한 적도 없었기 때문이다. "우리는 땅을 버리고 배를 탄 셈이다. 우리는 우리가 건너온 다리를 끊어버렸다. 그리고 그것이 전부가 아니다. 우리는 우리 뒤편의 땅마저도 끊어버렸다."⁹⁸ 한편으로는 이 단절된―고유의 타자성에 의해 갈라진―땅이야말로 "고국이 없는 이들"에게, "미래의 아들들"에게, "심지어 이 연약하고 산산이 부서져버린 과도기적 시대에도 누구든 자기 집에 있는 것처럼 느끼도록 만들 모든 이상을 거부하는"⁹⁹ 이들에게 여전히 어울리는 유일한 땅일 것이다. 우리를 동일한 기원과 동일한 목표telos로 이루어진 정체성 안에 가두려는 모든 철학에 반대하며, 니체는 유럽이 단일한 기원을 지니지 않는다고 주장한다. 아니, "그리스적인 것이 우리에게 이질적인"¹⁰⁰ 만큼, 유럽은 기원 자체를 지니지 않는다. 바로 그런 이유에서 그리스로 되돌아간다는 것은 불가능하다. 유럽은 고유의 미래 외에 또 다른 미래를 지니지 않는다. 그 무엇도, 어떤 기원의 가면도 그것을 보호하거나 보장하지 못한다. '고국 없는sans patrie' 니체의 가장 천재적인 해석자가 제시하는 설명에 따르면, "과거에 종사하는 쇼비니즘적인 인색함을 거부하며, 아무런 보상 없이 공격적으로 스스로를 미래에 선사하는 자세만이 니체의 위대함을 인지할 수 있고 그러한 그의 이미지를 자라투스트라라는 인물에 고정시킬 수 있다. (...) 다른 이들의 시선이 아버지들의 땅에, 고국에 고착되어 있을 때, 자라투스트라는 아들들의 땅을 **바라보고** 있었다."¹⁰¹ 이것이 바로 '공동체'를 알아볼 수 있는 유일한 방법이다. 다시 말해 땅이 고유의 경계 안에 집요히 은폐하는 '공동체'를 발견할 수 있는 유일한 방법이자 이 땅을 에워싸고 가로지르는 위대한 바다로―땅의 치명적 진실로―되돌아갈 수 있는 유일한 방법이다. 니체에게 답하면서 바타유는 이렇게 말한다. "'이 바다가 되어라.' 이 명령어는, 극단적으로 적용될 때, 한 인간을 수많은 존재인 동시에 사막으로 만든다. 이는 공동체의 의미를 함축하는 동시에 정확하게 밝히는 표현이다."[102]

주

1 Martin Heidegger, *Die Frage nach dem Ding*, in Gesamtausgabe, Frankfurt a. M. 1984, vol. XXXI [trad. it. *La questione della cosa*, V. Vitiello 편, Napoli 1989, p. 90].

2 Ernst Cassirer, *Kant und das Problem der Metaphysik. Bemerkungen zu Martin Heideggers Kant-Interpretation*, in «Kant Studien», XXXVI, 1931 [trad. it. *Kant e il problema della metafisica. Osservazioni sulla interpretazione heideggeriana di Kant*, in Ernst Cassirer, Martin Heidegger, *Disputa sull'eredità kantiana. Due documenti*, R. Lazzari 편, Milano 1990, p. 127].

3 Martin Heidegger, *Kant und das Problem der Metaphysik*, in Gesamtausgabe, vol. III, 1991 [trad. it. *Kant e il problema della metafisica*, V. Verra 편, Roma-Bari 1981, p. 173].

4 같은 곳.

5 같은 책, p. 145.

6 Martin Heidegger, *Metaphysische Anfangsgründe der Logik im Ausgang von Leibniz*, in Gesamtausgabe, vol. XXVI, 1978, p. 233.

7 Martin Heidegger, *Brief über den «Humanismus»*, in Wegmarken, in Gesamtausgabe, vol. IX, 1978 [trad. it. *Lettera sull'«umanismo»*, Milano 1995, p. 48].

8 같은 책, p. 50.

9 Henri Declève, *Heidegger et Kant*, La Haye 1970.

10 Martin Heidegger, *Die Grundprobleme der Phänomenologie*, in Gesamtausgabe, vol. XXIV, 1975 [trad. it. *I problemi fondamentali della fenomenologia*, Genova 1988, pp. 134 sgg].

11 Martin Heidegger, *Vom Wesen der menschlichen Freiheit. Einleitung in die Philosophie*, in Gesamtausgabe, vol. XXXI, 1982.

12 Martin Heidegger, *Kant e il problema della metafisica*, p. 187.

13 Martin Heidegger, *Einführung in die Metaphysik*, in Gesamtausgabe, vol. XL, 1983 [trad. it. *Introduzione alla metafisica*, G. Vattimo 편, Milano 1968, pp. 200 이하].

14 하이데거의 윤리에 관한 일련의 논문이 «Con-tratto», 1993, n. 1-2에 수록되어 있다. 아울러 Franco Volpi, *L'etica rimossa di Heidegger*, in «Micromega», n. 2, 1996, pp. 139-63 참조.

15 Ernst Cassirer, *Kant e il problema della metafisica* 부록으로 실린 *Davos Disputation zwischen Ernst Cassirer und Martin Heidegger*에서 인용 (pp. 221, 223).

16 같은 곳.

17 Jacob Rogozinski, *Kanten*, Paris 1996, p. 40.

18 Martin Heidegger, *Lettera sull'«umanismo»*, pp. 88 이하. Gino Zaccaria, *L'etica originaria. Hölderlin, Heidegger e il linguaggio*, Milano 1992, Jean-Luc Nancy, *L'«etica originaria» di Heidegger*, Napoli 1996 참조.

19 Martin Heidegger, *Sein und Zeit*, in Gesamtausgabe, vol. II, 1977 [trad. it. *Essere e tempo*, Torino 1969, p. 410].

20 Emmauel Levinas in *Mourir pour...*, in *Heidegger. Questions ouvertes*, E. Escoubas 편, Paris 1988, pp. 255-64 참조. Emmauel Levinas *Quelques réflexions sur la philosophie de l'hitlérisme* (Paris 1997)에 실린 아방수르Miguel Abensour의 서문 역시 중요하다 (pp. 7-103). 하이데거의 관점에서 바라본 '죽음'에 대해서는 F. Dastur, *La Mort, essai sur la finitude*, Paris 1994, C. Romano, *Mourir à autrui*, in «Critique», n. 582, 1995, pp. 803-24 참조.

21 Paul Ricoeur, *Soi-même comme un autre*, Paris 1991 [trad. it. *Sé come un altro*, Milano 1993, p. 467].

22 Martin Heidegger, *Hölderlin und das Wesen der Dichtung*, in Erläuterungen zu Hölderlins Dichtung, in Gesamtausgabe, vol. IV, 1981 [trad. it. *La poesia di Hölderlin*, Milano 1988, pp. 46 이하].

23 Jean-François Courtine, *Donner/prendre: la main, adesso in Heidegger et la phénoménologie*, Paris 1990, pp. 283-303.

24 Martin Heidegger, *Das Wesen der Sprache*, in Unterwegs zar Sprache, in Gesamtausgabe, vol. XII, 1985 [trad. it. *In cammino verso il linguaggio*, Milano 1973, p. 148].

25 Martin Heidegger, *Vorträge und Aufsätze*, Pfullingen 1954 [trad. it. *Saggi e discorsi*, G. Vattimo 편, Milano 1976, p. 99].

26 같은 곳.

27 같은 곳.

28 Martin Heidegger, *Lettera sull'«umanismo»*, p. 99.

29 Martin Heidegger, *Der Spruch des Anaximander*, in *Holzwege*, in Gesamtausgabe, vol. V, 1978 [trad. it. *Sentieri interrotti*, P. Chiodi 편, Firenze 1968, p. 330].

30 Martin Heidegger, *Introduzione alla metafisica*, p. 168.

31 Martin Heidegger, *La poesia di Hölderlin*, p. 47.

32 Martin Heidegger, *Essere e tempo*, p. 316.

33 같은 책, p. 317.

34 같은 책, p. 205.

35 하이데거의 공동체 개념을 포괄적으로 분석한 Jean-Luc Nancy, *Etre singulier pluriel*, Paris 1996, 참조. 아울러 F. Raffoul, *Heidegger et la question du sujet*, t. II, pp. 528 이하 참조.

36 Martin Heidegger, Essere e tempo, p. 207.

37 같은 책, pp. 207-8.

38 Martin Heidegger, *Die Grundbegriffe der Metaphysik. Welt-Endlichkeit-Einsamkeit*, in Gesamtausgabe, vol. XXIX-XXX, 1983 [trad. it. *Concetti fondamentali della metafisica. Mondo-finitezza-solitudine*, C. Angelino 편, Genova 1992, p. 12].

39 같은 책, p. 266.

40 Karl Löwith, *Heidegger Denker in dürftiger Zeit*, in Sämtliche Schriften, Stuttgart 1984, vol. VIII [trad. it. *Saggi su Heidegger*, Torino 1966], Karl Jaspers *Notizen zu Martin Heidegger*, München-Zürich 1978 [trad. it. «Micromega», Almanacco di Filosofia 1997 pp. 202-22]. 아렌트의 글로는, 비판적 어조가 비교적 분명하게 표명되는 *What is Existenz Philosophy?*, in «Partisan Review», n. 1, 1946, pp. 34-56 참조. 반면에 아렌트가 입장의 변화와 부분적인 정정을 표명한 글은 *Concern with Politics in Recent European Philosophical Thought*이다. [trad. it. *L'interesse per la politica nel recente pensiero filosofico europeo*, in «Aut Aut», n. 239-40, 1990, pp. 31-46].

41 I. E. Schuck, *Il rapporto inter-umano in «Essere e tempo» di M. Heidegger*, in «Fenomenologia e società», n. 1, 1988, pp. 72-138.

42 Karl Löwith, *Das Individuum in der Rolle des Mitmenschen. Ein Beitrag zur anthropologischen Grundlegung der ethischen Probleme*, in Sämtliche Schriften, vol. I, 1981, pp. 9-197 참조.

43 Martin Heidegger, *In cammino verso il linguaggio*, pp. 209-10.

44 Carl Friedrich Gethmann, *Verstehen und Auslegung. Das Methodenproblem in der Philosophie Martin Heidegger*, Bonn 1974.

45 Martin Heidegger, *Essere e tempo*, p. 210.

46 같은 책, p. 440.

47 같은 책, p. 551.

48 논문집 *Antwort. Martin Heidegger im Gespräch* (Pfullingen 1988)의 이탈리아 번역본 *Risposta a colloquio con Martin Heidegger* (Napoli 1992)에 실린 마차렐라E. Mazzarella의 서문 (pp. 27 이하) 참조. 조금은 다른 해석적 구도에서 관찰하는 로수르도D. Losurdo의 *La comunità, la morte, l'Occidente. Heidegger e l'«ideologia della guerra»*, Torino 1991 참조.

49 나의 *Nove pensieri sulla politica*, Bologna 1993, pp. 122 이하와 참고도서 참조.

50 피히테적인 공동체 개념의 또 다른 해석에 대해서는 카를라 아마디오Carla Amadio의 *Morale e politica nella Sittenlehre di J. G. Fichte*, Milano 1991, pp. 253 이하와 *Fichte e la dimensione estetica della politica*, Milano 1994, pp. 85 이하 참조.

51 Theodor Adorno, *Jargon der Eigentlichkeit*, in Gesammelte Schriften, Frankfurt a. M., vol VI, 1973 [trad. it. *Il gergo dell'autenticità*, R. Bodei 편, Torino 1989].

52 Martin Heidegger, *Grundfragen der Philosophie*, in Gesamtausgabe, vol. XLV, 1984 [trad. it. *Domande fondamentali della filosofia*, Milano 1988, p. 84].

53 Martin Heidegger, *Die Selbstbehauptung der deutschen Universität*, Frankfurt a. M. 1983 [trad. it. *L'autoaffermazione dell'università tedesca*, Genova 1988, p. 52].

54 Martin Heidegger, *Metaphysische Anfangsgründe der Logik im Ausgang von Leibniz*, p. 175.

55 Marlène Zarader, *Heidegger et les paroles de l'origine*, Paris 1986, pp. 257 이하. Werner Marx, *Heidegger und die Tradition. Eine problemgeschichtliche Einführung in die*

Grundbestimmungen des Seins, Hamburg 1980.

56 Reiner Schürmann, *Heidegger on Being and Acting: From Principles to Anarchy*, Bloomington 1986 [trad. it. *Dai principi all'anarchia. Essere e agire in Heidegger*, Bologna 1995, pp. 237 이하].

57 Martin Heidegger, *Beiträge zur Philosophie (Vom Ereignis)*, in Gesamtausgabe, vol. LXV, 1989, p. 410. [trad. it. *Beiträge* in «Aut Aut» n. 236, 1990, pp. 64-72].

58 같은 책 p. 416.

59 Martin Heidegger, *La poesia di Hölderlin*, p. 155.

60 같은 책, p. 176.

61 같은 책, p. 153.

62 같은 책, p. 157.

63 Caterina Resta, *Il luogo e le vie. Geografia del pensiero in Martin Heidegger*, Milano 1996. 단 이 저서는 모든 것을 하이데거의 여정 내부의 관점에서 다룬다.

64 Martin Heidegger, *Domande fondamentali della filosofia, p. 92, La poesia di Hölderlin*, p. 191, *Hölderlins Hymnen «Germanien» und «Der Rhein»*, in Gesamtausgabe, vol. XXXIX, 1980, pp. 220-21 참조.

65 Martin Heidegger, *Lettera sull'«umanismo»*, p. 72.

66 같은 책, p. 67.

67 '유럽'의 이중적 계보에 대해서는 나의 *Pensare l'Europa*, in «Micromega», n. 5, 1995, pp. 127-48 참조. 이 글을 본 저서에서 부분적으로 인용하기도 했다.

68 Martin Heidegger, *Introduzione alla metafisica*, p. 135.

69 이는 장 보프레 Jean Beaufret의 해석적 입장이다. 횔덜린의 프랑스어 번역본 *Remarques sur Œdipe et Antigone* (Paris 1965)에 실린 그의 서문을 참조 바란다. 하지만 그는 칸트와 하이데거의 거리를 과소평가하는 성향이 있다.

70 Friedrich Hölderlin, *Briefe (an der Bruder)*, in Sämtliche Werke, Stuttgart 1943-77, vol. VI, t. I, 1954, p. 304.

71 Friedrich Hölderlin, *Anmerkungen zur Antigonae*, in Sämtliche Werke, vol. V [trad. it. *Note all'«Antigone»*, in *Sul tragico*, Remo Bodei 편, Milano 1980, p. 77]. 횔덜린의 '비극' 개념에 대해서는 Mario Pezzella, *La concezione tragica di Hölderlin*, Bologna 1993과 Remo Bodei 서문 참조.

72 Friedrich Hölderlin, *Communismus der Geister*, in Sämtliche Werke, vol. IV [trad. it. *Il comunismo degli spiriti*, Roma 1995, p. 73].

73 Friedrich Hölderlin, *Grund zum Empedokles*, in Sämtliche Werke, vol. IV, 1, 1961 [trad. it. *Fondamento dell'«Empedocle»*, in Scritti di estetica, Milano 1987, p. 87].

74 Friedrich Hölderlin *Anmerkungen zum Oedipus*, in Sämtliche Werke, vol. V [trad. it. *Sul tragico*, p. 73].

75 같은 책, p. 74.

76 Friedrich Hölderlin (*an Böhlendorff del* 4-12-1801), in *Briefe*, pp. 425-26.

77　Walter Benjamin, *Zwei Gedichte von F. Hölderlin*, in Gesammelte Werke, Frankfurt a. M., vol. II, t. I [trad. it. *Metafisica della gioventù. Scritti 1910-1918*, G. Agamben 편, Torino 1982, p. 131].

78　Peter Szondi, *Studienausgabe der Vorlesungen*, Frankfurt a. M. 1973-74 [trad. it. *Poetica dell'idealismo tedesco*, Torino 1974, p. 187].

79　Friedrich Hölderlin, *Andenken*, in Sämtliche Werke, vol. II [trad. it. *Le liriche*, E. Mandruzzato, Milano 1993, p. 563] 'Es beginnet nämlich der Reichtum/ Im Meere'

80　Martin Heidegger, *Hölderlins Hymne 'Der Ister'*, in Gesamtausgabe, vol. LIII, 1984, p. 177.

81　Martin Heidegger, *La poesia di Hölderlin*, p. 168.

82　같은 책, pp. 169-70.

83　G. W. F. Hegel, *Vorlesungen über die Philosophie der Weltgeschichte*, Leipzig 1919-20 [trad. it. *Lezioni sulla filosofia della storia*, Firenze 1941-63, vol. III, pp. 10-12].

84　같은 책, pp. 12, 20.

85　같은 책, p. 218.

86　Carl Schmitt, *Gespräch über den neuen Raum*, in *Estudios de Derecho Internacional en Homenaje a Barcia Trelles*, Zaragoza 1958 [trad. it. *Dialogo sul nuovo spazio*, in *Terra e mare* (*Land und Meer*, Leipzig 1942) Alberto Bolaffi 감수 및 서문 Milano 1986, p. 103].

87　Massimo Cacciari, *Geo-Filosofia dell'Europa*, pp. 29 이하 참조. 횔덜린을 니체와 관련 짓는 '바다'의 상이한 해석에 대해서는 같은 지자의 *L'arcipelago*와 이와는 또 다른 관점의 해석을 제시하는 Franco Cassano, *Partita doppia*, Bologna 1993, pp. 137-46 참조.

88　Simone Weil, *L'enracinement. Prélude à une déclaration des devoirs envers l'être humain*, Paris 1949 [trad. it. *La prima radice. Preludio a una dichiarazione dei doveri verso la persona umana*, Milano 1980, p. 246]. 베유의 철학에서 '사유', '삶', '죽음'의 개념이 지니는 공동체적 성격에 대해서는 Wanda Tommasi, *Simone Weil*, Napoli 1977, pp. 77 이하와 Angela Putino, *Vita biologica e vita soprannaturale. Comunità e politica in S. Weil*, Roma 1998 참조.

89　Hans Blumenberg, *Schiffbruch mit Zuschauer*, Frankfurt a. M. 1979 [trad. it. R. Bodei 편, *Naufragio con spettatore*, Bologna 1985, pp. 39 이하]. 동일한 주제를 다룬 Mariapaola. Fimiani, *Paradossi dell'indifferenza*, Milano 1994, pp. 142-54 참조.

90　Jacob Burckhardt, *Historische Fragmente aus dem Nachlaß*, in Gesamtausgabe, Stuttgart, Berlin-Leipzig 1929-34, vol. VII [trad. it. *Lezioni sulla storia d'Europa*, Torino 1959, p. 59].

91　Friedrich Hölderlin, *Mnemosyne*, in Sämtliche Werke, vol. II [trad. it. in *Le liriche*, p. 695.] 'Ein Zeichen sind wir, deutungslos, | Schmerzlos sind wir und haben fast | Die Sprache in der Fremde verloren. | Wenn nämlich über Menschen | Ein Streit ist an dem Himmel und gewaltig | Die Monde gehn, so redet | Das Meer (...)'

92　Theodor W. Adorno, *Parataxis. Zur Späten Lyrik Hölderlins*, in Gesammelte

Schriften, Frankfurt a. M. 1974, vol. XI [trad. it. *Paratassi. Sull'ultima lirica di Hölderlin*, in *Note per la letteratura. 1961-1968*, Torino 1978, p. 162].

93 '휠덜린'의 반-변증적 해석에 대해서는 조르주 레양베르제Georges Leyenberger의 중요한 저서 *Métaphores de la présence II. La philosophie de Hölderlin*, Paris 1994 참조.

94 Friedrich Hölderlin, *Germanien*, in Sämtliche Werke, vol. II [trad. it. in *Le liriche*, p. 639].

95 Friedrich Hölderlin, *Der Mutter Erde*, p. 577.

96 Martin Heidegger, *Sentieri interrotti*, p. 47.

97 Friedrich Nietzsche, *La gaia scienza (Die fröhliche Wissenschaft)*, in Opere, vol. V, 2, 1965, p. 205.

98 같은 책, p. 129.

99 같은 책, pp. 255-59.

100 Friedrich Nietzsche, *Aurora (Morgenröthe)*, in Opere, vol. V, 1, 1964, pp. 124-25.

101 Georges Bataille, *Nietzsche et les fascistes*, in Œuvres Complètes, Paris 1970, t. I [trad. it. *La congiura sacra*, R. Esposito, M. Galletti 편. Torino 1997, p. 27].

102 Georges Bataille, *L'expérience intérieure*, in Œuvres Completes, t. V, 1973 [trad. it. *L'esperienza interiore*, Bari 1978, p. 62].

5. 경험

1. 하이데거에 관한 장이 바타유라는 이름과 함께 끝난 것은 우연이 아니다. 어떻게 보면 그의 이름은 하이데거 철학의 '마지막' 장에 머문다고도 말할 수 있다. 더 이상 하이데거 철학의 내부에 머무는 것도, 단순히 바깥에 머무는 것도 아닌 그의 이름은 오히려 그 누구의 소유도 아닌 땅에 새겨져 있다. 바로 이 무인 지대가 경계를 부여하며 그의 담론을 하이데거 철학의 외면에 각인시킨다. 이 외재성은 어떤 식으로든 '그만의' 것으로 남는다. 이는 무엇보다도 하이데거의 사유가 종말의 철학이자 철학의 종말로 제시되기 때문이다. 바타유의 사유는 정확하게 종말의 철학과 철학의 종말이 분리되는 지점에, 이들 사이의 틈새에, 혹은 철학이 종말을 맞이하는 곳에서 절개된 종말의 철학이 펼쳐지기 시작하는 유동적인 선상에 위치한다. 바타유의 말은—그는 분명히 그의 '존재'라고 말하겠지만—이 두 가지 관점을 분리시키는 일종의 쐐기 혹은 하이데거의 철학을 그의 철학 자체로부터 잘라

내는 칼에 가깝다. 좀 더 정확히 말하자면, 하이데거가 그의 철학이 불러일으킬지도 모를 심각한 오해의 가능성을 미처 알아차리지 못한 채, 좀 더 고유한 철학의 가능성을 모색하며 머물던 신화적인 영역의 멍울에서 하이데거의 철학 자체를 결정적으로 도려내는 것이 바타유의 사유다. 바타유가 하이데거에 대해 쓴 문장들을 순서대로 읽을 때 감도는 긴장감은 사실 하이데거와 바타유의 정치적 근접성이라는 당혹스러운[1] 테마로부터 바타유를 구해내려는 이들의 생각처럼 하이데거에 대한 바타유의 순수한 외재성에서 비롯되는 것도, 혹은 블랑쇼가 바타유의 메타정치적인[2] 경험에 대해 언급하며 이야기했던 무언의 적대감에서, 그러니까 "하이데거가 나치즘을—일시적으로나마—거부하지 않았을 뿐 아니라 독일이 고대 그리스의 뒤를 이어 숙명적으로 철학을 지배하게 되리라는 희망의 실현 가능성을 다름 아닌 나치즘에서 발견하도록 만들었던 바로 그의 초월철학에 대한 바타유의 암묵적이고 함축적인 답변"[3]에서 비롯되는 것도 아니다. 물론 이러한 견해 속에 사실이 전혀 없다고도 볼 수 없고, 또 식별의 관점이 원래의 상황을 전혀 포착하지 못한다고 볼 수도 없다. 하지만 이 두 철학자의 담론을 이끄는 총체적인 어조의 관점에서, 이들 사이에 가로놓여 있는 범주적, 어휘적, 양식적 차이의 심연을 어떻게 묵과할 수 있는가?[4] 하이데거의 꽁꽁 얼어붙은 존재론과 바타유의 불타오르는 인류학은 어떻게 비교해야 하나? 후세대를 위해 체계적으로 쓰인 하이데거의 저서와 독자도 저자도 없어 보이는 바타유의 단상들은? 하이데거가 말하는 현존재Dasein의 고통스러운 책임과 바타유가 말하는 과잉 주권의 '상실' 놀이는? 하지만 이 모든 것은 어떤 관계의 부재나 전면적인 적대 관계를 떠올리게 하기보다는 오히려 하이데거로 하여금 바타유를 당대의 가장 탁월한 프랑스 철학자로 평가하게 만든 두 사람의 공통 '관심사'가 결국 야기했던 의미의 전복 내지 사라짐을 생각하게 만든다. 이 관심사가 과연 무엇이었는지 정의하기에 앞서, 우선은 바타유가 하이데거를 언급할 때 사용하는 표현의 다름 아닌 '이중적인' 방식, 즉 자신이 하이데거의 사유에 깊이 연관되어 있는 동시에 벗어나 있다고 말하는 방식을 구체적으로 확인해볼 필요가 있다. 바타유가 언젠가 표현했던 대로, 하이데거의 사유에서 그는 "짜증나는 매력attrait énervé"을 느꼈고 이 매력은 뒤이어 그의 "난폭한 침묵"으로 변한다.[5]

바타유는 이어서 이 '침묵'에 대한 좀 더 구체적인 설명을 제시한다. 이 '침묵'은 단순히 하이데거의 사유에 대한 탄복이나 거부를 표하는 심리적 반응이라기보다는 오히려 하이데거의 사유가 지니는 명백함과 정반대되는 곳에 깊이 새겨져 있는 어떤 관계의 양태에 가깝다. 혹은 이렇게도 표현해볼 수 있다. 이 '침묵'은 정반대되는 것에서 결코 떨어지지 못하는 유형의 차이점, 혹은 동일한 지점에서 출발해 평행을 유지하는 두 선 사이의 공백에 가깝다.

나는 하이데거의 뒤를 잇는 자리에 서고 싶지 않다. (...) 내가『존재와 시간』에 대해 조금이나마 알고 있는 내용은 판결문에 가깝다는 느낌과 함께 혐오스럽다는 느낌을 준다. 내 사유의 일부는 어떻게 보면 그의 사유에서 비롯되었다. 누군가는 나의 철학과 하이데거의 철학 사이에서 어떤 유사성을 발견할 수도 있을 것이다. 그럼에도 나는 전혀 다른 길을 택했다. 내가 궁극적으로 이야기하려는 바를 하이데거의 철학적 관점에서 표상하는 것은 침묵뿐이다(그는 『존재와 시간』의 후속편을 쓰지 못했지만 후속편 없이 그의 저서는 미완으로 남는다). 그만큼, 나의 집에서 이 하이데거는 더 이상 있던 자리에 남아 있지 않다고도 말할 수 있다. 오래 전에 벽을 칠하면서 사용했던 사다리가 제 자리에 남아 있을 리 만무하듯이.[6]

바타유의 사유는 하이데거의 철학에서 언급되지 않은 내용과 일치한다. 그의 사유는 하이데거라는 철학적 형상의 공백에 등재된다. 이 공백은 그림을 빼고 남은 액자의 흰색 배경과도 같다. 바타유와 하이데거가 이 액자를 공유한다면 이 액자를 구축하는 것은 '철학의 종말'이라는 문제다. 하지만 바로 이 '철학의 종말'을 해석하는 과정에서 두 철학자는 각자의 길을 걸으며 갈라서기 시작한다. 우리는 철학의 종말이 하이데거에게 무엇을 의미했는지 알고 있다. 그에게 "철학의 종말은 철학의 역사 전체가 철학 자체의 극단적인 가능성으로 집약되는 '지점'과 일치한다. 완성Vollendung으로서의 종말이 의미하는 것은 바로 이 집약이다."[7] 우리는 아울러 하이데거가 이러한 완성-집약의 구도에서 사유의 새로운 과제를 도출해냈다는 것도 알고 있다. 하이데거에 따르면, 철학의 새로운 과제는 철학의 입장에서 철학적으로 생각해본 적이 없는 것들의 지평을 발견하는 데 있다. 하지만 그렇다면, 이러한 설명은 철학의 새로운 과제가 여전히 옛 철학의 궤도 안에 여전히 머물러 있다는 이야기 아닌가? 철학을 '끝내고' 새로운 출발점을 마련한 뒤 다시 소생시키겠다는 뜻 아닌가? 이러한 출발이 전통과의 단절을 가져오고 과거에서 벗어나게 만든다는 것은 사실이다. 하지만 하이데거의 입장에서 이 단절의 목적은 오히려 전통을 본래의 근원으로 되돌려놓는 데 있고, 이 근원은 주지하다시피 고대 그리스인들의 개념적 언어와 일치한다. 물론 하이데거는 이 언어가 현대인의 입장에서 침투하기 어려운 침묵에 휩싸여 있다는 점을, 다시 말해 왜곡하지 않으면 더 이상 활용할 수 없는 언어라는 점을 잘 알고 있다. 아니, 하이데거에 따르면 '철학의 종말'에 의해 열린 시선은 심지어 "더 이상 그리스적이지도 않고 앞으로도 결코 그리스적일 수 없다." 그럼에도 불구하고 하이데거는 이 시선이 여전히 "나름대로 그리스적"이라고 부연할 뿐 아니라 더 나아가 "이처럼 사고된 적이 없는 것을 사고하려고 노력한다는 것은 (...) 그리스적 사유를 가장 원천적인 방식으로 추구하며 그것의 가장 본질적인 기원에서 밝혀낸다는 것을"[8] 의미한다고 말한다.

결과적으로 하이데거의 사유가 이러한 기원과 완성, 상실과 재회, 전환과 회귀의 변증관계에서 조금도 벗어나지 못했다면, 이제 이러한 변증관계를 결정적으로 무너트리는 철학자가 바로 바타유다. 아울러 놓치지 말아야 할 점은 바타유가 이러한 변증관계를 파괴하는 과정에서 깊이 천착했던 철학자가 바로 하이데거가 서구 형이상학의 울타리 안에 꽁꽁 가두어놓았던 니체였다는 사실이다. 바타유의 니체 해석은 그가 하이데거의 거대한 구도 속에 고정되어 있던 역할들을 사실상 뒤바꾸어놓은 것과 다를 바 없는 결과로 이어진다. 즉 니체의 철학은 일종의 환원 불가능한 돌발 상황으로 간주되고, 결국 전통 철학의 울타리 안에 갇혀 있는 철학자는 니체가 아니라 오히려 하이데거인 것으로 드러난다. 이는 철학의 종말을 이해하는 하이데거의 여전히 '철학적인' 방식이 그를 자신은 초월했다고 믿는 철학의 역사의 내부에 여전히 남아 있도록 만들기 때문이다. 하이데거는 철학의 역사를 초월하지 않고 계승하며 또 다른 철학적 일화로 강화할 뿐이다. 이 일화는 정말 '최종적'이지만 하이데거가 종지부를 찍는 선상의 내부에 머문다. 바로 그런 이유에서 이 일화는 그리스적인 기원을 뛰어넘는 동시에 다시 활성화하는 변증적인 방식을 취한다. 하이데거의 철학은 이 기원과 '다른' 무엇이 아니라 오히려 그것의 '장래'에 가깝다. 그렇다면 하이데거의 '종지부'가 지니는 이러한 '장래성'에 정말 종지부를 찍으려는 것이 바타유의 의도다. 바타유는 아울러 이 종지부의 기원, 하이데거의 사유가 충실하게 메아리 역할을 하는 그 기원과도 모든 관계를 청산하고 결과적으로 모든 재출발, 모든 반복, 모든 모방과도—그것이 어떤 형식과 방향성을 지녔든 간에—관계를 청산하고자 한다. 철학의 종말은 새로운 앎을 위해 일종의 불모지를 열어젖히는 시대적 완성을 의미하지 않으며, 오히려—정확히 말하자면—첫 순간부터 사유를 어떤 필연적인 미완결성inachèvement에 운명지우는 '무-지non-savoir'*를 의미한다. 그 이유를 바타유는 이렇게 설명한다. "미완결성은 사유의 미흡한 부분에서만 나타나는 것이 아니다. 어떤 최종적인 구도가 불가능하다는 사실이 모든 지점과 각각의 지점에서 드러난다."9 만약 그렇지 않다면, 만약 '무-지'가 단순히 어떤 한계일 뿐이고 앎의 저편에서 펼쳐지는 야생의 영토 혹은 지식이 아직 정복하지 못한 현실에 불과하다면, 간단히 말해 아직 알려지지 않은 것에 지나지 않는다면, 그렇다면 사실은 적어도 헤겔의 정의를 기점으로 언제나 지식 외부의 어떤 타자성에 제한되는 것으로 간주되어 왔던, 따라서 항상 그런 식으로만 인지가 가능했던 철학에서 한 발자국도 벗어나지 못했다고 보아야 할 것이다. 실제로 절대적인 앎이란 스스로에게 **여전히** 부족한 것이 무엇인지 알아볼 줄 아는 앎, 그리고 바로 그런 이유에서 **벌써** 머뭇거리지만 그것에 대한 앎을 피할 수 없다는 것도 아는 앎이 아니라면 또 무엇이겠는가? 바로 이러한 점진적인 정복의 움직임 자체에서 벗어나는 것이 바타유의 '무-지'다. 그것은 '아직 모르고 있는' 무언가가 아니라 '절대적으로 알 수 없는' 것을 가리킨다. 그것은 앎에 절대적으로 포착될 수 없는 성격을 지녔다. 왜냐하면 앎의 그림자이기 때문이다. 바로 여기서 '무-지'의 정체가 드러난다. 그것은 철학 이후의 또 다른, 우월한 사유가 아니라 사유의 벌거벗은 '부정'이다. 그것은 모든 종류의 앎이 고유의 대상을 상실하는 경험 외에 아무런 흔적도 남기지 않고 사라지는 검은 구멍에 가깝다. 따라서 이를 개념화하려는 모

---

* 바타유의 'non-savoir'는 '지식이 아니'라기보다는 무언가를 '모른다'는 동사적 의미에 초점을 맞춰 '무-지'로 옮겼다. 이 '무-지'의 개념은 대략 다음과 같이 정의할 수 있다. 바타유에 따르면 눈물, 웃음, 예술적 감흥, 고통, 황홀경 같은 요소들에 대한 앎을 정립한다는 것은 어떤 식으로든 불가능하다. 이러한 요소들이 함께 형성하는 영역에서 부각되는 것은 오히려 앎의 한계다. 이성에 굴복하지도 않고 어떤 구체적인 의미로도 환원되지 않는 모든 것이 바로 '무-지'의 대상이다. 그런 의미에서 인간이 알려고 해도 알 수 없고 어떤 의미에서는 알려고 하지도 않지만 바로 이러한 특징을 공통점으로 형성되는 이질적인—신성한, 신비적인, 관능적인, 사회적인—요소들의 총체를 바타유는 '무-지'라는 이름으로 부른다.

든 시도는 실패로 돌아갈 수밖에 없다. 그 이유는 정확하게 "'무-지' 즉 **허무**가, 스스로에게서 벗어나 스스로를 잃으면서 모든 지적 대상을 해체하기에 이르는 사유의 지고한 대상으로는 한 번도 철학의 해결책 안에서 고찰된 적이 없기"[10] 때문이다. 바로 이러한 자기해체적인 차원이 다름 아닌 하이데거에게 부족했던 부분이다. 여전히 "결과에 연연해하는"[11] 하이데거의 철학은 결국 방어적인, 자기보존적인, 보상논리적인 입장에서 모든 것을 이해하지만 유일하게 중요한 것만큼은 모르는 앎을 증명하는 데 집중되는 철학, 즉 스스로에게서 벗어나 "떨어져 나오는" 것만큼은 모르는 철학, 사유 내부에서 열리는 "맹점" 속으로 미끄러져 들어가[12] 사라질 줄 모르는 철학이다.

하지만 여기서 어떤 오해가 발생할 수 있다는 점에 주의할 필요가 있다. 바타유의 입장에서 '무-지non-savoir'는 앎의 차원과 분리되어 있거나 독립적인 차원을 구축하지 않는다. 분리되어 있다면, 우리는 앞서 언급한 '알고 있는 것'과 '알 수 있는 것' 사이의 변증관계 안에 여전히 머물러 있는 셈이다. 바타유의 '무-지'는 오히려 '앎'과 일치한다. 단지 앎을 부정적인 형태로, 다름 아닌 알지 **않는** 형태로, 혹은 아무 것도 모르는, 아는 것이 없는 형태로 다룰 뿐이다. 그렇다면 여기서 한 단계 앞으로 나아가보자. 우리가 이를 긍정적으로 명명하기 원한다면 어떤 이름을 부여해야 하나? '무-지'를 긍정적인 방식으로 다룬다는 것은 과연 가능한가? 아니, 오히려 이렇게도 물을 수 있다. '무-지' 그 자체는, 그것이 전복시키는 앎과의 관계를 떠나 무엇으로 간주되어야 하는가? 바타유가 "더 이상 부정할 것이 없는 이 근원적인 부정의 **긍정**"[13]을 표현하기 위해 사용한 용어는 '내면 경험expérience intérieure'이다. 하이데거와의 논쟁이 바로 이 내면 경험의 문제, 내면 경험의 부재라는 문제를 두고, 다시 말해 그러한 경험 부족 자체가 부족하다는 사실을 중심으로 전개된 것은 결코 우연이 아니다. 하이데거의 사유가 경험을 지식에 종속시키는[14] 것이 특징인 반면, 바타유의 입장에서 관건은 "실존 철학자들의 우유부단한 추정에서 벗어나 경험이 제시하는 객관적인 확실성에 주목하는"[15] 것이다. 하지만 여기서 하이데거를 실존주의 철학자로 보는—당연히 불분명할 수밖에 없는—관점의 정당성 여부에 대해 논하기보다는, 우리가 관심을 기울일 수밖에 없는 한 가지 특징에 주목해보자. 하이데거의 철학에는 '경험의 개념'이 누락되어 있다. 그 이유는 정확하게 이 개념을 '경험' 자체로는 부인할 수밖에 없는 '앎'으로 채워 넣기 때문이다. 아무 것도 긍정할 필요가 없고, 그래서 그만큼 절대적인 긍정의 형태로 앎을 거부하는 것이 경험 아닌가?

이미 이러한 기본적인 구도에서부터, 바타유가 '경험'을 이해하는 방식은 어떤 철학적 정의와도 다르고 이질적이라는 점이 분명하게 드러난다.[16] 바타유가 생각하는 경험, 혹은 생각하기 위해 활용하는 경험은 루소적인 관점에서 그 자체로 축적되는 유형의 경험expérience과 상이할 뿐 아니라 오히려 정반대다. 왜냐하면 고스란히 경험의 세계 바깥으로 전복되기 때문이다. 바타유의 경험은 현상학적인 유형의 체험Erlebnis과도 다르고 어떤 유형의 감정적인, 참여적인, 융합적인 경험과도 다르다. 바타유의 경험은 오히려 삶의 일상적인 가능성들과 결코 견줄 수 없는 무언가와 직결되어 있는 듯이 보인다. 그만큼 이 무언가의 탐색은—미셸 푸코에 따르면—"삶에서 가장 경험할 수 없는 것이 있는 지점"[17]에서 이루어져야 한다. 정확히 말하자면, 삶이 뒤로 물러서거나 중단되는 지점, 혹은 삶을 가로지르며 "가장 강렬한 동시에 불가능한 곳으로"[18] 밀어내는 일종의 싱커페이션 현상이 발생하는 지점에서 이루어져야 한다. 여기서 경험은 마치—바타유가 천명하는 경험의 본질적인 '내면성'에도 불구하고—삶을 경험의 영역 '바깥'으로, 혹은 삶을 쪼개고 폐기하는 것과 소통하며 삶 자체가 부인되는 장면을 마주해야 하는 심연의 벼랑으로 밀어내는 듯이 보인다. 바로 이러한 이유에서 바타유의 '내면 경험'은 헤겔의 '경험Erfahrung'과도 거리가 멀다. 굳이 비교하자면, 바타유의 '경험'은 헤겔적인 경험이 텅 빈 형태로 전복된 것에 가깝다. 혹은, 감각적 현실에 대한 지적 획득이 아니라 오히려 지성이 현실의 지각될 수 없는 경계로 퇴각하는 움직임에 가깝다. 물론 헤겔의 '경험Erfahrung'에는 경로 혹은 '여행(Fahrt, fahren)'의 개념이 함축되어 있다. 하지만 이 여행은—횔덜린과 니체만이 예감했던 대로—목적지도, 되돌아올 가능성도 없는 여행이다. 이처럼 일종의 '추락'으로 이어지는 것이 바로 경험이라는 사건 내지 사고, 다시 말해 아무런 한계peras도 없는 무한한 파멸perire의 소용돌이로 언제든 빠져 들어갈 수 있는 어떤 경험experiri의 위험periculum이다. 바타유의 '경험'과 유일하게 유사하다고 볼 수 있는 것은 벤야민의 '경험' 개념이다. 벤야민의 '경험'이 점점 더 '빈곤해'지는 성향을 지니는 것은 우연이 아니다. 아니 그것은 오히려 그 자체로 부재하는 경험에 가깝다. 왜냐하면 관건은 경험의

'상실'일 수 없고 오로지 상실**의** 경험, 혹은 상실로서의 경험이기 때문이다.[19] 다시 말해 관건은 "경험이 아닌 것의 경험"[20] 혹은 경험 불가능성이다. 하지만 경험은 왜 불가능한가? 왜 경험하게 되는 것은 언제나 경험의 불가능성뿐인가? 왜 경험은 항상 부족하고, 또 그러한 부족함 자체와 다르지 않은가? 이 질문에 대한 바타유의 답변은 비교적 분명하다. 불가능한 이유는, 주체를 자아의 바깥으로 이끌어내는 것이 바로 경험이기 때문이다. 따라서 사실은 어떤 경험의 주체도 있을 수 없고, 경험 그 자체가 유일한 주체인 동시에 모든 주체성을 파기하는 주체다. 한편으로는 하이데거의 입장에서도 "무언가를 경험한다는 것은―어떤 사물, 어떤 인간, 어떤 신이 관건일 때―그 무언가가 우리에게 일어난다는 것을, 즉 예기치 않게 찾아와 우리를 동요하게 만들고 변화시킨다는 것을 의미한다."[21] 하지만 바타유는 이 탈주체화의 경험을 좀 더 깊이 파고든다. 푸코의 설명에 따르면, "주체를 문제 삼는다는 것은 곧 그것의 실질적인 파괴, 그것의 이탈, 그것의 폭발, 주체가 전혀 다른 것으로 전복되는 과정에서 해방되는 무언가를 실험한다는 의미다."[22] 그렇다면 무엇으로 전복된다는 말인가? 주체는 경험 안에서 무엇으로 전복되는가? 바타유가 주체성이 폐기되는 곳에서 발견하려고 했던 것은 무엇인가? 바로 이 지점으로 하이데거와 바타유의 '동의'는 물론 '대립'의 본질 자체가 집중된다. 이 지점을 바타유는 계속해서 '무-지'의 진원지로 간주한다. 이 진원지의 이름은 다름 아닌 '공동체'다.

『형이상학이란 무엇인가?』에서 내가 굉장히 인상 깊게 읽은 문장이 있다. 하이데거는 이렇게 말한다. "우리의 인간적 현실unseres Dasein은—우리의 연구원들, 교수들, 학생들의 공동체 안에서—지식에 의해 결정된다." 하지만 이런 식으로라면, 내면 경험에 의해 결정되는 인간적 현실에 의미를 부여해야 할 철학은 의심할 여지 없이 난관에 부딪히기 마련이다... 내가 이런 말을 하는 것은 하이데거에 대한 내 관심의 경계를 분명히 하기보다는 오히려 하나의 원칙을 제시하기 위해서다. 연구원들의 공동체 없이는 지식이 있을 수 없지만 이를 실제로 경험하는 이들의 공동체 없이는 내면 경험도 있을 수 없다. (...) 소통은 결코 인간적인 현실에 추가되는 무엇이 아니라 오히려 현실을 구축하는 요소다.[23]

2. 다른 어느 곳에서보다도 이 글에서 분명하게 드러나는 것이 바로 바타유와 하이데거의 관계가 지닌 모순이다. 여기서 이들의 관계는 바타유가 하이데거에 대해 느끼는 매력과 그를 향한 도전 의식, 그의 동의와 거부가 함께 어우러져 조성하는 모순적인 긴장과 더불어 역설적인 모호함과 명백한 오해로도 채워져 있다. 가장 눈에 띄는 것은 바타유의 해석이 '현존재Dasein'를 '인간적 현실réalité humaine'[24]로 옮긴 치명적 오역을 바탕으로 전개되었다는 점이다. 코르뱅Corbin의 첫 번째 번역본에서 비롯되었고 무엇보다도 사르트르의 적극적인 지지로 인해 정당화되었던 바로 이 오역에서 바타유가 시도하는 해석의 모호함이 발생한다. 하지만 바타유가 공동체의 기본적으로 구축-진행적인 성격을 논쟁적인 어조로 강조한다는 점도 문제다. 사실은 이러한 성격을 가장 먼저 포착하고 이론화했던 철학자가 바로 하이데거이고, 그가

『존재와 시간』에서 '함께하는-존재Mitsein'를 중심으로 이론화했던 것이 바로 이러한 내용이라는 점을 우리는 잘 알고 있다. 하지만 바로 이 점을 바타유는—하이데거의 저서들 대부분을 간과했던 것처럼—모르고 있었다. 하이데거의 철학을 프랑스로 도입하는 데 가장 먼저 기여했던 철학자였음에도 불구하고, 바타유는 하이데거의 저서를 자신이 직접 인용하는 것 외에는 거의 읽지 않았고 게다가 그의 철학을 항상 번역서로만 이해했다.[25] 그렇다면 하이데거와 거리를 두려는 바타유의 의도 자체가 아예 처음부터 잘못되었다고 보아야 할까? 정황이 꼭 그렇게 흘러간 것만은 아니다. 왜냐하면 바타유의 입장에서 자신의 사유가 하이데거의 철학과 구체적으로 다른 점이 바로 공동체라는 테마에서 발견된다고 보거나, 이러한 차이점은 철학이 공동체의 문제에 접근하는 방식과 직결된다고 볼 때 결코 틀린 판단을 하는 것이 아니기 때문이다. 바타유는 이렇게 묻는다. 스스로를 '유한한' 것으로 천명하는 철학이 어떻게 공동체를 고유의 사유 대상 가운데 하나로 간주할 수 있는가(정확하게 하이데거가『존재와 시간』에서 '함께하는-존재'의 분석에 한 장을 할애하며 이를 체계의 일부로 간주할 때처럼)? 오히려 철학이 지닌 모든 '내포[이해]comprensivo'의 기량을 초월하며 철학의 학문적인 의미를 폐기하는 것이 바로 공동체 아닌가? 이 점에 대해 바타유는—하이데거에 대한 부족한 이해에도 불구하고—틀리지 않는다. 모든 유형의 철학과 '무-지'의 근본적인 차이는 정확히 여기에 있다. 전자가 어쩔 수 없이 공동체를 제외하려는, 혹은 오히려 고유의 일부로 축약하려는 성향을 지닌 반면, 후자는 모든 면에서 전적으로 공동체와 일치한다. 바로 그런 이유에서 "끊임없이 혹은 적어도 굉장히 빈번히 자신을 잃는 철학자의 삶을 상상하기 힘든"[26] 반면, '무-지'의 경험은 "그 자체로 **타자를 위한**"[27] 것이다. 좀 더 분명히 말하자면, '무-지'는 **타자의** 것이다. '무-지'는 근본적으로 인지 능력의 부재와 일치하기 때문에 타자의—이 용어의 객관적인 동시에 주관적인 의미에서—앎일 수밖에 없다.[28] '무-지'는 의미의 생산이나 부여가 아니라 오히려 의미를 반박하거나 부정하는 것 앞에서 이루어지는 의미 자체의 노출이다. 앎이 모든 유형의 균열을 다시 메우려고 하는 반면 '무-지'의 본질은 우리 자신과 다를 바 없는 '열림'을 열린 상태로 유지하는 데 있다. 다시 말해 우리 존재 **속의**, 그리고 존재 **자체의** 상처를 은폐하지 않고 오히려 전시하는 데 있다.

여기서 하이데거의 여정으로부터 또 다른 형태의 이탈이 이루어진다. 우리가 살펴본 대로 바타유의 입장에서 경험은 공동체와 일치하며 이 공동체는 주체가 자기 자신**에게** 실재하는 것이 불가능한 차원과 일치한다. 주체가 스스로를 상대로 실재한다는 것은 불가능하다. 스스로에게 부족한 것이 주체다. 하지만 이는 곧 그가 어떤 식으로든 주체로 남는다는 것을, 단지 결핍의 주체일 뿐이라는 것을 의미한다. 간단히 말하자면, 이 '결핍'은—형이상학적 주체subiectum의 성격을 취하지 않아도—주체적인 성향을 지닌다. 하이데거의 경우 상황은 전혀 다른 방식으로 전개된다. 하이데거의 입장에서 부족한 것은 존재자의 존재이지 주체가 아니다. 하이데거가 말하는 실존과 바타유가 말하는 '찢어짐déchirement'의 차이가 바로 여기서 부각된다. 하이데거의 철학에서 아무런 '상처blessure'도 눈에 띄지 않는 이유는 간단하다. 그건 상처를 받을 개인적 주체가 아예 고려되지 않기 때문이다. 물론 몇몇 텍스트에서는 바타유 역시 '상처'를 사물들의 근저와 관련 짓는 듯이 보이고 이러한 형식이 하이데거가 말하는 존재의 열림을 연상시킨다는 것은 사실이다. 하지만 이어서 바타유는 무심결에―혹은 느닷없이―존재자를 다시 주체로 간주한다. 단지 이 존재자가 간헐적으로만―언제나 불완전하게―'인간'과 일치할 뿐이다. 이러한 구도는 바타유의 인류학적 인간이 지니는 본질적으로 "찢어진déchiré" 성격과도 일맥상통한다. "그런 의미에서, 우리 안의 인간은 태아적인 존재에 불과하다. 우리는 아직 인간이 아니다."[29]* 바타유의 안티휴머니즘에 대해서는 좀 더 뒤에서 다루기로 하고, 먼저 이 '결핍'에 주목하기로 하자. 그것은 '우리'를 우리 자신과 분리시킨다. 바로 이 결핍이 우리를 우리가 **아닌** 것, 우리의 타자, 우리와 다른 타자와 소통하도록 만든다. 그렇다면 이 타자란 과연 무엇인가? 우리는 무엇과 소통하는가? 바타유의 답변은 이중적이다. 다시 말해 소통의 정도나 질의 차이에 따라 두 종류로 나뉜다. 무엇보다 먼저, 우리의 '타자'를 구성하는 것은 객체들이다. 이 객체로부터 부각되는 식으로 고유의 정체성을 획득하는 것이 주체다. 하지만 동시에 주체는 객체 안에서 스스로

---

* 보다 분명한 이해를 위해, 생략되어 있는 앞 문장까지 함께 옮긴다. "어떤 전략을 활용하든, 인간은 이 '결핍'에서 벗어나지도, 벗어나려는 야망을 포기하지도 못한다. 그의 탈출 의지는 인간으로 존재한다는 것에 대한 두려움과 일치한다. 이 의지가 그에게 숙명적으로 선사하는 것은 위선뿐이다. 사실은 당당히 인간이지 못한 채로 존재하는 것이 인간이다. 그런 의미에서, 우리 안의 인간은 태아적인 존재에 불과하다. 우리는 아직 인간이 아니다."

를 잃어버릴 수밖에 없는 처지에, 결국에는 객체마저 동일한 상실의 움직임 속으로 끌어들일 수밖에 없는 처지에 놓인다. 바타유에 따르면, "경험은 끝내 객체와 주체를 융합하는 지경에 도달한다. 이는 주체가 무지의 주체, 객체가 미지의 객체이기 때문이다."[30] 뭐랄까 우리는 바타유가―두 말할 필요 없이, 하이데거와는 달리―주체와 객체의 어떤 '관념적' 관계에서, 즉 주체와 객체를 서로 다르고 분리되어 있는 두 종류의 실체로 보는 관점에서 출발한 뒤 바로 이러한 전제에서 벗어나기 위해 이를 모두 부인해야 하는 처지에 놓인 것 같다는 인상을 받는다. 바타유는 "'주체'와 '객체'의 제거만이 주체의 입장에서 객체의 소유라는 결과로 이어지는 것을 피하기 위한, 다시 말해 '모든' 것이 되기를 갈망하는 '자기ipse'의 역설적이게도 숨 가쁜 경주에서 벗어나기 위한 유일한 방도"[31]라고 생각하는 듯이 보인다.

하지만 객체의 타자성에는 또 다른 주체의 타자성이―공통적인 열정의 증폭과 함께 침투하며―추가된다. 타자 없이는 주체도 없다. 왜냐하면, "더 이상 소통하지 않는 사람은 고립된 상태에 슬퍼하며 쇠약해지고―은연중에―**혼자서는 존재하지 않는다**고 느끼기"[32] 때문이다. 이 문장은 바타유적인 공동체 개념의 윤곽을 비교적 뚜렷하게 보여준다. 그의 공동체는, 현실의 차원과 욕망의 차원을 분리하는 동시에 조합하는 경계선을 따라 움직인다. 달리 말하자면, 인간들은 현실 세계에서 사실상 고립되어 있지만, 그럼에도 불구하고 자신들의 '진실'은 바로 이러한 분리가 공동체의 근접성 속에서 무의미해지는 순간에 있다는 것을 감지한다. "진실은 인간이 개별적으로 고려되는 곳에 있지 않다. 진실은 (...) 오로지 **누군가와 그의 타자 간에 소통**이 이루어질 때에만 주어진다."³³ 하지만 공동체가 인간 존재의―'현실'이 아니라 오히려―'진실'이라는 말은 도대체 무슨 뜻인가? 인간의 존재가―하이데거의 철학에서처럼―원래부터 공통적이라는 뜻인가 아니면 누군가와 그의 타자 간에 '소통'이 이루어지는 순간에만 공통적으로 변한다는 뜻인가? 바타유는 이 두 가지 해석 가운데 어느 한 쪽을 선택하는 대신 이들을 '역동적으로' 중첩시킨다. 바타유에 따르면, 인간은 존재하지 않는 양태의 연속선상에서 고유의 정체를 도려내며 세상에 등장한다. 달리 말하자면, 인간의 삶은 그를 특별한 존재로 만들기 위해 타자들과 떨어트려 놓는 경계선과 고스란히 일치한다. 바로 그런 이유에서 인간은 고유의 생존을 보장하기 위해 이 경계선을 지킬 수밖에 없는 처지에 놓인다. 아니, 인간은 오히려 이러한 경계선을 부재하는 정황 대신 존재하는 정황의 경계로 간주하며 이를 잃어버릴 수도 있다는 생각에 떨 수밖에 없는 상황을 자초한다.³⁴ 물론 이러한 보존 본능은 인간이 시도하는 경험의 전부가 아니다. 순수하게 생물학적인 만큼, 보존 본능은 사실 경험의 가장 덜 강렬한 동기에 불과하다. 여기에 전적으로 반대되는 유형의 또 다른 충동이 뒤섞이며 보존 본능을 밀어내는 대신 이에 소리 없이 저항한다. 그런 식으로, 개인의 입장에서는 사실상 두려워하는 것을 오히려 욕망하게 되는 역설적인 상황이 전개된다. 이제 그를 존재하게 하는 경계의 상실을 그는 두려워하면서도 욕망한다. 그는 혼자서는 존재하지 않았던 이전 혹은 존재하지 않을 이후에 대한 불가항력적인 향수에 시달린다. 바로 여기서 욕망과 삶 사이의 영속적인 모순이 유래한다. 삶은 궁극적인 차원에서—공동체에 대한—욕망에 불과하지만—공동체에 대한—욕망은 어쩔 수 없이 생명/삶을 부정하는 형태로 전개된다.

> 나는 오로지 '나'의 바깥에서만 소통할 수 있다. 소통은, '나'를 버리고 '나'의 바깥으로 뛰어들 때에만 가능하다. 하지만 '나'의 바깥에서 나는 더 이상 존재하지 않는다. 내가 확신하는 것은, 내 안의 '존재'를 포기하고 그것을 바깥에서 찾으려고 할 때, 내 자신이 외형적인 존재로 드러나기 위한 조건과도 다를 바 없는 '나'를, 다시 말해, 부재할 경우 '나의 입장에서 실재하는 것'까지 함께 사라지게 만들 '나'를 망가트리거나 파괴할 위험을 자초한다는 것이다. 유혹에 빠진 존재는 이를테면 허무의 이중적인 포획에서 벗어나지 못한다. 소통하지 않는다면 존재는 고립된 상태의 삶과 다를 바 없는 허무 속에서 스스로를 파괴하지만 소통을 원하는 경우에도 똑같이 자기를 잃어버릴 위험에 처한다.[35]

그렇다면 이제 바타유의 공동체와 하이데거의 공동체를 보다 구체적으로 비교하는 것이 가능해졌다고 볼 수 있다. 하이데거의 입장에서 공동체가 우리의 초월 불가능한 존재 방식이라면 바타유의 입장에서 공동체는 죽음의 심연을 향한 인간 존재의 과도하고 고통스러운 돌출에 가깝다. 우리를 공통의 지평에서 하나가 되도록 만드는 것은 삶이 아니라 죽음이다. 물론 하이데거의 입장에서도 각자의 삶이 지닌 궁극적인 의미는 언제나 고유의 죽음과 직결된다. 하지만 하이데거의 경우 죽음은 이처럼 **고**

유한 것, 즉 인간이 죽음을 자신의 가장 진정한 가능성 가운데 하나로 간주한다는 의미에서 고유한 죽음인 반면, 바타유의 경우 죽음은 오히려 개인으로 남는 것이 불가능한 지점, 즉 탈고유화의 차원에서 이루어지는 모든 가능성의 폐기를 의미한다. 바타유의 입장에서는 우리가 온갖 노력을 기울여 고립된 개인으로 남으려고 해도 그럴 수 없다는 **공통된** 불가능성이 바로 죽음이다. 바타유의 텍스트를 뒤흔드는 과도한 흥분과 심지어는 폭력성이 바로 여기서 비롯된다. 이에 비하면 하이데거의 우주는 한마디로 '안정적'이다. 하이데거의 입장에서 '함께'를 뜻하는 '쿰cum'이 우리의 존재 조건을 처음부터 결정짓는 근본적인 틀에 가까웠다면, 바타유의 입장에서 '쿰'은 길을 잃지 않고서는 경험이 불가능한 한계-지점에 가깝다. 바로 그런 이유에서 '쿰' 속에서는 아주 짧은 순간들이—예를 들어 웃음, 섹스, 피의 순간들이—아니면 머물기 힘들다. 이러한 유형의 순간에 우리의 존재는 절정에 달하는 동시에 추락을 경험한다. 우리 자신에게서 벗어나는 것이다. 바로 이 경련에 가까운 움직임을 하이데거에게서는 찾아보기 힘들다. 그 이유는 하이데거의 입장에서 존재가 자기 안에 갇혀 있기 때문이 아니라 오히려 이미—원래부터—자기 바깥에 머물기 때문이다. 바로 여기서 이러한 '외재성'을—'시간'을—사유하는 방식의 차이가 드러난다. '시간'은 하이데거의 입장에서 실존의 차원 그 자체였던 반면 바타유의 입장에서는 피가 흐르는 상처에 가깝다. 이 상처가 실존을 가로지르며, 존재를 고유의 내재적 타자성에 열어젖힌다. "존재 자체가 시간이 될 때—그만큼 내부에서 부식되었을 때—그러니까 시간의 흐름이 오랜 고통과 단

넘에 힘입어 존재를 일종의 시간 여과기로 만들었을 때, 존재는 '내재성'을 향해 스스로를 **열고** 더 이상 어떤 객체와도 구분되지 않는 지경에 도달한다."[36] 바로 이 열림이 공동체의―부재하는― 자리인 동시에 우리의 우리가-아닌-존재, 우리의 우리와-다른-존재다. 하지만 이 열림은 우리의 타자와-다른-존재이기도 하다. 바로 이 지점에서 모든 담론이 가장 모순적인 결론을―혹은 절대적인 미결 상태를―향해 곤두박질친다. **내가 타자** 속에서 사라지는 것만으로는 공동체가 성립되지 않는다. 이러한 변색만으로도 충분하다면, 모든 것은 '나'의 흡수에 의한 '타자'의 배가라는 결과로 이어질 것이다. 반면에 요구되는 것은 이것이다. 공동체가 성립되려면, '나'의 바깥으로 뛰어드는 행위가 동시에 '타자' 속에서도―공동체의 모든 구성원과 공동체 전체에 소통되는― 어떤 환유적인 전염을 통해 이루어져야 한다.

바로 그런 이유에서 "타자의 실재가 (...) 완전히 드러나는 것은, 오로지 **타자** 역시 그의 입장에서 자신이 지닌 허무의 벼랑에 고개를 숙일 때에만, 혹은 그곳에서 쓰러질―죽을―때에만 가능하다. **소통**은 오로지 찢어지고 꼼짝 달싹하지 못하는 상황, 모두 자신들의 허무에 고개를 숙여야 하는 **상황에 놓인 두 존재 사이**에서만 이루어진다."[37] 바로 이 지점에서 바타유는 하이데거로부터 결정적으로 멀어진다. 공동체의 정체를 개인적인 삶의 경험 속에서 발견할 수 없다면 그건 개인적인 죽음의 경험 속에서도 불가능하다. 이는 '나의 죽음'이 불가피할 뿐 '나'에게는 "접근할 수 없는"[38] 것으로, 내가 지닌 가능성들 가운데 가장 불가능한 것으로 남기 때문이다. '나'를 자신의 바깥으로―공통의 지대로―밀어내는 것은 오히려 '타자'의 죽음이다. 하지만 이는 '나'의 죽음보다 '타자'의 죽음에 대한 경험이 더 용이하기 때문이 아니라 오히려—정반대로—더 용이할 수 없기 때문이다. 우리가 공유하는 것이 바로 이러한 불가능성이며 이를 우리는 극단적인 경험의 일종으로, 경험 불가능한 것의 경험으로 간주한다. 바타유는 이렇게 말한다.

> 죽음은 우리에게 아무 것도 가르쳐주지 않는다. 이는 우리가 죽음을 맞이할 때, 죽음이 주는 가르침의 혜택도 함께 사라지기 때문이다. 우리는 물론 타인의 죽음에 대해 성찰할 수 있고, 타인의 죽음이 우리에게 주는 인상을 우리 자신에게 적용할 수 있다. 죽어가는 이들의 모습을 바라보면서 우리는 빈번히 동일한 상황에 처한 우리의 모습을 상상한다. 하지만 이러한 상상도 당연히 우리가 살아 있을 때에만 가능하다. 죽음에 대한 성찰은, 삶의 본질이 죽음에 대한 관심을 끊임없이 분산시키는 데 있다는 점을 고려하면 차라리 조소에 가깝다. 우리가 원하는 만큼 얼마든지 시도할 수도 있겠지만, 실제로 죽음이 관건일 때에는 죽음에 대해 이야기하는 것만큼 뿌리 깊은 기만도 없다.[39]

여하튼 타자의 죽음이 우리의 죽음을 생각하게 만든다는 것은 사실이다. 하지만 이러한 성찰의 의미는 [두 죽음의] 동일화에 있는 것도 [죽음의] 재고유화에 있는 것도 아니다. 타자의 죽음은 오히려 우리에게 모든 죽음이—'나의' 죽음처럼 '그의' 죽음역시—고유화가 불가능하다는 점을 상기시킨다. 왜냐하면 죽음은 '나의' 것도 '그의' 것도 아닌 탈고유화 그 자체이기 때문이다. 바로 이것이 우리가 죽어가는 타자의 부릅뜬 눈에서 발견하는 고독, 완화가 불가능하고 공유만이 가능한 고독이다. 이 침투할 수 없는 비밀이 우리를 하나로 만들면서 다름 아닌 우리의 "마지막" 비밀로 변한다. "나를 이해한 사람은 세속적인 사회를 뒷받침하는 '미약한 소통'과 (...) '강렬한 소통'이 근본적인 차원에서 대립된다는 것을 알고 있다.* '강렬한 소통'은 서로 교류하며 소통하는 의식의 주체들을, 그들은 상호 침투가[소통이] 불가능한 존재라는 '마지막' 사실을 마주할 수밖에 없는 곳에 방치한다. (...) 서로 모여 끊임없이 교류하는 의식의 주체들에게도 이들의 상호 침투가 불가능하다는 사실이 순간적으로나마—비록 고통스럽고 가혹하다 하더라도—다시 재현되는 것을 피하기 힘들다."[40]

3. 공동체를 바라보는 이러한 독특한 관점에서, 지금까지 거론된 내용을 전체적으로 되돌아보고 어떤 잠정적인 결론을 도출해낼 수 있을 것이다. 어떤 결론인가? 왜 굳이 바타유를 거쳐야만 하는가? 그 이유는 홉스의 패러다임에 대한 정의를 기점으로 이 책의 해석학적 제방 역할을 했던 코무니타스와 임무니타스의 대립 현상, 즉 공통성과 면역성이 대립하는 초석적인 현상의

---

* 바타유의 '미약한 소통'은 일상적으로 이해타산이나 자기정당화에 소용되는 소모적이고 자기중심적인 언어의 소통을 말한다. 허망하고 저속하며 끊임없이 반복되는 성격의 이러한 소통을 바타유는 어두운 밤에 비유한다. 반면에 '강렬한 소통'은 여러 의식 주체들 간의 소통 경로에서 실존의 지고한 표현으로 간주되는 언어, 즉 일상과 명백하게 분리되어 있는 특별한 영역에서 감정, 축제, 사랑, 죽음 등의 의미를 다양하게 일회적으로 강렬하게 표현하는 언어의 소통을 말한다.

전모가 다름 아닌 바타유의 사유에서 고스란히 드러나기 때문이다. 결과적으로 부각되는 범주적 대안을 좀 더 적극적으로 적용하면, 바타유를 가장 철두철미한 반-홉스주의자로 정의할 수 있다.[41] 홉스가 처음부터 개인적 생존의 보장을 목적으로 하는 면역화의 가장 일관적인 지지자였고, 다름 아닌 생존의 보장을 명분으로—죽음에 대한 두려움의 이름으로—과감하게, 국가와 일치하지 않는 모든 유형의 공동체뿐만 아니라 인간-공동체라는 개념 자체의 파괴를 이론화한 철학자였다면, 바타유는 홉스의 이러한 생각을 가장 철저하게 거부한 철학자였다고 볼 수 있다. 생명/삶의 보존을 유일한 목적으로 내세우며 다른 모든 종류의 유익함을 희생시키는 태도에 맞서, 바타유는 삶이 절정에 달하는 과정 자체가 삶을 끊임없이 죽음 곁으로 이끌 수밖에 없는 어떤 과도함 속에서 전개된다는 관점을 제시한다. 미래의 안녕을 도모할 목적으로 모든 자산을 축적해야 한다고 믿는 과대망상적인 발상을 거부하며, 바타유는 모든 기획적인 탐사가, 이를테면 현재의 소용돌이 속으로 고스란히 빨려 들어가 있는 어떤 '무-지'의 상태에서 전개된다고 주장한다. 개인의 완전성을 위협하는 타자와의 모든 접촉을 예방 차원에서 포기하는 입장 역시 거부하며, 바타유는 오히려 상처의 상호적인 오염과 '개인'이라는 울타리의 파괴에서 비롯되는 일종의 '전염'에서 공동체를 발견한다. 바타유는 이렇게 말한다. "나는 인간들이 상처나 고통에 의해서가 아니면 뭉치지 않는다는 사실을 일종의 규칙으로 간주할 필요가 있다고 생각한다. 이러한 관점은 그 자체로 어떤 논리적인 힘을 가지고 있다. 일련의 요소가 어떤 전체를 형성할 목적으로 조합되는 경우, 이 조합은 각각의 요소가 개별적인 완전성의 감소를 감수하고 '공통된' 존재에 유리하도록 '고유한' 존재의 일부를 포기할 때 용이하게 이루어진다."⁴²

이처럼 두 종류의 패러다임이 대립하는 양상의 기저에는 두 종류의 못지않게 상이한 '형이상학'이 자리 잡고 있다. 한편에는—홉스처럼—인간을 자연적으로 부족한 존재, 따라서 초기의 나약함을 어떤 인위적인 보호 장치 또는 보철로 보완해야 하는 존재로 보는 관점이 있고, 다른 한편에는—바타유처럼—보편적이고 특별히 인간적인 에너지가 비생산적인 소모와 무한한 낭비로 이어질 운명에 놓여 있다고 보는 관점이 있다. 더 나아가, 한편에는 필요성의 법칙과 두려움의 원리가 지배하는 질서가 있는 반면, 다른 한편에는 욕망의 충동과 현란한 위험에 방치되는 무질서가 있다. 그러나 우리가 다루고 있는 담론의 목적을 감안할 때, 보다 중요한 것은 이러한 관점의 대립 현상이 인간관계의 영역에서 가져오는 완벽하게 상반되는 결과다. 홉스의 모형을 토대로 형성되는 인간관계가 계약의 '한정 경제' 속에 철저히 간혀 있는 것으로 나타나는 반면 바타유가 중요시하는 것은 어떤 상업적인 요소와도 무관한, 순수한 '관대함munificenza'이다. 따라서 바타유의 공동체가 주는 지고의 선물은—동기도 환수도 없는—'삶'이라는 선물이다. 그것은 각자의 개별적인 정체성을 공통의 정체성이 아니라 정체성의 공통된 부재 상태에 내맡기는, 버리는 형태의 삶이다. 바타유의 인간은 "먼저 '버림'이 무엇인지 이해하고 뒤이어 이를 원할 수 있어야 한다. 그래야 결국에는 버려진 상태로 남기를 의도할 수 있다. 어떻게 하면 '버림'에서 소통의 가장 열린 방도를 발견할 수 있는가?"⁴³ 바타유의 입장에서 이 질문에 충분히 명쾌한 답변을 제시할 줄 알았던 유일한 철학자는 니체다. 바타유는 공동체에 관한 자신의 사유를 니체의 사유와 문자 그대로 '일치'시킨다. "니체와 함께한 나의 삶이야말로 하나의 공동체다. 나의 책이 이 공동체다."⁴⁴ 왜 니체인가? 바타유에 따르면, "니체는 그가 제시한 '가능성'의 실체에 공동체가 요구된다는 점을 조금도 의심하지 않았다."⁴⁵ 무슨 의미인가?

　　그의 저작 전체를 집필하는 과정에서 줄곧 바타유를 동반했던 이 중첩의 의미를 정확히 파악하기 위해서는 바타유가 니체에 대해 시도했던 반-하이데거적인 해석을 다시 검토해볼 필요가 있다. 바타유의 입장에서 니체는 '힘에의 의지'가 아닌 '영원회귀'의 철학자다. 기회chance지만 끊임없이 불운malchance으로 전복될 위기에 처하는 기회가 바로 영원회귀다. 바타유에 따르면, 니체는 홉스의 철학적 유산 전체를 거부하며 가장 먼저 "모든 것을 원하지" 말고 "항상 원하지도" 말라고 가르쳤던 철학자다. 니체는 무엇보다 스스로와 결단을 내리고 "단절"함으로써 불-완전한 존재가 되라고, 우리를 에워싸며 가로지르는 타자와 나누며 일부가, 부분이 되라고 가르친다. 니체는 "선사라는 덕목이야말로 가장 고귀한 덕목이니"⁴⁶ 아낌없이 헌신하라고 가르친다. 스스로를 선사하는 자세만큼, 스스로를 '살아서'—죽음으로—선사하는 것만큼 고귀한 것도 없다. "당신들 스스로가 희생양이자 선물이 되려는 것, 바로 이것이 당신들의 갈증이다."⁴⁷ 여기서 니체가 바라보는 인물은 "저물어가며 (...) 황혼에 다가서는 일을 자신의 가장 지고한 희망으로 칭송하는 인물"⁴⁸이다. 그는 허무주의의 태양을—자신마저 뛰어넘어—모든 기반이, 심지어는 기반의 부재까지 가라앉는 심연 속으로 밀어 넣는 인물, 혹은 바타유의 '무-지'와 전적으로 일치하는 '상실의 의지' 속에서 아무 것도 소유하지 않는 인물이다. 그런 의미에서 바타유가 말하는 것은 "(…) 극단적인 한계지점까지 나아간 사유가 사유 자체의 희생 혹은 죽음을 요구하는 담론이다. 내 입장에서는 바로 이것이 니체의 삶과 저서가 지니는 의미다."[49]

하지만 바로 이 마지막 문장에서, 바타유의 글이 지닌 '생산적으로' 이율배반적인 성격과 전적으로 어울린다고는 볼 수 없는 어떤 모순이 등장한다. 아니, 이 모순은 그의 글이 지닌 '본질적인' 해결 불가능성과도 전혀 어울리지 않는 해결책에 바타유의 사유를 가두어버릴지도 모를 잠재력을 지녔다. 관건은 '희생/희생제의', 혹은 좀 더 일반적인 차원의 '신성'[50]이라는 주제다. '희생'은 바타유의 저서 전체에 걸쳐—그의 입장에서 결코 포기할 수 없는—어떤 전제인양 집요하게 등장한다. '희생'이라는 전제는 이중적이다. 왜냐하면 이 전제가 그의 저서에서 가장 혁신적인 방향성을 제시하는 동시에 가장 문제적인 결과를 표상하기 때문이다. 실제로, 바타유의 '스파이'[그의 모호한 희생 개념]가 언제나 맞서 투쟁했던 홉스적인 면역 패러다임의 핵심 개념 역시 '희생' 아니었나? 공동체 구성원들 각자의 강제적인 희생에 이어 공동체 자체의 희생적인 파괴를 가져왔던 것이 홉스의 패러다임 아니었나? 그렇다면 '희생'을, 그것도 홉스를 반대하는 입장에서 재차 제안하는 이유는 무엇인가? 바타유는 왜 '희생'을 "최후의 문제"이자 "인간 존재의 열쇠"로 간주하는가?[51] 이 질문에 대한 바타유의 답변은 이러한 재고 자체가 홉스의 희생 논리를 무효화할 수 있는 유일한 방법이라는 것이다. 물론 관건은 그리스도교나 관념주의처럼 정신주의를 도입하며 희생을 부정할 뿐 결국에는 그것의 역학 관계를 고스란히 재생할 수밖에 없는[52] 전략이 아니다. 여기서 요구되는 것은 희생의 논리를 그것의 벌거벗은 외면으로 드러내서 전복시키는 관점이다. 다시 말해, 희생을 더 이상 고통스러운 방편으로 — 어떤 최종적인 목적의 실현이나 생존을 위한 방편으로 — 이해하지 말고 오히려 모든 도구적인 성격에서 벗어난 목적fine 그 자체로, 따라서 일종의 종말fine로 이해할 필요가 있다. 이 종말은 변증적 희생 또는 희생의 변증법[53] 자체의 종말을 의미하며, 그야말로 '잃는' 희생, 아무런 소득 없이 잃고 스스로마저 잃는 희생으로 이어진다. 바로 그런 이유에서 바타유는 "자기의 **일부**를 희생시켜 또 다른 일부를 살리는"[54] 금욕주의적인 희생 논리를 거부하고, 오히려 "희생은 행위 속에 그 가치가 집중되어 있다"[55]라고 주장한다. 하지만 "희생제의의 집행자가 자신이 휘두르는 칼에 어떻게든 영향을 받는다는 사실"[56] 때문이라기보다는 명백하게 반-금욕주의적이고 반-변증적인 성향이 바타유의 희생을 재고유화의 의도에서, 다시 말해 "즉각적인 유한성을 포기함으로써"[57] 무한한 생존의 보장을 모색하는 입장에서 벗어나게 만든다. 바타유의 희생은 아울러 공동체를 원천적인 혹은 모방적인[58] 폭력으로부터 구원하기 위해 폭력을 특정 희생양에게 집중시키는 보완적인 차원의 제의와도 무관하다. '희생'은 — 바타유의 입장에서 — 이 모든 것의 정반대다. 그의 '희생'은 물질적이거나 정신적인 풍요 혹은 어떤 구원으로 인도해야 할 일종의 교량이 아니라 죽음을 직접 마주한 상태에 머물 수 있는 "기쁜" 조건에 가깝다.[59] 이는 헤겔의 표현대로 죽음의 "높은 경지"에 머물 수 있는 조건이지만, 바타유의 '희생'적 사유는 자기분해라는 극단적인 결과로 이어지지 않는다. 오히려, 헤겔은 "(…) 희생이 그 자체로 죽음의 모든 움직임과 '마지막 경험'을 증언한다는 사실에 주목한 적이 없기 때문에 (…) 자신이 어느 지점까지 옳은지 알 수 없었다."[60] 헤겔이 몰랐던 것은—바타유에 따르면—'오로지' 죽음만이 '홀로' 인간의 진실을 구축한다는 사실, 다시 말해 인간들의 차이점이 아니라 공통점을 기반으로 정립되는 만큼 홉스의 희생 논리와 전혀 다르고 정반대되는 의미에서 죽음이 진실을 만든다는 사실이다. 그런 의미에서, "인간을 [일상과] **다른** 모든 것에 연결시키는 것이 죽음이다. 누구든 죽음을 직시하는 자는 어떤 방에, 어떤 소중한 사람들에게 소속된다는 사실을 포기하고 스스로를 하늘 놀이에 내맡긴다."[61]*

하지만 바로 여기에 바타유가 경험했던 어려움이 있다. 이에 대해 그는 적절한 해결책을 제시하지 못했고 오히려 자신의 첫 번째 답변에 대해 점점 더 불신하는 입장을 취하면서 심지어는 '희생'을 일종의 볼품없는 "희극"[62]으로 간주하기에 이른다. 물론 그렇다고 해서 바타유가 이 주제에서 완전히 멀어졌던 것은 아니다. 그렇다면, 희생의 "하늘" 아래에서 우리가 공유하는 것은—

---

* 　보다 분명한 이해를 위해, 생략되어 있는 앞 문장까지 함께 옮긴다. "인간은 우주와 이질적인 존재다. 그는 사물, 음식, 신문의 세계에 속한다. 이것들이 인간을 그만의 특별함 속에 가두고 다른 모든 것을 외면하도록 만든다. 인간을 다른 모든 것에 연결시키는 것이 죽음이다. 누구든 죽음을 직시하는 자는 어떤 방에, 어떤 소중한 사람들에게 소속된다는 사실을 포기하고 스스로를 하늘 놀이에 내맡긴다."

희생 그 자체가 아니라면—무엇인가? 로마군과 대척했던 누만치아Numanzia가 결국 자멸을 결심했던 것처럼[63] 구성원들의 희생을 운명으로 받아들여야 하는 공동체의 정체는 과연 무엇인가? "죽음을 인간들이 공유하는 활동의 근본적인 대상으로"[64] 간주하는 것은 궁극적으로 무엇을 의미하는가? 물론 바타유는 이러한 표현에 능동적인 의미, 즉 타자에게 죽음을 주는 행위의 의미를 부여하지 않는다. 오히려 그는 아주 구체적으로 이렇게 말한다. "희생/희생제의는 살해가 아니라 버림이자 선사다."[65] 하지만 바타유는 이렇게도 말한다. "희생은 열기다. 이 열기가 있는 곳에 공통적 행위를 체계적으로 구성하는 이들의 마음이 있다."[66] 이 문장은, 그가 멀리하고자 했음에도 지나칠 정도로 몰두하지 않는 이상 벗어날 수 없던 어떤 모순이 있었음을 증언한다. 이는 바타유가 홉스의 희생 패러다임을 전복시킨 뒤에 어떤 식으로든 동일한 패러다임 안에 다시 갇히게 되는 상황이라고도 볼 수 있고, 혹은 바타유적인 '죽음의 공동체' 고유의 울타리가 결국 '희생'이라는 더 크고 오래된 울타리에 에워싸여 모호한 방식으로 중첩되기 때문에 두 영역의 경계를 구분하기가 어려워지는 상황이라고도 볼 수 있다. 학자들은 이 부인할 수 없는 연관성의 동기들을 다양한 각도에서 분석한다. 이러한 연관성은 예를 들어 '내면 경험'의 외면성에 틀어박혀 남아 있던 여분의 내면성에서 비롯되었을 수도 있고, 혹은—물론 전자와 다를 바 없는 경우지만—공유를 전제로 요구되는 여분의 주체성에서 비롯되었을 수도 있다. 또는 내재성의 과다 상태로 추락할 위기에 놓인 초월성으로부터 도주하는 성향일 수도 있고, 충만의 내재성을 대체하는 허무의—

허무가 아니라면 공통의 죽음, 피, 먼지란 또 무엇이겠는가? ─ 내재성일 수도 있다. 물론 이것이 가능한 이유는 상실 역시 총체를 ─ 다름 아닌 **허무**의 총체를 ─ 재구성할 수 있기 때문이다. 주목해야 할 것은, '공동체'란 삶의 일도, 죽음의 일도, 각자의 일도, 모두의 일도 아니라는 점을 바타유가 항상 깨달았던 것은 ─ 가장 많이 깨달았던 인물이었음에도 불구하고 ─ 아니라는 사실이다. 바타유가 '희생'에서 존재의 불멸성이 아니라 반대로 존재의 유한성에 대한 잔인한 증거를 발견하려고 했다는 것은 사실이다. 하지만 바로 여기에, 이 극단적인 진실을 조명하는 곳에 다름 아닌 그의 명백한 관점을 불투명하게 만들었던 그림자가 드리워져 있다. 바타유의 시야가 어두워졌던 이유는 그가 존재에서 정확하게 '희생될 수 없는 것'을 발견하려 하지 않았기 때문이다. 아니, 존재는 오히려 '희생될 수 없는 것' 그 자체에 가깝다. 바타유의 희생 개념을 치밀하게 분석한 장-뤽 낭시에 따르면, "유한한 존재는 스스로의 유한성을 파열시키면서까지 고유의 의미를 분출하지 말아야 한다. 그래서는 안 될 뿐만 아니라 어떤 의미에서는 그럴 수조차 없다. 유한성은, 엄밀히 말하자면 (...) 존재는 희생될 수 없다는 것을 의미한다."[67] 존재가 희생의 제물이 될 수 없는 이유는 인간의 존재가 원천적으로 ─ 어떤 희생의 무대보다도 더 원천적인 기원에서 ─ 이미 '헌정'되었기 때문이다. 단지 허무에, 그리고 그 누구도 아닌 자에게 헌정되었을 뿐이다. 존재는 여하튼 희생되지 **않고** 존재 자체와 다를 바 없는 유한성에 희생될 뿐이다. 이는 곧 인간의 존재가 '끝나기' 이전부터 이미 '유한'하다는 것을 의미한다. 다시 말해 누군가가 그를 죽음으로 몰아넣기 이전부터 그는 이미 죽을 수밖에 없는 존재다. 아마도 이 원칙만이 '홉스의 영역'—여전히 우리의 뿌리로 남아 있는 영역—'바깥'으로 우리를 이끌어낼 수 있을 것이다. 그 '바깥'에 무엇이 있는지는—혹은 그것이 무엇인지는—어느 누구도 말할 수 없을 것이다. 여전히 그것의 장소도, 시간도 포착되지 않기 때문이다. 하지만 무언가가 멀리 있다는 사실은 결코 시선을 떨어트릴 만한 훌륭한 동기가 되지 못한다.

바타유에 관한 여록

사르트르의 이름은 앞서 하이데거의 '현존재Dasein'가 프랑스에서 인간적 현실réalité humaine'로 잘못 번역되는 정황을 간략하게 다루면서 언급한 바 있다. 하지만 하이데거의 저서가 프랑스에 처음으로 소개되었을 당시에[68] 시작된 이 '오해의 희극'에서 사르트르의 휴머니즘은 훨씬 더 중요한 역할을 한 것으로 보인다. 이점은 바로 바타유가 개입하는 순간 벌어진 '세 명의 게임'에서 보다 분명하게 드러난다. 왜냐하면 바타유의 『내면 경험』에 대한 사르트르의 지극히 냉소적인 서평 「새로운 신비주의자Un nouveau mystique」[69]에서 그가 하이데거를 인용하는 부분이 바로 바타유를 비판하는 데 결정적인 역할을 하기 때문이다. 사르트르의 서평은 겉으로 보기와는 달리 훨씬 더 치열하게 논쟁적인 성격을 지닌다. 왜냐하면 사르트르가 하이데거와의 연관성을 바타유에게 양보하지 않고 독차지하려 든다는[70] 느낌만 주는 것이 아니라 이러한 입장을 기반으로 바타유에 대한 자신의 비판적인 견해를 정당화한다는 느낌마저 주기 때문이다. 사르트르에 따르면, 바타유의 오류는 "현대철학이 여전히 관조적이라고 믿었다는 데 있다. 하이데거를 굉장히 자주, 그것도 항상 부적절하게 인용할 뿐 그를 이해하지 못한 것이 분명하다."[71] 하지만 그렇다면 바타유가 하이데거의 무엇을 오해했기에 철학적으로 길을 잃었다고 보아야 한단 말인가? 사르트르가 곧장 제시하는 답변에 따르면, 바타유의 오류는 그가 자신의 '내면 경험'에 대해 이야기하려는 의도 자체와 모순될 수밖에 없는 주체성의 외면화를 시도했다는 데 있다. 간단히 말하자면, 그의 내면 경험은 결국 진정한 의미에서—혹은 충분히—내면적이라고 볼 수 없다. 사르트르는 이러한 불충분성의 원인을 바타유의 허망한 학자적 태도에서 발견한다. 이러한 태도 때문에 바타유가 "주체적인 체험Erlebnis의 정반대편"[72]으로, 다시 말해 내면적인 경험의 완전한 재고유화와 정반대되는 방향으로 나아갔다고 본 것이다. 이 시점에서 하이데거와의 관계가 중요해진다. 앞으로 보게 되겠지만, 사르트르의 상당히 개인적인 해석에 따르면, 하이데거가 '자기성Selbstheit'이라는 용어를 "프로젝트에서 시작해, 자기 자신으로 되돌아오는 일종의 실존적 회귀"[73]로, 다시 말해 자아에 대한 의식 자체의 배가로 이해했던 반면, 바타유는 '자기ipse'를 그것의 외부로 전복시켜 주체와는 어떤 유사성도 찾아볼 수 없는 타자성에 의탁한다. 바타유가 어떤 식으로든 하이데거의 '죽음에 대한 자유Freiheit zum Tod'를 활용한다는 것은 사실이다. 하지만 사르트르에 따르면, 하이데거의 입장에서 이러한 자유가 주체 자신의 내부에서 경험되는 반면, 즉 일종의 내면 경험으로 간주되는 반면, 바타유는 반대로 이 내면 경험을 변질시킬 수밖에 없는 무언가 '외부적인' 것에 의존하도록 만들면서 이 경험 자체를 "부패"시킨다. '부패'는 사르트르의 비판이 지닌 훈계의 어조[74]를 보다 확실하게 보여주는 용어다. 사르트르에 의하면, 하이데거에 대한 바타유의 오해와 사실상 일치한다고 볼 수 있는 이 오류에서 그의 비극적으로 균열된 시선이 유래한다. 다시 말해 바타유는 '자기ipse'라는 동일한 대상에 두 종류의 서로 모순되는 관점을 적용함으로써 결국에는 분리가 불가능한 개인in-dividuum으로서의 '자기'를 쪼개고 정체성을 수많은 파편으로 분해하는 결과를 초래한다.

하지만 하이데거에 대한 바타유의 오해가—사르트르의 입장에서—정말 심각한 문제를 일으키는 지점의 핵심 개념은 공동체다. 사르트르는 이렇게 자문한다. 공동체와 개별적인 인간들의 존재 사이에는 어떤 관계가 있는가? 공동체는 원래는 고립되어 있던 개별적인 주체들의 만남과 상호 관계의 결과인가, 아니면 이들을 처음부터 어떤 '공통적인' 현실 속에서 키워내는 것이 공동체인가? 공동체는 주체의 후속적인 산물인가 아니면 주체의 예비적인 탈구축화인가? 사르트르는 당연히 바타유가 후자에 속한다는 점을 부인할 수 없기 때문에—적어도 여기서는—바타유의 '소통' 개념을 하이데거의 '함께하는-존재Mitsein' 개념과 관련지어 다룰 수밖에 없는 처지에 놓인다. 하지만 사르트르는 서둘러 두 개념 사이에 본질적인 차이가 있다고 말한다. 이 차이점 역시 내면과 외면, 내재성과 초월성, 정체성과 타자성의 대조 속에서 발견된다. 언제나 학문적 전제의 영향에서 벗어나지 못했던 바타유가 공동체를 '고유의 자아 외부에서'—사르트르가 보기에는 오로지 신만이 설 수 있는 위치에 서서—바라보고 이를 주체적인 실체가 아니라 다양한 실재의 총체로 간주하는 반면, 하이데거는 충실하게—사르트르가 계속해서 하이데거의 철학으로 간주하는—실존주의적 휴머니즘의 전제를 준수하며 내부적인 관점에서 공동체를 바라본다. 아마도 이러한 평가를 기준으로 삼았기 때문에, 사르트르는 바타유의 '공동체'가 하이데거의 '함께하는-존재Mitsein'보다는, 바타유가 드나들던—사르트르 자신이 거부감을 내비치며 아이러니한 어조로 표현했던 것처럼—그 "이상하면서도 유명한 사회학 학교Collège de Sociologie"[75]의 프랑스 현대 사회학자들이 말하는 '군집'에 더 가깝다고 천명할 수 있었을 것이다.

사르트르의 재구성에 따르면—물론 사르트르 식의 해석이라고 하는 편이 더 낫겠지만—하이데거의 '함께하는-존재'는 자율적인 인간들의 공동체다. 이 공동체의 인간이 자율적인 이유는 그가 유한할 뿐 아니라 그만의 특별한 계획을 토대로 자신의 운명을 자유롭게 결정할 수 있는 존재이기 때문이다. 반면에 바타유의 공동체는 한계 지점, 안과 바깥 사이, 내재성과 초월성, 인간성과 비인간성 사이에 머문다. 바타유의 '주체'는 자율적인 동시에 종속적이고 하나인 동시에 다수, 자아인 동시에 자아와는 다른 존재다. 그는 더 이상 진정한 의미의 주체, 혹은 그를 관통하고 뛰어넘는 힘, 충동, 열정에 종속되는 차원의 주체가 아니다. '모든 것'이기를 원하는 만큼, 그는 허무에—자신이 만들지 않고 단지 겪을 뿐인 허무에—사로잡힌다. 아울러 그는 자신의 앎을 무의미하게, 우스꽝스럽게 만드는 '무-지'에 사로잡히고, 사르트르의 입장에서 진정한 내면 경험과 정반대되는 '범신론적' 무아지경에 사로잡힌다. 사르트르에 따르면, "진정한 내면 경험은 사실 범신론과 완전히 반대되는 경험이다. 사고cogito를 거쳐 자신을 되찾은 인간은 더 이상 길을 잃지 못한다. 심연이나 밤이 할 수 있는 것은 더 이상 없다. 인간은 도처에서 자기 자신이다. (...) 그는 인간적인 것에 내재적이다."[76] 따라서 사르트르가 시도한 분석의 결과는—물론 감정평가의 결과라고 하는 편이 더 낫겠지만—출발선의 전제에 완벽하게 부응한다. 사르트르의 입장에서는 증명해보이려고 했던 것을 완벽하게 증명한 셈이다. 바타유의 실패는 하이데거에 대한 그릇된 해석에서 비롯되었고 또 이러한 해석 자체가 그의 실패이기도 하다. 왜냐하면 사르트르의 입장에서 자신이 가장 훌륭하게 해석한다고 믿는 하이데거를 바타유는 잘못 이해하고 있었기 때문이다.

하지만 이 모든 것은 사르트르가 이야기하는 것과 전혀 다르다는 사실이 머지않아 하이데거의 『휴머니즘 서간』 출간과 함께 만천하에 드러난다. 왜냐하면 이 저서에서 하이데거가 사르트르적인 실존주의와의 모든 연관성을 부인했기 때문이다. 한편으로는, 이에 앞서 장 보프레가 사르트르의 철학을 초기에 '현존재 분석'의 프랑스어 버전으로 이해했다가 적절한 시기에 입장을 철회했던 것도 이러한 정황의 전모를 밝히는 데 일조했다고 볼 수 있다.[77] 하지만 하이데거 자신도 이러한 오해의 발생과 전적으로 무관하다고 보기는 힘들다. 왜냐하면—아마도 전쟁 직후의 고립된 상황에서 벗어나기 위해서였겠지만—사르트르에게 보내는 편지에서 그의『존재와 무』만큼 "자신의 철학에 대한 즉각적인 이해를 제시하는 책은 한 번도 읽은 적이 없다"라고 털어놓았을 뿐 아니라 심지어는 '함께하는-존재'에 대한 사르트르의 비판과 그가 '타자를-위한-존재'를 강조하는 부분에 **동의**한다고 밝혔기 때문이다.[78] 하지만 사실상『존재와 무』에서 사르트르가 전적으로 '타자를-위한-존재'에 집중되어 있는 '상호주체성' 개념을 강조하기 위해 '함께하는-존재'를 비판하는 부분은 반대로—하이데거의 실존주의에 대한 사르트르의 오해에도 불구하고, 아울러 이러한 오해 속에서—사르트르와 하이데거 간의 극명한 차이점을 고스란히 보여준다. 문제는 이것으로 끝나지 않는다. 우리의 논제를 감안할 때 보다 중요한 것은, 사르트르가 드러내는 자신과 하이데거의 차이점이 사실은 사르트르가 바타유를—구체적으로 언급만 안했을 뿐—멀리하는 이유와 상당부분 일치할 뿐 아니라 이점이 사르트르가 「새로운 신비주의자」에서 제시했던 관점과는 모순된다는 사실이다. 간단히 말하자면, 사르트르는 「새로운 신비주의자」에서 하이데거의 이름으로 바타유를 공격했던 반면,『존재와 무』에서는 바타유에게 쏟아 부었던 것과 다르지 않은 내용의 비판을 다시 하이데거에게 쏟아 부은 셈이다.

　따라서 이 문제는 좀 더 상세하게 검토해볼 필요가 있다. 사르트르가 이미 '대자對自의 즉각적인 구조'[79]를 다루는 장에서 비판적으로 지적했던 점은 하이데거가 '사고활동cogito'을 전혀 고려하지 않은 상태에서 '현존재Dasein'를 주제로 도입했다는 것이다. 다시 말해 '현존재'를 의식의 내면으로는 더 이상 환원될 수 없는 '바깥'으로 투영했다는 것인데, 보는 바와 같이 이는 그가 바타유에게—그것도 다름 아닌 하이데거의 이름으로—가했던 것과 굉장히 유사한 비판이다. 물론 사르트르는 '인간적 현실réalité humaine'을 고유한 존재의 자기초월, 자기극복, 불-일치, 또는 오히려 파멸로 이해하는 데 동의하지만, 여기서 관건이 되는 '부정 negazione'은 주체를 오히려 '비-이질화'하고 그를 보다 고유한 정체성의 주인으로, 보다 진정한 자아로 '재-전향'시켜야 할 과제를—무한하고 결코 완결되지 않을 과제를—안고 있다. 하지만 바로 이 회귀, '자기' 안으로 되돌아오는 이 움직임이야말로 사실은 하이데거의—사르트르가 표현하는 대로—"현존재가 자아로부터 도주"하는 움직임과 다를 바 없는 '배려Sorge' 개념의 반-변증적인 방식에서 제외되어 있는 요소다. 일단 자아의 바깥으로 벗어나면 주체는 더 이상 고유의 내면으로 되돌아오지 못한다. 왜냐하면 바로 이 도주가 '주체적 의식'의 개념 자체를 탈구축하며 타자성에 노출시키기 때문이다. 이로 인해 주체는 결국 사유가 불가능한 지대로, 그러니까 사르트르가 수호하는 코지토cogito의 후기데카르트적인 의미론 속에서는 사유될 수 없는 차원으로 추락한다.[80]

이것이 다름 아닌 공동체, 즉 '함께하는-존재'의 차원이다. 『존재와 무』의 세 번째 장에서 사르트르의 비판이 바로 이 공동체 개념에 집중되는 것은 우연이 아니다. 사르트르의 공격은 일종의 진정한 논리적 포위에 가깝다. 그는 하이데거의 접근 방식이 지니는 독창성을 인정하면서 시작하지만 곧장 이러한 방식의 형식적이고 실질적인 적합성을 부인한다. 하이데거가 후설의 심리학적인 유형과 헤겔의 역사주의적인 유형을 동시에 뛰어넘는다고 볼 수 있는 이유는 그의 '함께하는-존재'가 결코 다수의 개인이 모여 형성하는 무언가가 아니라 오히려 '개인'의 개념 자체가 돌이킬 수 없는 방식으로 변질되는 정황의 근본적인 전제이기 때문이다. 하지만 정확하게 사르트르가 거부하는 것이 바로 이러한 '변질'이다. 그가 이를 거부하는 이유 자체는 전적으로 논리적인 유형에 속한다. 사르트르에 따르면, 하이데거의 오류는 본질적으로 '존재적' 차원과 '존재론적' 차원 사이에서, 다시 말해 실질적인 현실의 영역과 보편적인 법칙의 영역 사이에서 논리적으로 부적합한 '차원의 호환'을 시도했다는 데 있다. 그런 식으로, 하이데거는 실존하는 우리의 몇몇 경험적인 요소들을 '공통적인-존재'의 존재론적인 구조로 변형시킬 뿐 아니라 추상적인 것과 구체적인 것, 보편적인 타자와 특수한 타자를 뒤섞어 활용한다.[81] 뭐랄까, 사르트르의 입장에서 '우리'란 도달할 수 없는 차원이다. 적어도 사르트르 자신이 고수하는 의식주의의 전제를 고려할 때 그가 결코 포기할 수 없는 주체적 개인을 기점으로는 도달하기 힘들다. 사르트르에 따르면, 타자는 '내가-아닌' 존재로만, '내'가 본질적인 차원에서 부정하는 것으로만 인식될 수 있다. 따라서 '나'는 타자의 부정에 지나지 않는다. 타자의 주체 역시 타자로 남기 위해 '나'를 부정해야 한다. 그래야 '나'에게 객관화되지 않을 수 있고 따라서 결국 '타자'로 사라지는 것을 피할 수 있기 때문이다. '나'와 '타자'의 관계는 필연적인 상호 부정의 관계다. '우리'를―'주체인 우리'와 '객체인 우리'를―어떤 식으로 경험하든, 그것은 '배제'가 전제되지 않으면 생각조차 할 수 없는 유형의 경험이다. 우리가 '우리'인 이유는 그저 타자들이 **아니기** 때문이다. 이와 마찬가지로, 타자들이 '타자들'인 이유 역시 우리가 **아니기** 때문이다.[82] 바로 이 말을 하기 위해 사르트르는 하이데거의 '함께하는-존재'에 코지토를, 공동체에 상호주체성을, '자기와-함께'에 '자기에-대해'를 대립시킨다. 어떤 경우에든 개인들의 경험은 서로 뒤섞이지 않고 중첩되거나 포함되지 않으며, 오히려 서로에게 맞서 일종의 전투를 벌인다. 바로 그런 이유에서, 사르트르는 이렇게 말한다. "나는 타자를 받아들이면서 (...) 나의 모든 가능성을 양가적으로 만드는 두려움을 느낀다."[83] "타자는 내가 지닌 가능성의 잠재적인 죽음이다."[84] '인간적 현실réalité humaine'은 전적으로 현실 자체에 내재적이다. 따라서 인간의 현실은 타자를 초월하거나 타자가 스스로를 초월하도록 내버려두어야 하는 비극적인 양자택일성에 좌우된다. 사르트르는 어김없이 이런 결론을 내린다. "의식 주체들 간의 관계는 본질적으로 '함께하는-존재Mitsein'가 아니라 분쟁이다."[85] 이 말 속에서—사르트르의 문학 전체에서처럼[86]—울려 퍼지는 것은 공동체의 불가능성이다. 뒤이어 시도한 '코뮤니즘'을 통해서도 사르트르는 이러한 불가능성을 부인하지 못하고 오히려 증언함으로써 모순을 전시하기에 이른다.

하지만 사르트르가 『변증법적 이성비판Critique de la raison dialectique』에서 시도한 공동체주의의 실패에 대해 논의하기보다는 우리의 주요 관심사에 집중하기로 하자. 사르트르가 하이데거의 철학에서 거부하는 부분은 다름 아닌 하이데거와 바타유의 공통점과 일치한다. 달리 말하자면, 하이데거와 바타유의 결합은 사르트르의 동일한 거부를 계기로 이루어진다. 사르트르가 거부하는 것이 바로 이들의 공공연한 안티휴머니즘이라는 점은 어렵지 않게 확인할 수 있는 특징이다. 이점을 분명하게 보여주는 하이데거와 바타유의 텍스트들은 너무 널리 알려져 있어서 다시 언급할 필요가 없겠지만, 여기서 우리가 특별히 주목해야 할 것은 하이데거와 바타유의 안티휴머니즘이 동일한 것은 아니라는 점이다. 여기서도 여전히 하이데거와 바타유의 어울리지 않는 조화, 또는 병렬적인 수렴의 특색이 그대로 드러난다. 바로 이러한 특징이 어떤 측면에서는 이들을 한 곳으로 인도하는 동일한 선상을 따라 분리시킨다. 물론 여기서 이 두 종류의 휴머니즘 비판이 지니는 불일치점들의 계보 전체를 상세히 재구성하기는 힘들지만 이를 간략하게나마 다음과 같이 요약해볼 수 있다. 하이데거의 안티휴머니즘이 인본주의 인류학을—그가『휴머니즘 서간』에서 직접 표현했던 것처럼[87]—"위에서" 뛰어넘는다면, 바타유는 그것을 밑바닥에서부터 전복시킨다. 이러한 정황은 무엇보다 이두 철학자가—모든 안티휴머니즘의 이론적 근거가 되는—'동물'을 두고 고수하는 입장에서 극명하게 드러난다. 하이데거의 철저하게 반-생물학적인 관점에서 동물성이 인간에게 가장—본질적인 차원의 신성보다도 더—이질적인[88] 것인 반면, 바타유는 동물성을 우리의 일부이자 우리 안에 가장 깊이 억압되어 있는 것으로 간주한다. 바타유는 이렇게 말한다. "동물이 내 앞에서 열어젖히는 심연은 유혹적이지만 내게 친숙한 것이기도 하다. 이 심연을 어떻게 보면 나는 잘 알고 있다. 그것은 나의 심연이다."[89]

하지만 대조에 의한 조응은 이것으로 끝나지 않는다. 주지하다시피, 하이데거의 입장에서 "세계가 없는" 동물과 인간 사이에 뛰어넘을 수 없는 장벽을 구축하는 것은 의미를 조합할 줄 아는 인간의 기량과 언어활동 외에도, 손으로 선사하고 지시하고 기도할 줄 아는—동물들의 앞발로는 절대로 불가능할—기량이다. 손은 여하튼 우리를 '결속하는'[90] **무누스**의 가장 중요한 운반 수단이다. 여기서 바타유는 다시 한 번 하이데거의 논제를 뒤엎는다. 라스코의 동굴 벽화가—모든 근원적 논리logos에 맞서—폭로하는 것은 인간성과 동물성을 하나로 묶는 매듭이 다름 아닌 문명화된 인간의 손에 의해 생산되었다는 것이다. 인류의 우월성을 그대로 느낄 수 있는 라스코의 벽화에서 "인간이 동물이기를 멈춘 것은 자신이 아닌 동물에게 시적인 이미지를 부여했기 때문이다."[91] 아니, 오히려 동물이라는 가면으로 스스로를 그림으로써 동물이기를 멈췄을 것이다. 이 글에서 드러나는 것은 당연히 주체의 정체성이 파괴되는 또 다른 극단적인 방식이다. 다시 말해 정체성을 파괴하는 것은, 주체의 뿌리가 잔혹하게도, 한때 인간들이 "사랑했고 살해했던"[92] 그 동물에 있다는 사실이다. 바타유의 글에서 부각되는 이러한 우정과 죽음의 근접성은 아울러 '우리에게 소속되는 법 없이 우리를 구축하는' 코무니타스 자체를 연상시킨다.

주

1 예를 들면 Jean-Pierre Faye, *Bataille et Heidegger. Rapport au temps cruel*, in *Georges Bataille et la pensée allemande*, Paris, pp. 47-54.

2 '정치적'/'비정치적' 바타유에 대해서는 Francis Marmande, *Georges Bataille politique*, Lyon 1985, Roberto Esposito, *Categorie dell'impolitico*, pp. 245-312, Jean-Michel Besnier, *La politique de l'impossible*, Paris 1988, Georges Bataille, *Contre-attaques* (Roma 1995)의 Marina Galletti 서문 및 주.

3 Maurice Blanchot, *La comunità inconfessabile*, p. 25.

4 Rebecca Comay, *Gift without Presents: Economies of «Experience» in Bataille and Heidegger*, in «Yale French Studies», n. 78, 1990, pp. 66-89 참조.

5 Georges Bataille, *Œuvres Complètes*, t. IV, 1971, p. 365.

6 같은 책, t. V, p. 474.

7 Martin Heidegger, *Zur Sache des Denkens*, Tübingen 1969 [trad. it. *Tempo ed essere*, E. Mazzarella 서문, Napoli 1980, p. 165] 참조.

8 Martin Heidegger, *In cammino verso il linguaggio*, pp. 112-13.

9 Georges Bataille, *Théorie de la Religion*, in *Œuvres Complètes*, t. VII, 1973 [trad. it. *Teoria della religione*, P. Alberti, Bologna 1978, p. 41].

10 Georges Bataille, *La souveraineté*, in *Œuvres Complètes*, t. VIII, 1976 [trad. it. *La sovranità*, R. Esposito 편, Bologna 1990, p. 41].

11 Georges Bataille, *L'esperienza interiore*, p. 287.

12 같은 책, p. 176.

13 Maurice Blanchot, *L'Entretien infini*, Paris 1969 [trad. it. *L'infinito intrattenimento*, Torino 1977, p. 277]. '바타유적인' 블랑쇼에 대해서는 F. Garritano, *Sul neutro. Saggio su Maurice Blanchot*, Firenze 199 참조.

14 Georges Bataille, *L'esperienza interiore*, p. 34.

15 Georges Bataille, *Œuvres Complètes*, t. XI, 1988, p. 304.

16 이에 대해서는 Martin Jay, *Limites de l'expérience-limite: Bataille et Foucault*, in *Georges Bataille après tout*, D. Hollier 편, Paris 1995, pp. 35-59 참조.

17 Michel Foucault, *Entretien* (avec D. Trombadori), in *Dits et Ecrits 1954-1988*, Paris 1994, t. IV, p. 43.

18 같은 곳.

19 Walter Benjamin, *Erfahrung und Armut*, in Gesammelte Schriften, vol. II/1, Frankfurt a. M. 1977 [trad. it. in «Methaphorein», n. 3, 1977, pp. 12-16].

20 Maurice Blanchot, *L'infinito intrattenimento*, p. 283.

21 Martin Heidegger, *In cammino verso il linguaggio*, p. 127.

22 Michel Foucault, *Entretien*, p. 48.

23 Georges Bataille, *L'esperienza interiore*, p. 58.

24 Frédéric de Towarnicki, *A la rencontre de Heidegger*, Paris 1993, p. 71 참조. 이에 따르면, 하이데거는 사르트르에게 'Dasein'의 프랑스어 번역어가 'réalité humaine'이어서도, 'être là'이어서도 안 되며 실존의 'être-le-là'이어야 한다고 쓴 적이 있다.

25 Georges Bataille, Œuvres Complètes, t. IV, p. 365.

26 Georges Bataille, *L'Erotisme*, in Œuvres Complètes, t. X, 1987 [trad. it. *L'erotismo*, Milano 1972, p. 272].

27 Georges Bataille, *L'esperienza interiore*, p. 108.

28 Bruno Moroncini, *La comunità impossibile, in L'ineguale umanità*, Napoli 1991, pp. 56 이하.

29 Georges Bataille, *L'esperienza interiore*, p. 150.

30 같은 책, p. 37.

31 같은 책, p. 96.

32 Georges Bataille, *Sur Nietzsche*, in Œuvres Complètes, t. VI, 1973 [trad. it. *Su Nietzsche*, Milano 1970, p. 53].

33 Georges Bataille, *Le Coupable*, in Œuvres Complètes, t. V, [trad. it. *Il colpevole*, Bari 1989, p. 62].

34 Robert Sasso, *Le système du non-savoir*, Paris 1978, pp. 158 이하. Carlo Grassi, *Bataille sociologo della conoscenza*, Roma 1998.

35 Georges Bataille, *Su Nietzsche*, pp. 53.

36 같은 책, p. 156.

37 같은 책, p. 51.

38 Georges Bataille, *L'esperienza interiore*, p. 122.

39 Georges Bataille, *L'enseignement de la mort*, in Œuvres Complètes, t. VIII, p. 199.

40 Georges Bataille, *La littérature et le mal*, in Œuvres Complètes, t. IX, 1979 [trad. it. *La letteratura e il male*, Milano 1987, pp. 182-83].

41 홉스의 패러다임을 거부하는 바타유의 입장에 대해서는 『낭비의 개념』 이탈리아어 번역본에 실린 엘레나 풀치니Elena Pulcini의 서문 참조. Georges Bataille, *Notion de dépense*, in Œuvres Complètes, t. I, 1970 [trad. it. *Il dispendio*, Roma 1997, p. 25].

42 Georges Bataille, *Le Collège de Sociologie*, in Le Collège de Sociologie(1937-1939), Paris 1979 [trad. it. *Il Collegio di Sociologia 1937-1939*, Torino 1991, p. 441].

43 Georges Bataille, *Il colpevole*, p. 88.

44 Georges Bataille, *Su Nietzsche*, p. 42.

45 같은 책, p. 41.

46 Friedrich Nietzsche, *Così parlò Zarathustra*, p. 88.

47 같은 곳.

48 같은 책, p. 93.

49 Georges Bataille, *La sovranità*, pp. 207-8.

50 바타유적인 '신성'의 의미에 대해서는 논문집 *Georges Bataille: il politico e il sacro*, J. Risset 편, Napoli 1987 참조.

51 Georges Bataille, *La limite de l'utile*, in Œuvres Complètes, t. VII, pp. 263 이하.

52 그런 의미에서, 장-뤽 낭시가 시도한 희생 변증법의 탈-구축 작업은 중요한 의미를 지닌다. Jean-Luc Nancy in *Un pensiero finito*, pp. 213-63.

53 Roger Money-Kyrle, *The Meaning of Sacrifice*, London 1930 [trad. it. *Il significato del sacrificio*, Torino 1994, pp. 155 이하], Georges Gusdorf, *L'expérience humaine du sacrifice*, Paris 1948, pp. 74-76.

54 Georges Bataille, *L'esperienza interiore*, p. 56.

55 같은 책, p. 212.

56 같은 책, p. 236.

57 G. W. F. Hegel, *Philosophie der Religion*, in Werke, Berlin, voll. XIXII, 1940 [trad. it. *Lezioni sulla filosofia della religione*, Bologna 1973, vol. I, p. 299].

58 Rene Girard *La violenza e il sacro* 참조.

59 Georges Bataille, *La pratique de la joie devant la mort*, in Œuvres Complètes, t. I [trad. it. *La pratica della gioia dinanzi la morte*, in *La congiura sacra*, pp. 117-19].

60 Georges Bataille, *Hegel, la mort et le sacrifice*, in Œuvres Complètes, t. XII, 1988 [trad. it. *Hegel, la morte e il sacrificio*, in *Sulla fine della storia*, Napoli 1985, pp. 85~86].

61 Georges Bataille, *Il colpevole*, p. 64.

62 Georges Bataille, *Hegel, la morte e il sacrificio*, p. 83.

63 Georges Bataille, *La congiura sacra*, pp. 84-85.

64 같은 책, p. 86.

65 Georges Bataille, *Teoria della religione*, p. 71.

66 Georges Bataille, *La Part maudite*, in Œuvres Complètes, t. VII [trad. it. *La parte maledetta*, Torino 1992, p. 69].

67 Jean-Luc Nancy, *Un pensiero finito*, p. 257.

68 François Fédier, *Heidegger vu de France*, in *Regarder voir*, Paris 1995, Jean Wahl, *Existence et transcendance*, Neuchatel 1944.

69 Jean-Paul Sartre, *Un nouveau mystique*, in Situations I, Paris 1947 [trad. it. *Un nuovo mistico*, in *Ce cos'è la letteratura?*, Milano 1966].

70 하이데거의 저서가 프랑스에 보급되는 정황과 관련하여 사르트르가 스스로에게 부여했던 역할에 대해서는 *Carnets de la drôle de guerre*, Paris 1995 (Carnet XI, pp. 403-9) 참조.

71 Jean-Paul Sartre, *Un nuovo mistico*, p. 253.

72 같은 책, p. 254.

73 같은 책, p. 255.

74 이는 바타유가 사르트르에게 직접 답변하며 언급했던 부분이다. 바타유의 답변은 『니체에 관하여』 부록에 실려 있다. *Su Nietzsche*, pp. 183-89 참조. 하지만 이러한 관

점은 바타유와 사르트르를 비롯해 이폴리트와 클로소프스키 등이 함께 참여했던 '죄'에 관한 논쟁에서도 분명하게 부각된다. «Le Dieu vivant», n. 4, 1945 [trad. it. *Dibattito sul peccato*, Milano 1980, p. 50] 참조.

75   Jean-Paul Sartre, *Un nuovo mistico*, p. 260.

76   같은 책, pp. 275-76.

77   하이데거 연구가인 프랑스 철학자 장 보프레는 사르트르의 실존주의적 휴머니즘에 영향을 받아 1946년 하이데거에게 휴머니즘의 의미에 관한 의견을 물었고 하이데거는 이에 대한 답변으로 다음 해에 『휴머니즘 서간』을 출간했다. 보프레가 하이데거에게 보낸 편지의 내용은 여전히 사르트르적인 어휘로 채워져 있지만, 뒤이어 보프레는 하이데거의 입장을 설명하며 실존주의를 "그에게는 내키지 않는" 사상으로 묘사했다. *De l'existentialisme à Heidegger*, Paris 1986, p. 34.

78   하이데거의 표현은 그가 1945년 10월 사르트르에게 보낸 편지에서 인용했다. Frédéric de Towarnicki, *À la rencontre de Heidegger* [trad. it. *Lettera sull'«umanismo»*, pp. 109 이하] 이 모든 것에 대한 보다 상세한 설명은 번역본에 실린 프랑코 볼피 Franco Volpi의 서문 참조.

79   Jean-Paul Sartre, L'être et le néant, Paris 1943 [trad. it. *L'essere e il nulla*, Milano 1975, pp. 117 이하].

80   같은 책, pp. 312 이하.

81   같은 책, pp. 316-17.

82   이에 대해서는 사르트르의 변증적 '무'를 치밀하게 분석한 Sergio Givone, *Storia del nulla*, Roma-Bari 1995, pp. 170-79 참조.

83   Jean-Paul Sartre, *L'essere e il nulla*, p. 335.

84   같은 곳.

85   같은 책, p. 521.

86   이는 마술로의 관점이기도 하다. Aldo Masullo *La comunità come fondamento*, pp. 345-466.

87   Martin Heidegger, *Lettera sull'«umanismo»*, pp. 55-56.

88   같은 책, p. 49.

89   Georges Bataille, *Teoria della religione*, p. 51.

90   Jacques Derrida, *Geschlecht II*, Paris 1987 [trad. it. *La mano di Heidegger*, M. Ferraris, Roma-Bari 1991, pp. 31-79].

91   Georges Bataille, *Le passage de l'animal à l'homme et la naissance de l'art*, in Œuvres Complètes, t. XII, p. 262.

92   같은 책, p. 272.

허무주의와 공동체

1. 이 두 용어 사이에는 어떤 관계가 있는가? 이 질문에 여러 형태의 공동체 철학과 통상적인 허무주의 해석이 제시하는 답변은 허무주의와 공동체가 근본적으로 상반된다는 것이다. 허무주의와 공동체는 서로 다를 뿐 아니라 정면으로 맞선 상태에서 어떤 접촉 지점이나 중첩 영역도 허용하지 않는 대척 관계에 놓여 있다. 다시 말해 허무주의와 공동체는 서로를 배제하는 입장에 놓인다. 어느 하나가 있는 때나 장소에 다른 것은 있을 수 없다. 이들의 대립이 공시태적인 차원에서 이루어지든 통시태적인 궤도 선상에서 이루어지든, 중요한 것은 정확하게 상호 환원 불가능성에서 의미를 얻는 두 극단 가운데 어느 하나를 선택해야 하는 상황의 명백성이다. 인위성, 무의미, 무질서가 특징인 허무주의는 공동체를 불가능하게 만들거나 심지어는 상상조차 할 수 없는 것으로 만들어버린다. 반면에 공동체는 끊임없는 자기해석을 통해 허무주의적인 결과에 저항하고 대척하며 이를 제어하는 실체

에 가깝다. 바로 이것이—대략 19세기 말부터—'사회'에 만연한 허무주의의 무시무시한 위협에서 벗어날 수 있는 유일한 안식처는 사실상 '공동체'라는 점에 주목했던 공통적comuniale, 공동체적comunitario, 소통적comunicativo 사유가 공동체에 부여해온 역할이다. 이러한 정황이 전개되는 가운데 변하는 것은 이 두 용어에 때에 따라 부여되는 우선순위이지 이들의 엄밀하게 이분법적인 성격이 아니다. 예를 들어 페르디난트 퇴니에스가 공동체comunità를 사회società에 우선하는 것으로 간주했고 뒤이어 20세기 전후에—좌파나 우파의 진영 모두에서—탄생한 황혼의 철학, 배신의 철학, 상실의 철학이 모두 이와 동일한 계보학을 수용했던 반면, 오늘날 아메리카 대륙의 신공동체주의자들은 이 이원론의—근본적인 구조에 대한 논의 없이—시제 자체를 전복시켜 사회가 공동체에 우선하는 구도를 제시한다. 다시 말해, 국가 패러다임의 위기와 다문화적 분쟁의 확대를 특징으로 하는 근대 사회의 뒤를 이어 등장하는 것이 공동체, 즉 퇴니에스적인 원형이 완전히 분해되면서 형성되는 특수 공동체들이다. 이러한 공동체는 더 이상 근대사회가 취한 사회문화적인 형태의 잉여 현상이 아니라 오히려 보편적-개인주의적인 공동체 모형 자체가 불충분하기 때문에 발생하는 대응의 형식에 가깝다. 따라서 다름 아닌 개개인의 사회가—일찍이 과거의 유기적인 공동체를 파괴했던 것과 동일한 유형의 개인주의 사회가—다시 새로운 형태의 공동체를 생성하지만 이는 고유의 내부적 엔트로피에 대한 뒤늦은 반응에 불과하다. 이러한 관점에서 볼 때 결과적으로 다시 부각되는 것은 공동체와 허무주의의 상호배제 현상이다. 공동체는 허무주의가 아직 '식민지화'하지 않은 공간을 기준으로 전진하거나 후퇴하고 확장되거나 축소된다. 하버마스 역시—그가 전략적 이성에 소통적 이성을 대립시킬 때—이와 동일한 해석의 패러다임 안에 머문다. 단지 방어적인 성격을 좀 더 강조할 뿐이다. 하버마스의 '무한한 의사소통 공동체'는 기술세계의 점진적인 침입에 대한 저항선과 함께 의미의 보류 체계를 구축한다. 이 의사소통 공동체가 신공동체주의의 아주 초보적인 관점에 비추어볼 때처럼 사실적인 것이 아니라 일종의 초월적인 아프리오리 a priori로 간주된다고 해도 기본적인 해석의 구도는 바뀌지 않는다. 이 경우에도 공동체는—사실적이 아니라 잠재적이라 하더라도—허무주의의 침략에 맞서기 위한 일종의 방어벽 또는 경계선으로 간주된다. 뭐랄까, 공동체는 허무의 소용돌이 속에서도 비워지지 않는, 꽉 찬 무언가에—어떤 실체, 약속, 가치에—가깝다. 공동체는 우리가 검토하고 있는 사유의 전통 전체에 전제가 되는 분쟁, 즉 '사물'과 '허무' 간에 벌어지는 분쟁의 또 다른 얼굴이다. '허무'의 외부적인 폭발 또는 내부적인 붕괴를 막기 위해 '사물'의 현실을 확고하게 붙드는 것이 공동체다. 아니, '사물'의 파괴에 저항하는 사물 자체가 공동체다.

2. 하지만 이는 과연 수용할 만한 전제인가? 바로 이러한 전제가 우리 시대와—다름 아닌 이 완성된 허무주의의 시대와—어깨를 나란히 할 수 있는 공동체적 사유를 오히려 가로막는 것은 아닌가? 이 전제를 그대로 받아들인다면, 우리는 두 가지 해결책 가운데 어느 하나를 선택해야만 하는 상황에—전자 못지않게

어려운 선택의 기로에 — 놓인다. 다시 말해 현시대의 본질적으로 허무주의적인 성향을 아예 부인하거나, 아니면 우리가 주목하는 연관성의 지평에서 공동체의 문제를 아예 제외해야 한다. 따라서 '공동체'를 — 단순히 그리워하는 차원에서 벗어나 — 진지하게 다루려고 할 때 차선책으로 대두되는 것은 허무주의를 경험의 어떤 특징이나 특별한 순간에 국한되는 요소로 간주하는 방법이다. 달리 말하자면, 허무주의를 어떤 '종착점이 있는' 현상 내지 어느 시점에 이르러 사라지거나 적어도 수그러드는 현상으로 이해할 수 있다. 혹은 허무주의를 신체의 특정 기관에만 해를 끼치는 일종의 질병으로도 간주할 수 있다. 이 경우에 질병이 사라지면 신체는 건강을 회복한다. 하지만 이러한 환원주의적 논리는, 허무주의가 현대사회의 어떤 부차적인 성격이나 일시적인 특징이 아니라 오히려 근본적인 성향이며 다름 아닌 현대에 이르러 최고조에 달했다는 것을 명백하게 뒷받침하는 수많은 근거 앞에서 난관에 부딪힌다. 그렇다면 어떻게 해야 하나? 공동체와 허무주의 가운데 어느 하나를 포기하지 않고 문제를 해결하기 위한 유일한 방법은 이 주제들을 단일한 사유 체계 안에서 함께 고찰하는 것이다. 그러려면 허무주의의 완성을 어떤 극복할 수 없는 장애물로 볼 것이 아니라 오히려 새로운 유형의 공동체 철학을 정립하기 위한 일종의 기회로 이해할 필요가 있다. 이는 물론 공동체와 허무주의가 동일한 것으로 간주될 수 있다거나 균형을 이룰 수 있다는 뜻은 아니다. 아울러 이들을 동일한 차원이나 궤도 선상에 위치시켜야 한다는 뜻도 아니다. 허무주의가 곧 기회인 이유는 오히려 공동체와 허무주의가 교차하는 특정 지점에서

둘 중 어느 것도 사실상 벗어나지 못하기 때문이다. 공동체와 허무주의는 모두—서로 다른 동기를 지녔을 뿐—동일한 지점에서 구축된다. 다양한 형태의 공동체 철학에 의해, 아울러 좀 더 일반적인 차원에서 전통적인 정치철학에 의해 간과되고, 거세되고, 무효화되어온 이 지점을 우리는 다름 아닌 '허무'라는 이름으로 부를 수 있다. 바로 이것이 공동체와 허무주의가 공유하는 공통점이다. 이 '허무'의 형태는 오늘날까지 거의 탐색되지 않은 채로 남아 있다.

탐색이 이루어지지 않았다면, 어떤 의미에서인가? 잠시, 이 '허무'와 허무주의의 관계라는 결코 단순하지 않은 문제를 핵심 논제의 배경으로 미루어두고—뒤이어 다시 다룬다는 전제 하에—우선 공동체의 문제에 집중하기로 하자. 앞서 살펴본 것처럼 공동체는 오랫동안 허무주의와 상반되는 것, 우리의 '사물' 자체와 다를 바 없는 것으로 간주되어 왔다. 공동체의 정의 자체가 사실상 이러한 대립 관계에 의해 결정된다. 따라서 공동체는 허무와 다르고 허무로 환원될 수 없을 뿐 아니라 허무와 가장 명백하게 반대되는 것, 즉 고스란히 '자기'로 채워지는 '전부'와 일치한다. 하지만 나는 바로 이러한 관점이 문제시되어야 할 뿐 아니라 심지어는 전복되어야 된다고 믿는다. 공동체는 '사물'과 '허무'의 대립이 아닌 중첩의 공간이다. 나는 이러한 추론의 근거를 마련하기 위해 공동체를 뜻하는 라틴어 '코무니타스communitas'와 이 용어의 어원 '무누스munus'의 어원론적인 동시에 철학적인 분석을 시도했다.[1] 내가 내린 결론은 '코무니타스'라는 범주가 다수의 개인이 집단적으로 소유하는 모든 유형의 고유성 개념뿐만 아니라 어떤 공통의 정체성에 소속된다는 개인의 의식과도 거리가 멀다는 것이다. '코무니타스'의 원천적인 의미에 따르면—'무누스'의 복합적이지만 풍부한 의미가 이 책에서 분석한 대로라는 전제 하에—코무니타스의 구성원들이 공유하는 것은 오히려 탈고유화의 움직임이다. 이 탈고유화는 이들이 '가진' 것만 빼앗지 않고 이들의 '주체적 존재' 자체를 끌어들여 부식시킨다. 여기서 담론의 결은 인류학이나 정치철학의 전통적인 지평에서 좀 더 근본적인 존재론의 지평으로 기울어진다. 공동체가 '더 많은' 대신 '더 적은' **주체성**과 결속되어 있다는 것은 곧 공동체의 구성원들이 더 이상 그들 자신과 일치하지 않으며 그들이—구축적인 차원에서—스스로의 개별적인 경계를 무너뜨리고 자신 '바깥'으로 고개를 내미려는 성향에 노출되어 있다는 것을 의미한다. 이러한 관점에서, 즉 **공통성**과 **고유성**의 모든 근접성을 파괴하며 전자를 오히려 **비고유성**과 연결시키는 관점에서 다시 일면으로 부각되는 것은 '타자'의 형상이다. 더 이상 '동일한' 주체가 아니라면, 공동체의 주체는 필연적으로 '다른' 타자일 것이다. 그는 '또 다른' 주체가 아니라, 어떤 새로운 정체성 안에서 고정되지 않는 변화의 사슬에 가깝다.

3. 공동체가 언제나 '타자'의 것이라면, 다시 말해 결코 '자기'의 것이 아니라면, 이는 곧 공동체를 구축하고 구성하는 실체가 부재한다는 것을 의미한다. 정확히 말하자면 주체성, 정체성, 고유성의 부재다. 이는 공동체가 어떤 '사물'이 아니라는 것을, 달리 말하자면 이처럼 '아니'라고 부정적으로만 정의되는 사물이라는

것을 의미한다. 그것은 일종의 '비-사물'이다. 그렇다면 이 '비~'
는 어떤 식으로 이해해야 하나? 이것이 수식하는 사물에 '비~'는
어떤 식으로 관여하나? 당연히, 순수한 부정의 의미로 관여하는
것은 아니다. 조금도-없는-공통점 또는 공통된 허무는 어떤 실체
의 반대가 아니라 오히려 실체에 상응하며 굉장히 강렬하게 상
호-소속되는 요소다. 바로 이러한 상응 또는 상호-소속의 정확한
의미에 유념하며 그릇된 해석에서 벗어날 필요가 있다. 예를 들
어 공동체의 **허무**를 아직은 공동체로 볼 수 없는 형태의 무언가
로, 다시 말해 정반합의 변증적인 방식으로 해결될 수밖에 없는
어떤 모순관계의 여전히 부정적인 순간으로 보는 해석은 피해야
한다. 하지만 반대로 허무를, **사물**이 순수한 실재의 완전성 속에
서 폭로될 수 없기 때문에 뒤로 물러서는 형태의 어떤 은폐로 보
는 해석도 피해야 한다. 이러한 해석의 구도 속에서 허무는 사실
상 사물 자체의 허무로 남지 않고 사물의 어떤 목적이나 전제로
변신한다. 다시 말해, 사물의 벌거벗은 현재가—사물 그 자체 혹
은 사물 자체와 다르지 않은 것이—아니라, 사물의 미래 또는 과
거로 변한다.

'허무'는 뭐랄까 공동체의 조건이나 결과가 아니다. 다시 말
해 공동체의 '진정한' 가능성을 향해 공동체를 자유롭게 하는 전
제가 아니다. '허무'는 오히려 공동체의 유일한 존재 방식에 가깝
다. 달리 말하자면, 공동체를 억제하거나 어둡게 하거나 은폐하
지 않고 오히려 구축하는 것이 '허무'다. 이는 거꾸로 공동체가
어떤 실체는 아니라는 것을 의미한다. 공동체는 어떤 집단적 주
체 혹은 주체들의 집단이 아니라 이들을 개인적인 주체로는 더

이상 존재하지 못하도록 만드는 관계에 가깝다. 공동체적 관계 속에서는 타자와 관계하는 이들을 가로지르며 변화시키는 편차가 이들의 정체성을 중단시킨다. 다시 말해 이들이 서로 교차하며 타자와 접촉하는 경계선, 혹은 '함께con', '~가운데fra' 같은 일련의 편차가 이들을 스스로와 분리시킨다.

시간이 흐르면서 원래의 뜻과 전혀 다른 의미를 지니게 된 또 다른 용어 interesse를 예로 들면, 공동체는 '존재esse의 사이inter'가 아니라 '사이의 존재', 즉 존재를 만드는 관계가 아니라 '관계로서의' 존재라고 볼 수 있다.* 이러한 구분이 중요한 이유는 우리에게 **존재**와 **허무**의 중첩 현상을 명백하게 보여주기 때문이다. 공동체는 비-소속성이 공통점인 곳에서, 혹은 상실된 고유성이 결코 공통된 '자산'으로는 합산될 수 없는 지점에서 우리와 타자를 연결하는 틈새 내지 그것의 공간화로 존재한다. 공동체 안에서는 소유, 고유성, 고유화가 아니라 오로지 결핍만이 공통적이다. 무누스munus라는 라틴어 용어가 도눔donum의 경우처럼 **받은** 선물이 아니라 오로지 **준** 선물만을 가리켰다는 것은 곧 이 용어에 원칙적으로 '보상'의 가치가 누락되어 있다는 것을 의미한다. 그렇다면 이는 무누스가 결정짓는 주체적 실체의 결함이 결국에는 채워지거나 회복되거나 봉합될 수 없고 주체의 열린 상처 역시 더 이상은—실제로 '함께 나누기'를 원한다면—어떤 보

---

*   inter(사이)와 esse(존재)의 합성어인 interesse는 문자 그대로 '있는 것 사이', 함축적으로는 '절충 불가능한', '있는 그대로의 것들 사이'를 의미한다. 이러한 의미론적 틀을 기반으로 interesse는 '중요성', '지불해야 할 이자', '유용성', '이윤', '관심' 등 다양한 의미를 지닌 단어로 변화했다.

상으로도 닫히지 않는다는 것을 의미한다. 이는 '함께 나누기 condivisione'에서 '함께con' 하는 것이 사실은 '나누기divisione'이기 때문이다. 이 개념이 암시하는 한계점은 '결속'하지만 이 결속은 수렴, 회귀, 혼합이 아니라 오히려 이탈, 우회, 확산의 방식을 취한다. 결속의 방향 역시 바깥에서 안으로 향하는 대신 언제나 안에서 바깥으로 향한다. 공동체는 내면의 외면화다. 바로 그런 이유에서―그만큼 내면화뿐만 아니라 내재화의 개념과도 상반되기 때문에―공동체의 '사이inter'가 통합하는 것은, 고유한 '바깥'으로 고개를 내민 주체들의 외면 혹은 돌출 부위에 지나지 않는다. 이 중심이탈적인 움직임은 '분할partizione'의 개념에서도 확인할 수 있다. 이 개념은 '함께 나누기condivisione'와 동시에 '출발 partenza'을 소환한다. 공동체는 도착지가 아니라 출발지다. 아니, 어떻게 보면 우리에게 속하지 않고 결코 속할 수도 없을 것을 향한 출발 그 자체에 가깝다. 따라서 공동체는 실질적인 통합, 융합, 결합을 가져오는 것과는 거리가 멀다. 공동체는 따뜻하게 하지도 않고 보호하지도 않는다. 그것은 오히려 주체를 가장 극단적인 위험에 노출시킨다. 다시 말해, 자신의 고유한 개성을 잃어버릴 위험은 물론 타자의 입장에서 건드릴 수 없는 것을 보호하는 울타리마저 잃어버릴 위험에 노출시킨다. 그것은 느닷없이 사물의 허무 속으로 미끄러져 들어갈 위험이다.

4.   허무주의의 문제는 바로 이러한 '허무'를 중심으로 고찰되어야 한다. 하지만 이 문제가 제기되는 차원들 간의 연관성은 물론 차이점에도 주목할 필요가 있다. 달리 말하자면, 허무주의는 조

금도-없는-공통점 혹은 공통된 허무의 표출espressione이 아니라 방출soppressione이다. 허무주의는 허무와 직결되는 문제지만, 여기서 관건이 되는 것은 허무를 파괴하는 방식이다. 물론 파괴되는 것은 사물의 허무가 아니라 허무주의의 허무, 허무의 제곱, 배가된 동시에 허무 자체가 집어삼킨 허무다. 이는 곧 허무의 적어도 두 가지 뜻 또는 단계가 주어진다는 것을 의미한다. 하지만 이 두 단계가 표면적으로 일치하는 만큼 이들을 명확하게 구분할 필요가 한다. 첫 번째는, 앞서 살펴본 것처럼 공통적인 존재를 어떤 실체가 아니라 관계로 만드는 연관성의—편차 혹은 공간화의—단계다. 두 번째는 반대로 이러한 연관성 자체가 관계-없음의 절대성 속에서 파기되는 단계다.

이제 이러한 관점을 홉스의 절대주의에 적용하면 이 '해결책'의 윤곽은 어느 때보다도 뚜렷하게 드러난다. 실제로 홉스가 근대적인 정치적 허무주의의 창시자라는 사실은, 그가 모든 초월적 진실에 대한 형이상학적 제약으로부터 자유로워진 세계의 실질적인 허무를 '발굴'했다는 단순하고 통상적인 의미로 이해할 것이 아니라, 오히려 이 허무를 훨씬 더 강력한 또 다른 허무로 '은폐'했고 후자의 기능이 정확하게 전자의 잠재적인 파괴력을 무력화하는 것이라는 의미로 해석해야 한다. 이와 동일한 맥락에서, 홉스의 정치철학의 핵심은 공동체의 근원적인 허무를—혹은 근원의 부재를—제어하며 강제적인 형태의 제도로 전환할 수 있는 새로운 기원을 창출했다는 데 있다. 이러한 이율배반적인 형태의 무력화 전략은—즉 무에서 창조한 인위적 허무로 자연적 허무를 비워내는 전략은—존재의 시원적 공유, 즉 '함께 나누기'라는 원칙에 대한 전적으로 부정적일 뿐 아니라 파국적인 해석에서 비롯된다. 다름 아닌 시원적 공동체에 부여되는 절대적인 부정성이 주권 체계를―공동체의 '견딜 수 없는' **무누스**로부터 예방 차원의 면역화를 시도하는 리바이어던 국가를―정당화하기에 이른다. [홉스의 입장에서] 이러한 시도가 성공적인 결과를 가져오려면―다시 말해 여기에 요구되는 희생과 포기라는 크나큰 대가에도 불구하고, 논리적으로 합리적이려면―이 공통의 **무누스**에서 '과도한 선사'의 측면을 제거하고 오히려 '결함'의 측면을 부각시킬 뿐 아니라 이러한 결함 자체를―'위반하다'는 뜻의 라틴어 delinquere의 중립적인 의미, 즉 법적 의무를 다하지 못한다는 차원의 '결함'을―진정한 의미의 '범죄'로, 아니 불가피한 잠재적 범죄의 사슬로 간주해야 한다.

바로 이러한 급진적인 해석의 강제성이―조금도-없는-공통점에서 범죄의 공동체를 이끌어내는 해석이―코무니타스의 제거를 결정짓고 개개인과 통치자 사이의 수직적인 관계를 제외한 모든 연관성의 제거를 기반으로, 여하튼 비사회화 자체를 기반으로 하는 정치 형식의 정립에 기여한다. **사물**을 위협하는 **허무**로부터 사물을 보호해야 한다는 요구에서 출발했기 때문에, 홉스는 결국 다름 아닌 허무를 도구로 사물 자체를 파괴하기에 이른다. 달리 말하자면, 개인에게 중요한 것을 뜻하는 interesse에서 '존재(esse)의 사이(inter)'뿐만 아니라 '사이의 존재' 또한 희생시키는 결과를 가져온다. '홉스적인 질서의 문제'를 두고 시간이 흐르면서 제시된 다양한 형태의―결정주의적인, 기능주의적인, 체계적인 형태의―답변들은 모두 이러한 악순환에서 벗어나지 못할 가능성이 크다. 이는 인간이라는 동물의 원천적인 결핍 속에 내재하는 위험을 제거하기 위한 유일한 방법이 일종의 인위적인 보철 혹은 제도라는 장벽을—다시 말해 동종인 타자와의 잠재적으로 파괴적인 접촉으로부터 보호할 수 있는 장치를—구축하는 것뿐이라고 보기 때문이다. 하지만 이러한 보철을—그러니까 신체기관이 아닌 기관, 어떤 결핍의 형태로 주어지는 기관을—다름 아닌 사회적 중재의 형식으로 취한다는 것은 곧 허무에 대처할 목적으로 또 다른 형태의 훨씬 더 극단적인 허무를 활용한다는 것을 의미한다. 왜냐하면 이 허무가 처음부터 보완해야 할 부재 자체에 의해 생산되었을 뿐 아니라 그것에 좌우되기 때문이다. 사실은 표상이라는 원리 자체도—부재하는 것에 실재를 부여하는 형식적인 메커니즘으로서의 표상도—이 허무를 사실상 재생하고 강화할 뿐이다. 왜냐하면 허무의 원천적이고 파생되지 않은 성격을 개념화하지 못하기 때문이다. 달리 말하자면, 대체하려는 허무가 사실은 어느 시점에선가 기존의 질서를 파괴하는 어떤 상실이—실체와 기반과 가치의 상실이—아니라는 점을, 반대로 허무는 우리의 공통적인-존재가 지닌 특성이라는 것을 포착하지 못하기 때문이다. 관계의 허무를 깊이 파고들려고 한 적도 없고 파고들 줄도 몰랐기 때문에, 근대의 허무주의는 절대성의 허무에—절대적인 허무에—의탁된 상태로 남는다.

5.   바로 이러한 허무에서 벗어나려는 것이 근대적인 공동체 철학의 목표였지만 공동체 철학 역시 정반대되면서도 사실상 똑같은 선택을 했기 때문에 결국에는 물리치고자 했던 것과 동일한

허무주의에 빠진다. 여기서 절대화되는 것은 더 이상 허무가 아닌 사물이다. 하지만 사물을 절대화한다는 것은 허무 자체를 파괴하는, 결과적으로 허무를 다시 한 번 강화하는 것에 불과하다. 공동체 철학의 전략은 근원적 무누스에 의해 결정된, 아니 구축된 허무를 더 이상 비워내는 것이 아니라 오히려 채워 넣는 식으로 전개된다. 따라서 루소를 기점으로 현대 공동체주의에 이르기까지 일종의 대안으로 부각되던 사유들은 사실 홉스적인 면역화의 관조적인 전복에 불과하다는 것이 드러난다. 예를 들어 이 대안들은 홉스적인 면역화의 주체주의적인 어휘뿐만 아니라 특수주의적인 결과까지 수용한다. 단지 후자가 더 이상 개인이 아닌 집단 전체에 적용될 뿐이다. 어떤 경우에든 줄어드는 것은—개인적인 것과 집단적인 것의 중첩에 의해 완전히 분해되는 것은—단수적인 동시에 복수적인 존재 방식으로서의 관계다. '관계'는 개인적인 차원에서 개개인을 서로 분리시키는 절대성에 의해 분해될 뿐 아니라, 집단적인 차원에서도, 스스로의 정체를 자기 안에서만 발견하는 폐쇄된 형태의 단일한 [집단적] 주체 안에서 개인들의 융합에 의해 분해된다. 끊임없이 반복되는 이 자가-정체성-구축의 극단적인 예가 루소의 클라랑Clarens 공동체라는 점을 감안하고 살펴보면 이러한 체제의 거의 모든 표본적인 특징들을 확인할 수 있다. 가장 대표적인 예는, 공동체의 완벽한 자족성에 참여하는 구성원들 모두의 상호 일체화와, 따라서 공동체 외부에 존재하는 모든 것과 어쩔 수 없이 대척하게 되는 상황이다. 이러한 유형의 공동체와 외부 세계의 양립은 불가능하다. 이는 이 공동체가 고유의 내부 세계에만 집중하며 구성원들 간의 관계에 절대적인 투명성과 중재 없는 직접성을 강요하기 때문이다. 문제는 이러한 투명성이 개인 각자를 계속해서 타자로 환원시키지만 이 타자가—예방 차원에서 각자와 다를 바 없는 존재로 간주되는 만큼—더 이상 타자는 아니라는 데 있다. 루소는 이러한 '마음의 공동체communauté de coeur'가 정치적 민주주의로 발전할 수 있는 가능성을 예견한 적도 없고 오히려 분명하게 부인했지만, 그렇다고 해서 이러한 공동체 개념이 낭만주의 전통 전체에 행사한 신화적인 매혹의 위력이 무효화되는 것은 아니다. 어떻게 보면 이러한 영향력의 흔적은 퇴니에스의 '공동사회Gemeinschaft'가 추구하던 이상적인 유형에서도 발견된다. 왜냐하면 '공동사회' 역시 구성원들 개인의 의지에 본질적으로 우선하는 보편적인 의지를 기반으로 정립되기 때문이다.

하지만 여기에는 근대사회의 허무주의에 맞서 등장한 이러한 유형의 공동체들이 무의식적으로 다시 허무주의에 빠지는 현상과 좀 더 직접적으로 연관되는 무언가가 있다. 주목해야 할 것은 이러한 공동체들이 근대사회에 완벽하게 부응할 뿐 아니라, 전복된 허무의 형태로 긴밀하게 기능했다는 사실이다. 개인주의 패러다임의 무의미한 성격에 맞서 고유의 집단적 본질로 채워지는 의미 과잉형 공동체가 대두될 때마다 그 결과는 언제나—원래 대척하고자 했던 외부와 내부의 적들뿐만 아니라 결국에는 스스로에게도—파괴적이었다. 이는 무엇보다 20세기 전반을 피로 물들였던 전체주의의 실험과 직결되는 문제지만, 아울러—조금은 다르고 당연히 덜 파괴적인 방식으로나마—어쩔 수 없이 공동체중심적인 모형을 기준으로 지지자들, 애국자들, 형제들을 불러 모았던 '고국', '모국', '씨족' 유형의 모든 공동체들과도 관련되는 문제다. 오늘날에도 완전히 사라졌다고는 보기 힘든 이러한 비극적인 강압의 형태가 반복적으로 발생하는 이유는 **사물**이 고유의 실체로 차고 넘칠 때 폭발하거나 스스로의 무게를 감당하지 못하고 붕괴될 위험이 있다는 사실에서 발견된다. 폭발이나 붕괴는 공동체에 의해 결속된 주체들이 자기실현의 가능성을 다름 아닌 고유한 공통적 본질의 재고유화에서 발견할 때 일어난다. 여기서 공통적인 본질은 어떤 잃어버린 기원의 충만한 형태, 따라서 일시적으로 외면화된 존재의 내면화를 통해 되찾을 수 있는 기원의 완전한 형태로 제시된다. 그런 식으로 정확하게는 '실존(exsistentia)'의 '바깥(ex)'*을—실존의 고유하지 않고 '공통적인' 성격을—구축하는 그 허무, 즉 본질의 부재 상태를 채우고 상쇄하는 것이 충분히 가능하고 또 필요한 조치로 간주된다. 오로지 그런 식으로만—실존의 허무를 제거해야만—'사물'이 결국에는 실현될 수 있다고 보는 것이다. 이런 식으로 '사물'을 실현하는 것이 다름 아닌 전체주의의 필연적으로 환영적일 수밖에 없는 목표다. 이 목표가 수반하는 절대적인 무-차별화의 움직임은 결국 고유의 객체를 제거할 뿐 아니라 이를 주도하는 주체마저 제거하기에 이른다. '사물'의 고유화는 오로지 그것의 파괴 속에서만 가능하다. '사물'은 되찾을 수 있는 것도 아니다. 그 이유는 간단하다. 한 번도 잃어버린 적이 없기 때문이다. 잃어버린 것

---

* 존재, 실존을 뜻하는 exsistentia는 ex와 sistentia의 합성어이며 문자 그대로 '자기가 아닌 ~에게 머물다'는 뜻이다. Exsistentia는 고유의 존재가 아니라 또 다른 누군가에 종속되는 한에서만 실재할 수 있는 존재, 실존을 의미한다.

처럼 보이는 것은 다름 아닌 '사물' 자체를 그것의 공통된 차원에서 구축하는 **허무**에 지나지 않는다.

6. '공동체'를 다름 아닌 '사물'의 허무 속에서 발견하고자 했던 최초의 철학자는 하이데거다. 그의 저술 전체를 관통하며 펼쳐지는 이 '사물'에 대한 질문의 복잡한 발전 경로를 여기서 살펴볼 수는 없지만, 「사물Das Ding」이라는 제목으로 출간된 1950년의 강의록만큼은 잠시 검토해볼 필요가 있다. 이 강의록이 중요한 이유는 단순히 바로 이 글에서 '사물'에 대한 하이데거의 사유가 절정에 달하기 때문이라기보다는—좀 더 구체적으로—그가 다른 곳에서는 미학적, 논리적, 역사적 관점을 토대로 다루었던 '사물'이 여기서는 그것의 본질적인 '공통성'으로 환원되기 때문이다. 여기서 우리가 주목해야 할 것은 이 '사물'의 이중적인 의미다. 이를 먼저 하이데거가 소환하는 가장 소박하고 일상적이며—이 강의록의 경우, '단지' 같은—손쉬운 사물의 의미로 이해해야 한다면, 다른 한편으로는 사물의 가장 범상치 않은 의미가 발견되는 공간이 바로 이 소박함 속에 감추어져 있다는 의미로도 이해해야 한다. 하이데거가 일찍이 「예술 작품의 기원」에서 설명했던 것처럼, "사물은 그것의 소박함 속에서 가장 집요한 방식으로 사유를 빠져나간다. 아니면 이 순수한 사물의 다름 아닌 거부반응이 (...) 사물의 본질에 속해야 하는 건가?"² 바로 이 '사물의 본질'을—"사물의 사물성"을—정의하는 데 강의록 「사물」이 헌정되었다고 볼 수 있다. 하이데거에 따르면, 사물의 본질은 우리가 표상하는 객관성에 있는 것도, 혹은 사물의 '기원'인 듯 보이는 '생

산'에 있는 것도 아니다. 그렇다면 어디에 있는가? 이 사물의 본질을 이해하는 데 도움을 주는 것이 바로 '단지' 혹은 하이데거가 같은 시기의 여러 논문에서 언급하는 '나무', '다리', '문턱' 같은 사물들이다. 이 사물들을 특징짓는 요소는 '텅 빈 공간'이다. 바로 이것이 이 예들을 비롯한 모든 사물의 본질이다. '단지'의 경우, 사물은 문자 그대로 '텅 빈 공간'을 중심으로, 궁극적으로는 이 '텅 빈 공간'에 의해 형성된다. "우리가 단지를 물로 채울 때 물은 텅 빈 단지 안으로 흘러들어간다. 단지가 보유하는 것은 이 아무것도 없는 공간이다. 이 **텅 빈 공간**, 단지 **속의 허무**가 바로 단지라는 용기의 실체다."[3] 사물의 본질은 결국 그것의 허무다. 이 허무가 열어젖힌 관점 **바깥**에서, 사물은 가장 고유한 본질을 잃고 결국에는 소멸되거나, 하이데거의 표현대로 무효화된다. 사물의 본질을 망각하는 곳에서, "**사물로서의 사물**은 사실상 접근 불가능한, 무상한, 그리고 그런 의미에서 **무효화**된 것으로 남는다."[4]

　물론 이 모든 것은 모순적으로 다가오기도 한다. 사물의 본질적인 특성을 근본적인 차원에서 포착하지 못할 경우 사물은 결국 무효화된다는 식의 논리가 표출되기 때문이다. 하지만 중요한 것은 이 본질적인 특성이 다름 아닌 사물의 허무 속에 있다는 점이다. 이 허무를—텅 빈 공간을—망각할 때, 사물은 결국 학문적, 생산적, 허무주의적 관점에—사물을 무효화하는 관점에—방치된다. 어떻게 보면 바로 이러한 이유에서, '허무'의 두 가지 유형을 항상 구분해야 할 필요성이 대두된다. 첫 번째가 우리에게 사물의 근원적 현실을 환원하는 허무라면, 두 번째는 반대로 사물을 우리에게서 앗아가는 허무, 좀 더 정확히 말하자면 첫 번째 허무를 파기함으로써 그것이 구축하는 사물 자체를 무효화하는 허무다. 하이데거는 몇 문장 뒤에 이 표면적인 역설의 해결책을 제시한다. 허무에서 사물을 구해내는 허무란 다름 아닌 **무누스**의 허무, 헌정의 허무다. 다시 말해, "단지에서 물을 따르는 행위는 헌정(Schenken)"이라는 의미에서 내부를 외부로 전복시키는 **헌정**의 허무다.[5] 더 나아가 관건은 '공통적인' 무누스다. 이는 이 무누스가 모임 속에만, 모임으로서만 주어지기 때문이다. "단지가 보유하는 텅 빈 공간의 본질은 헌정을 통해 하나로 모아진다."[6] 하이데거는 이 부분을 설명하면서 고대 독일어의 thing과 dinc처럼 '사물'을 가리키는 용어들의 원래 의미가 어떤 문제를 다루기 위한 '모임'이었다는 점에 주목한다. 그런 의미에서 단지의 텅 빈 공간이 표현하는 '선사'에는 무엇보다 '모으다'라는 뜻이 함축되어 있다. 그렇다면 무엇을 모으는가? 사물의 텅 빈 공간이—헌정하면서—모으는 것은 무엇인가? 하이데거는 이 시점에서 '네 가지 극단', 즉 땅, 하늘, 신성한 존재들, 유한한 존재들 간의 관계라는 주제를 도입한다. 물론 여기서 우리가 주목해야 할 것은 이러한 관계의 관계성이다. 중요한 것은 이러한 순수한 관계에 의해 공통적인 요소가 되는 허무, 혹은 사물의 본질과 일치하는 허무의 공동체다. 앞서 언급한 모든 사물의 공통된 요소를 구축하는 것이 바로 이러한 순수한 관계, 예를 들어 나무처럼 땅과 하늘을 연결하고, 다리처럼 두 연안을 연결하고, 문턱처럼 외부와 내부를 연결하는 관계다. 코무니타스의 경우와 마찬가지로, 관건은 간격 안에서 주어지는 간격의 통합 아닌가? 다시 말해 관건은 통합하는 간격, 접근을 가능하게 하는 거리 아닌가? 반대로 허무주의란 모든 접근을 불가능하게 만드는 '거리 제거'가—사물이 지닌 허무의 제거가—아니라면 또 무엇이겠는가? 하이데거의 말대로, "거리를 좁혔음에도 불구하고 발생한 '접근성의 부재 Das Ausbleiben der Nähe'는 결국 간격의 부재가 지배하는 세계를 만들었다. 접근성이 부재할 때, 사물로서의 사물은—앞서 언급한 의미에서—무효화된다."[7]

7. 완성된 허무주의 시대의 공동체와 허무의 관계에 대해 하이데거가 열어젖힌 질문과 자신의 생각을 견줄 줄 알았던 유일한 사상가는 다름 아닌 바타유다. "타자가 접근할 틈이 없을 정도로 충만한 존재와는 이루어질 수 없는 것이 바로 '소통'이다. 소통이 요구하는 것은, 죽음의 한계와 허무의 한계에 놓인 존재성 자체가—내면적으로—문제시되는 존재들이다."[8] 「허무, 초월성, 내재성」이라는 제목의 짧은 글에서 인용한 이 문장에서 허무는 "어떤 존재의 한계"로 정의된다. 이 한계를 넘어서면 그는 "더 이상 존재하지 않는다. 이 비-존재가 우리에게는 의미심장하게 다가온다. 이것이 나를 파괴할 수도 있다는 걸 알고 있기 때문이다."[9] 이 자기 파괴의 가능성이 의미심장하게 다가오는 이유는 무엇인가? 아니, 이 가능성이 다른 모든 의미가 사라지는 듯이 보이는 곳에서 경험할 수 있는 유일한 의미인 이유는 무엇인가? 이 질문은 바타유의 허무주의 해석으로 이어지는 동시에 이 해석이 공동체의 주거 불가능한 지대와 난해하게 교차되는 지점으로 이어진다. 바타유의 입장에서, 허무주의는 의미의—혹은 의미로부터의—도주가 아니라 오히려 존재를 '균일하고 완성된' 것으로 보

는 관점 안에서 일어나는 의미의 폐쇄에 가깝다. 바타유의 허무주의는 사물을 위협적으로 허무하게 만드는 것과는 거리가 멀다. 그의 입장에서는 오히려 상처도 결함도 없는 완전함으로 허무의 위협을 봉쇄하는 것이 허무주의다.

뭐랄까, 허무주의는 무언가가 허무하게 결핍된 곳에 있지 않고 오히려 이러한 결핍 자체가 삭제되는 곳에 있다. 허무주의는 곧 결핍의 결핍과 일치한다. 그것은 결핍의 제거 또는 보상에 가깝다. 우리를 우리의 타자성에서 도려낸 뒤 우리 자신 안에 가두는 것이 허무주의다. 그것은 이 '우리'를 완성된 개인들의 총합 혹은 고유의 내면을 향해 고스란히 고정되어 있는 이들의 총체로 만들어버린다.

> 권태는 자기 안에 갇힌 존재의 허무가 무엇인지 보여준다. 더 이상 소통하지 않는 존재는 고립된 채로 슬픔에 빠져 무기력해지고 (어둠 속에서) **혼자서는 존재하지 않는다**는 것을 느낀다. 이 내면의 허무, 탈출구도 어떤 매력도 없는 이 허무가 그를 밀어낸다. 권태가 주는 아픔에 그는 무릎을 꿇는다. 내부의 허무에서 비롯된 권태가 이제 그를 외부의 허무에, **불안**에 빠트린다.[10]
>
> .

바로 여기서 허무의 이중적인 의미뿐만 아니라―바타유에 의해―첫 번째 의미가 두 번째 의미로 전이되는 경로 역시 분명하게 드러난다. 다시 말해 개인적인 것, 고유한 것, 내부적인 것의 허무는 여기서 외부의 공통적인 허무로 전이된다. 물론 후자 역시 일종의 허무지만 이는 우리를 절대적인 허무에서―혹은 절대성의 허무에서—도려내는 허무다. 왜냐하면 다름 아닌 관계성의 허무이기 때문이다. 인간은 폭발esplosione에 의한 절멸의 위기를 통해서만 붕괴implosione에 의한 절멸의 위기에서 벗어날 수 있다. 인간은 이러한 역설적인 상황에 구조적으로 노출되어 있을 뿐 아니라 이러한 상황이 오히려 인간을 만든다고도 볼 수 있다. "유혹 속에서, 존재는 이를테면 허무가 가하는 이중의 압력으로 인해 분리되는 지경에 놓인다. 소통하지 않으면—고립될 경우 삶과 조금도 다를 바 없는 허무 속에서—그는 스스로를 파괴한다. 하지만 소통을 원하는 경우에도 똑같이 자기를 상실할 위험이 있다."[11]

바타유가—다른 곳에서처럼 여기서도—'존재être'에 대해 말하면서 사실상 '실존'을 암시한다는 점은 단순히 바타유의 용어 활용이 부적절했다는 관점에서만 이해할 것이 아니라 오히려 이것이 인류학과 존재론을 '결핍' 또는—좀 더 정확히 말하자면—'절개déchirure'의 공통된 형상 안에 중첩시키려는 그의 의도였다는 관점에서 이해할 필요가 있다. 실제로 우리가 우리의 한계 바깥에 있는 존재를 향해 고개를 내미는 것이 이 한계를 무너트릴 때에만, 아니 우리 자신을 이러한 붕괴 자체와 동일시할 때에만 가능하다는 것은 사실이다. 하지만 이것이 가능한 이유는, 사물의 근원을 구축하는 것이 어떤 실체가 아니라 원천적인 열림이며, 따라서 '존재' 역시 근원적으로는 스스로에게 부족한 존재이기 때문이다. 이 열린 근원에 진입하는 것은, 우리를 스스로에게서 도려내고 우리의 존재를 좌우하는 힘 자체를 우리에게서 앗아가는 극단적인 경험 속에서만 가능하다. 하지만 이러한 경험들은 이 경험 자체를 가능하게 하는 존재적 허무의 인류학적 현상에—또는 주체적인 차원에—지나지 않는다. 그림을 그리자면, 이는 어떤 커다란 구멍 안에서 이를 구성하는 수많은 구멍이 번갈아가며 개방되는 상황과도 흡사하다. 바로 그런 의미에서—충분히—**인간**은 이미, 원래부터 상처받은 존재의 **상처**라고 말할 수 있다. 이는 곧 우리가 '공통적인' 혹은 '공동체적' 존재를 일종의 연속체로, 다시 말해 개인의 실존적 존재가 고유의 한계를 무너트리더라도 다시 빠져들 수밖에 없는 연속체로 간주할 때, 이를 전적으로 균일한 형태의 총체로 이해하지 말아야 한다는 것을 의미한다. 왜냐하면 바로 이것이—정확하게—허무주의의 관점이기 때문이다. 본질적인 차원에서, 존재 자체로도 볼 수 없고 존재와 다른 절대적 타자로도 볼 수 없는 이 '공동체적' 존재는 오히려 연속체를 비연속체와, 존재를 부재와 조금도 다를 바 없게 만들어버리는 일종의 소용돌이에—공통적 **무누스**에—가깝다. 바로 이러한 이유에서 소통의 '주된' 맥락은 추가 혹은 배가의 형태가 아닌 삭감의 형태를 취한다. 소통은 어느 누군가와 타자 간에 이루어지는 것이 아니라 그만의 타자와 타자만의 타자 사이에서 이루어진다.

내 존재의 '저 너머'는 무엇보다도 **허무**다. 예상되는 것은 절멸 속에서, 고통스럽게 텅 비어버린 감정 속에서 사라져가는 나의 부재다. 타자의 실재가 바로 이러한 감정을 통해 드러난다. 하지만 그의 실재가 완전하게 드러나는 것은 오로지 타자 역시 자신에게 고유한 허무의 나락 앞에서 고개를 숙이거나 쓰러질 (죽음을 맞이할)

때에만 가능하다. 소통은 오로지 스스로를 문제 삼는 두 존재—상
처받은, 무기력한 **자신들의 허무에 고개를 숙인** 두 존재—사이에서
만 이루어진다.[12]

8. 20세기의 공동체 철학은 하이데거와 바타유의 사유에 힘입
어 절정에 달할 뿐 아니라 극단적인 한계에 도달한다. 하지만 그
이유는 이들의 공동체 철학이 더 이상 신화적이고 퇴행적인 방
향으로 나아가며 굴복하는 양상을 보이지 않았기 때문이라기보
다는, 아울러 이들을 중심으로—그리고 이들 이후에—주제와 양
식은 달라도 '함께cum'의 문제로 환원될 수 있는 새로운 관찰점이
나 보다 발전된 형태의 연구와 체계가 더 이상—베유Simone Weil
를 비롯해 본회퍼Dietrich Bonhoeffer, 파토츠카Jan Patočka, 앙텔므
Robert Antelme, 만델슈탐Osip Mandelstam, 첼란Paul Celan의 글과 삶
에서 드러나듯이—대두되지 않았기 때문이라기보다는, 오히려
이들 역시 하이데거와 바타유가 제시했던—하지만 해결되지 않
은—문제가 전제되지 않으면 '공동체'를 사유조차 할 수 없었기
때문이다. 사실은 이들과 우리 사이에 놓인 모든 것이—20세기
후반의 모든 철학, 사회학, 정치학이—여전히 공동체의 문제에
대한 망각 속에 남아 있는 것도 어떻게 보면 이와 동일한 이유
때문이었다고 말할 수 있다. 또는—최악의 경우—이러한 망각
자체가 공동체의 문제를 왜곡하는 데, 즉 이 문제가 새로운 형태
의 특수주의들을 변호하는 데만 활용되도록 방치하면서 공동체
철학 자체의 질을 떨어트리는 데 기여했다고도 볼 수 있을 것이
다. 이러한 파생적인 결과에 맞서, 다시 말해 개인주의와 공동체

주의를 주제로 전개된 모든 논쟁과 실험의 빗나간 결과에 맞서 지난 세기 말에―특히 이탈리아와 프랑스에서―정확하게 공동 체적 사유가 중단되었던 20세기 중반을 기점으로 공동체의 문제 를 새롭게 성찰하려는 시도가 이루어졌다.[13] 하이데거와 바타유 의 필연적인 소환이 이러한 시도의 특징 가운데 하나였다면 반 대로 이들의 어휘가 어쩔 수 없이 소진된 상태에서, 다시 말해 이들조차도 끝까지는 이해할 수 없었던 물질적인 동시에 정신적 인 조건에서 성찰이 이루어져야 한다는 점 또한 분명했다.

내가 말하려는 것은―하이데거와 바타유가 몰랐던 것은― 바로 20세기 말에 허무주의의 '완성'이 끝없이 계속되는 가운데 발생한 그것의 추가적인 가속화 현상이다. 아마도 이러한 현상 덕분에 공동체의 사유를―하이데거와 바타유가 직관적으로만 깨달았을 뿐 주제화하는 단계에까지는 도달하지 못했던 방향으 로―재개하는 것이 가능했을 것이다. 물론 이러한 현상이 재개 를 강요했다고도 볼 수 있다. 어떤 방향이었나? 우리 시대의 물 음이라고 해야 할 이 질문에 완전한 답변을 성급히 제시하는 대 신, 다시 한 번 돌이켜보지 않을 수 없는 것은 다름 아닌 '허무' 의 형상이다. 폐쇄되어 있던 공동체의 사유를 누구보다 먼저 다 시 열어젖힌 장-뤽 낭시의 의견에 따르면, "오히려 '허무'의 개념 을 어떤 식으로 이해해야 하는지가 문제다. 허무는 진실의 공허 함인가 아니면 세계 자체와, 세계-내에-존재한다는 것의 의미와 전혀 다를 바 없는 것인가?"[14] 이 양자택일의 문제를 우리는 어떻 게 받아들여야 하나? 관건은 정말 양자택일의 문제인가? 우리는 이제 이 문제를 조금은 다른 각도에서 관찰할 수 있다. 공동체의 부재는—심지어 사막은—다름 아닌 공동체의 필요성을 가리키며 이를 곧 우리에게 부족한 요소, 아니 우리의 결함 그 자체로 지시한다. 이 공동체는 새롭거나 낡은 신화로 채워지기를 요구하지 않고 오히려 요구하지 '않는'다는 사실에 비추어 재해석되기를 요구하는 허무에 가깝다. 하지만 앞서 인용한 낭시의 문장에는 그가 우리에게 좀 더, 그리고 좀 더 정확하게 전달하려는 무언가가 함축되어 있다. 이 메시지를 우리는 다음과 같이 요약해 볼 수 있다. 허무주의의 극단적인 완성이 가져온 결과는—근원의 절대적인 상실, 기술의 지배, 완전체적 세계화 같은 결과들은—두 얼굴을 지녔다. 관건은 이 두 측면을 구분할 뿐만 아니라 이들의 상호작용을 활성화하는 것이다. 어떻게 보면, 공동체는 이 두 얼굴을 **구분**하는 동시에 **조합**하는 한계에 지나지 않는다. 한편에는 찢기고, 깨지고, 사막화된 의미가 있다. 이 파괴적인 측면은 우리가 익히 알고 있는 부분이다. 이는 모든 보편적인 의미의 종말, 경험의 포괄적인 의미에 대한 지배력의 상실과 직결된다. 하지만 다른 한편으로는 이러한 보편적인 의미의 비활성화, 황폐화가 열어젖히는 공간에서 동시에, 의미의 부재와 다를 바 없지만 이를 정반대되는 것으로 전복시키는 특수한 의미가 부각된다. 어떤 본질적인 것을 가리키는 구도 속에 이미 주어져 있고 배치되어 있는 모든 의미가 감소될 때 비로소 세계의 객관적인 의미, 즉 고유의 '바깥'으로 전복된 상태에서—세계를 초월하는 어떤 의미에도 의존하지 않는—세계 자체의 의미가 가시화된다. 공동체는 의미의 이 광대한 황폐화와 모든 개인, 모든 사건, 모든 실존의 파편이 그 자체로 의미를 지녀야 한다는 필요성 사이의 **경계**인 동시에 **경로**다. 이 공동체가 환기하는 것은 모든 유형의 전제된, 혹은 강요된, 혹은 첨부된 의미로부터 자유로운 실존적 존재의 단수적이고 복수적인 성격이다. 이 공동체가 보여주는 것은 '자기'로 축소되어버려 단순히 있는 그대로만 존재할 줄 아는 세계, 지구처럼 중점도 방향도 없는 둥근 세계, 세계 외에는 아무 것도 아닌—허무와 다를 바 없는—세계다. 이 공통점이라고는 조금도 없는 세계야말로 우리가 의미의 가장 혹독한 부재에 노출되는 동시에 전적으로 새로운 의미의 개방에 노출되어야 한다는 조건 하에 우리를 하나로 결속하는 세계다.

주

1 본문 참조.

2 Martin Heidegger, *Der Ursprung des Kunstwerkes*, in *Holzwege*, in Gesamtausgabe, Frankfurt a. M. 1978, vol. V [trad. it. *Sentieri interrotti*, Firenze 1968, p. 17].

3 Martin Heidegger, *Das Ding*, in Vorträge und Aufsätze, Pfullingen 1954 [trad. it. *Saggi e discorsi*, Milano 1976, p. 112].

4 같은 책, p. 113. "In Wahrheit bleibt jedoch das Ding als Ding verwehrt, nichtig und in solchem Sinne vernichtet".

5 같은 책, p. 114.

6 같은 곳.

7 같은 책, p. 121.

8 Georges Bataille, *Su Nietzsche*, p. 51.

9 같은 책, p. 190.

10 같은 책, p. 53.

11 같은 책, p. 54.

12 같은 책, p. 51.

13 나의 『코무니타스』 외에도, 이러한 시도의 일환으로 출간된 이하의 저서 참조. Jean-Luc Nancy, *La communauté désoeuvrée*, Paris 1986 [trad. it. *La comunità inoperosa*, Napoli 1992], Maurice Blanchot, *La communauté inavouable*, Paris 1993 [trad. it. *La comunità inconfessabile*, Milano 1994], Giorgio Agamben, *La comunità che viene*, Torino 1990.

14 Jean-Luc Nancy, *Le sens du monde*, Paris 1993 [trad. it. *Il senso del mondo*, Milano 1997, p. 62].

에스포지토의 책

로베르토 에스포지토는 『코무니타스』, 『임무니타스』, 『비오스』로 구성되는 생명정치 삼부작을 기점으로 일련의 혁신적인 정치철학 저서들을 꾸준히 발표하며 세계적 명성을 얻은 이탈리아의 정치철학자다. 1950년 나폴리에서 태어나 나폴리 대학에서 수학하고 교수를 역임한 뒤 현재 피사 고등사범학교 교수로 재직 중이다. 에스포지토의 철학 여정은 그가 다루는 주제와 철학적 방향에 따라 크게 세 시기로 나뉜다. 첫 번째 시기에 쓰인 저서들은 저자가 '비정치적'이라고 부르는 범주와 직결된다는 구체적인 특징을 지닌다. 이 범주는 선善이 정치로 구현될 수 없고 정의가 결코 완전하게는 법적 권리로 육화될 수 없다는 점을 뼈저리게 의식하며 정치를 필요악이 각인되어 있는 일종의 비극적 숙명으로 이해하는 시각의 이름이다. 『비정치적 카테고리 Categorie dell'impolitico』(1988년)와 『정치에 관한 아홉 가지 생각Nove pensieri sulla politica』(1993년), 『정치의 기원, 시몬 베유인가 한나 아렌트인가?L'origine della politica. Hannah Arendt o Simone Weil?』(1996년)가 모두 이러한 관점을 반영하거나 발전시킨 저서들이다. 두 번째 시기는 저자가 생명정치 삼부작을 집필하는 시기와 일치한다. 면역 패러다임을 중심으로 생명정치의 현대적이면서 보편적인 의미를 해부한 이 삼부작은 『코무니타스. 공동체의 기원과 운명Communitas. Origine e destino della comunità』(1998년), 『임무니타스. 생명의 보호와 부정

Immunitas. Protezione e negazione della vita』(2002년), 『비오스. 생명정치와 철학Bios. Biopolitica e filosofia』(2004년) 순으로 출간되었다. 세 번째 시기부터 저자는 다양한 주제들을 다룬다. 이 시기에 쓰인 책들은 『임무니타스』에서 비교적 간략한 형태로만 다루었던 주제들을 독립적으로 발전시켜 체계화한 저서들이 주를 이룬다. 『삼인칭. 생명의 정치와 무인칭의 철학Terza persona. Politica della vita e filosofia dell'impersonale』(2007년)은 '삼인칭'을 인간의 배타적인 측면이 부재하는 형상이자 개념으로 정립한 뒤 이를 중심으로 나와 타자의 관계를 재조명한 책이다. 『정치학 어휘. 공동체, 면역성, 생명정치Termini della Politica. Communità, immunitià, biopolitica』(2008년)는 생명정치 삼부작의 핵심 개념들을 다각도에서 조명하며 쓴 논문들을 모아 묶은 2권의 논문집이다. 이 외에도 면역학적 차원에서 조명했던 '정치신학'의 이원론적 파생 구도를 경제신학적인 차원에서 재해석한 『둘. 정치신학이라는 기계와 사유의 자리Due. La macchina della teologia politica e il posto del pensiero』(2013년), 사람과 사물의 중첩 현상을 중심으로 몸의 철학을 심도 있게 발전시킨 『사람과 사물Le persone e le cose』(2014년), 정치적 부정의 이면을 해부하며 정치의 긍정적 해석을 시도한 『정치와 부정. 긍정의 철학을 위하여Politica e negazione Per una filosofia affermativa』(2018년), 하이데거와 들뢰즈의 정치적 엇갈림을 매개하며 새로운 정치 패러다임을 제시한 『정립적 사유. 정치적 존재론의 세 가지 패러다임Pensiero Istituente. Tre paradigmi di ontologia politica』(2020년) 등이 있다. 팬데믹을 철학적 면역학과 보편적 면역화의 관점에서 조명하며 집필한 『사회 면역. 팬데믹 시대의 생명정치Immunità comune. Biopolitica all'epoca della pandemia』를 2022년에 출간했다.

코무니타스/임무니타스[*]

코무니타스와 임무니타스는 각기 '공동체'와 '면역성'이라는 상이하고 이질적인 의미를 지녔음에도 불구하고 저자의 철학적 관점에서는 분리해서 생각하는 것이 불가능할 정도로 긴밀하고 복합적인 연관성을 지닌다. 그만큼 이 두 개념을 모두, 함께 파악하지 않고서는 어느 하나를 이해했다고 보기 어렵다. 이 개념들을 집중적으로 다루는 각각의 저서에서 저자가 한 개념을 개별적으로, 상이한 방식으로 분석할 때 나머지 개념은 전면에 드러나지 않는다. 하지만 그렇다고 해서 이 두 개념의 실질적인 연관성이 사라지는 것은 아니다. 이들의 관계는 그리 간단하지 않다. 코무니타스와 임무니타스는 심층적인 상호보완성을 지녔을 뿐 아니라 이 두 개념의 모든 관계를 부인해야 할 정도로 분명한 상

---

*   이 해제는 코무니타스와 임무니타스의 상호보완적이면서도 이율배반적인 상관 관계를 조명하기 위해 쓰였다. 동일한 내용의 글을 『임무니타스』에도 해제로 실었다.

호배타성을 지녔다. 서로 배척하기 위해 만나고, 만나기 위해 부정하는 관계 안에서 필연적으로 결속되어 있는 코무니타스와 임무니타스는 숙명적인 대척 관계, 적대적인 공존 관계 안에서만 고유의 의미를 지닌다. 이러한 각도에서 관찰하면, 『코무니타스』는 보편적 면역화에 부합하는 형태의 공동체가 부각될 수 있는 방향으로 기존의 공동체 개념을 탈구축하며 새로운 공동체 개념의 이론적 틀을 마련한 반면, 『임무니타스』는 부재하는―혹은 조건으로만 존재하는―공동체의 울타리를 전제로 보편적 면역화의 패러다임을 총체적으로 검토하며 다각도에서 이론화한 저서라고 볼 수 있다. 이러한 연관성은 이 두 저서와 함께 삼부작을 구성하는 세 번째 책 『비오스Bios』에서 보다 분명하게 드러난다. 여기서 저자는 면역성과 공통성에 각각 생명과 정치의 가치를 부여하고 이를 조합하며 이른바 '생명정치'라는 영역의 구도를 새로이 정립하기에 이른다.

　이 저서들이 출간과 함께 정치철학과 생명정치 연구의 세계적인 흐름을 뒤바꾸어놓았다면, 저자가 최근 몇 년 사이에 집중적으로 조명을 받은 것은 우리 모두가 경험했고 여전히 경험하고 있는 팬데믹 때문이다. 팬데믹이 일어나자 저자는 오히려 박수를 받았다. 면역화 패러다임을 체계적으로 이론화한 그의 학문적 성과를 인정하고 치하하는 분위기는 그가 철학적 면역학을 정립하며 쓴 『임무니타스』의 재출간으로, 뒤이어 좀 더 구체적인 설명을 원하는 사회의 요구에 부응하며 집필한 『사회 면역 Immunità comune』(2022년)의 출간으로 이어졌다. 이 책들이 다시 주목받게 된 이유는 에스포지토가 생명정치의 심층 구조를 지배하는 패러다임으로 임무니타스, 즉 '면역성'을 제시했을 뿐 아니라 무엇보다도 팬데믹이 충분히 일어날 수 있는 사회적 구도를 어느 정도는 정확히 예견했다는 의견에 동의하는 분위기가 조성되었기 때문이다. 물론 『사회 면역』의 서문에 밝혔듯이, 에스포지토는 자신이 옳았다는 이야기가 전혀 달갑지 않다고 말한다. 이는 우리도 충분히 공감할 수 있는 이야기다. 자신이 옳았다 해도 이를 증명하는 사건이 긍정적인 부분은 조금도 찾아볼 수 없는 재앙이었으니, 사실 누구보다 안타까운 사람은 에스포지토 본인이었을 것이다. 하지만 그가 무언가를 예견했다는 비평가들의 말은 다소 부정확한 표현이다. 저자가 현대사회의 면역학적 구조를 앞서 이론화한 것은 사실이지만, 구체적으로 전염병이나 팬데믹을 다루었던 것이 아닌 만큼 무언가를 예견했다고 보기는 힘들다. 그가 분명히 예시했던 것은 오히려 이러한 사태에서 벗어나는 이론적인 차원의 방법론이었다. 하지만 이 또한 정확하게는―저자가 팬데믹이 일어날 줄 몰랐다는 점을 고려하면―예견이었다고 보기 힘들다. 그렇다면 그가 옳았다는 것은 무슨 뜻인가? 사회적인 면역체계의 붕괴와 복구 경로를 구체적으로 파악하고 이해하는 데 필요한 합리적인 관점을 누구보다도 명확하게 제시한 철학자가 에스포지토라는 점은 분명하지만, 그의 관점이 팬데믹에서 벗어나는 시기를 앞당기는 데 실질적으로 기여한 것도 아니고 그가 팬데믹을 사전에 방지할 수 있었던 것도 아니라는 점을 고려하면, 문제는 약간 모호해진다. 하지만 어떻게 보면 정확한 평가에 대한 식자들의 의견이 분분한 이유도, 학자들의 평가가 일치하지 않는 이유도 여기에 있다. 이러한 모호함은 상식적인 차원의 평가와 전문적인 이론 사이의 간극에서 발생할 수 있는 어떤 오해의 소지와 크게 다르지 않고, 어떤 의미에서는 이론과 실제 사이에 존재하는 무색무취의 여백에 지나지 않는다. 따라서 무엇이 옳았는지 살펴보기 위해서는 이 무색무취의 간극을 최대한 좁혀볼 필요가 있다. 이는 앞서 언급한 코무니타스와 임무니타스의 이율배반적인 관계를 조명하는 일과 결코 무관하지 않다.

먼저 살펴보아야 할 것은 코비드 팬데믹이 천재지변과는 거리가 먼 재해였을 뿐 아니라 지극히 인위적인 사건이었고 결국에는 인간이 자초했다고 볼 수밖에 없는 재앙이었다는 사실이다. 아니, 이 불분명한 상황은 가능한 한 분명하게―혹은 불분명한 상태 그대로―조명해볼 필요가 있다. 모든 팬데믹은 인위적인 성격을 지닌다. 전염이 일어나려면 인간과 자연의, 인간과 인간의 '접촉'이 필요하고, 이 접촉은 엄밀히 말하자면 자연적 현상이 아닌 인위적 사건이다. 통제 능력이 부족했던 과거에는 전염병을 생물학적 차원의 재해라는 관점에서만 인지했기 때문에 이를 자연의 불가항력적인 공격이나 신의 뜻으로 이해했지만, 이러한 상황은 근대를 기점으로 서서히 변한다. 전염병이 생물학적 재해와 인위적 재해의 조합이라는 점을 감안하면, 근대 이후의 상황은―이해의 차원에서뿐만 아니라 발생의 차원에서도―인위성 혹은 비자연적인 성격의 농도가 점점 더 짙어지는 방향으로 전개되었다고 볼 수 있다. 전문가들은 코비드 팬데믹이 통제가 가능한 역사상 최초의 팬데믹이 될 것이라는 의견을 내놓았다. 이는 결코 틀린 말이 아니다. 하지만 이 말은 전혀 다른 의미로도, 즉 통제가 가능해진 것은 그만큼 원인이 인위적이었기 때문이라는 의미로도 이해할 필요가 있다. 어떤 의미에서는 팬데믹 자체가 통제 가능한 상태로 발생했다고도 볼 수 있다. 이러한 진단은 미래를 고려하면 오히려 위안이 될지도 모르지만, 사실은 우리가 결코 간과할 수 없는 한 가지—두려울 수도 있는—현상과 직결된다. 팬데믹이 전염의 확산 못지않게 불가항력적인 경제 글로벌화와 유동인구의 증폭에서 비롯되었다는 점을 사실로 인정하고 나면, 글로벌화 역시 전염에 대한 아무런 대책 없이 이루어진 것은 아니라는 점도 사실로 인정할 필요가 있다. 오늘날의 지구촌은 결코 보편적 차원의 면역화에 동원되는 법률, 제도, 의학, 기술 분야의 통제, 방역, 검열 장치와 장비의 체계적인 발달 없이 이루어지지 않았다. 그렇다면 이러한 다양한 형태의 집중적인 면역화 시도가 아이러니하게도 바이러스의 확산 경로를 오히려 마련하는 결과로, 결국에는 지구촌의 면역체계를 맹신하는 가운데 비대해진 소통과 교류의 장에서 팬데믹이 일어나는 결과로 이어졌다고 볼 수 있다. 물론 글로벌화는 팬데믹의 직접적인 원인이 아니다. 이는 면역화의 기술이 팬데믹의 발생 경로를 조성한 반면 팬데믹의 통제가 가능해진 것도 동일한 기술 덕분이라는 점을 감안하면 어렵지 않게 확인할 수 있는 사실이다. 그럼에도 불구하고, 면역체계의 붕괴가 다름 아닌 면역화의 과정 속에서 일어났다는 점은 부인하기 힘들다. 그런 의미에서 코비드 팬데믹이 통제가 가능한 역사상 최초의 팬데믹으로 기록되리라는 점은 특별히 자부할 만한 것이 못 된다. 왜냐하면 상황은 한편에 언제 일어날지 모를 불가항력적인 전염병이 있고 다른 한편에 이를 기적적으로 통제할 수 있는 첨단의 면역 기술이 있는 것이 아니라, 오히려 이 첨단의 기술이 있는 곳에서만, 즉 면역의 문제를 기술적으로 극복하며 승승장구해온 곳에서만—아이러니하게도, 혹은 다행히도 기술의 발달에 힘입어—재앙이 발생하는 방향으로 흘러갔기 때문이다. 물론 면역화가 팬데믹의 직접적인 원인은 아니지만, 경제 면역화의 결과인 글로벌화가 우발적인—사실은 지극히 인간적이고 인위적인—재해의 폭발적인 확산을 조장하는 촉매 내지 배경으로 기능했다는 것만큼은 부인할 수 없는 사실이다. 이 지점에서 에스포지토의 면역화 패러다임이 어떤 의미를 지니는지 가늠할 수 있다. 그가 발견한 것은 일종의 틀과 이 틀의 특이한 메커니즘이다. 간략히 말하자면, 과거에는 미미했지만 현대를 기점으로 빠르게 활성화된 보편적 면역화의 틀 안에서 생명정치의 가장 핵심적인 메커니즘이, 사실상 동일한 메커니즘에 부정적으로 의존하며 면역체계의 붕괴를 조장하는 미문의—알지만 모르는—요인에 의해 무너진 사건이 바로 팬데믹이었다고 볼 수 있다. 에스포지토의 면역화 패러다임이 이 모든 것을 이해하고 포착하기 위한 합리적인 관점과 해결책을 모색하는 데 필요한 해석적 기준을 제시한다면, 이는 어떤 사건의 직접적인 원인이 모호할 때 그것의 '배경'을 '기원'으로 간주할 수 있기 때문이다. 이 기원은 원인을—모호한 인위성을—파악할 수 있는 유일한 단서로 남는다. 그렇다면, 이러한 관점에서 볼 때, 앞서 언급한 간극의 실체가 무엇인지 조금은 분명해진다.

하지만 지금까지는 재난의 측면에서만 관찰했기 때문에 여전히 불분명할 수밖에 없는 한 가지 문제가 남아 있다. 그것은 생물학적 면역화에만 국한되지 않는 보편적 면역화의 실체 혹은 이 두 영역 간의 관계다. 사실은 면역화라는 표현 자체가 가능한 것도 에스포지토가 이 두 영역의 '중첩'을 전제로 그의 이론을 전개했기 때문이다. 인간의 면역화 시도가 생물학적 차원에만 국한되지 않고 법과 제도를 비롯한 사회의 거의 모든 영역에서 끊임없이, 훨씬 더 활발하게 이루어진다는 주장은 어떻게 이해해야 하나? 에스포지토에 따르면, 생물학적 면역의 메커니즘과 그리 다르지 않은 방식으로, 법적 면역화 역시 개개인의 생존이라는 차원과 생존의 터전으로 간주되는 공동체의 상호 배제와 포함, 견제와 조합의 관계를 토대로 전개된다. 이러한 '중첩'의 의미는 단순한 유사성의 관념적 차원을 뛰어넘어 실질적인 상호 '간섭'의 차원에서 발견된다. 이는 사회 역시 사회를 구성하는 인간의 몸과 전적으로 유사한 형태의 신체를 지녔을 뿐 아니라 인간과 한 몸을 형성하며 유기적으로―신체적으로―기능하기 때문이다. 생명을 보호하고 보존하는 것이 인간의 가장 기본적인 성향이라면, 사회는 이와 무관한 어떤 고차원적인 실체가 아니라 동일한 성향을 우선적으로는 충족시키는 형태로, 더 나아가 사회 자체의 생존이라는 형태로 유지하며 최대한 활성화하는 몸에 가깝다. 사회만 인간을 닮은 것이 아니라 인간도 사회를 닮았다. 저자가 타자성의 철학을 매개로 도달하는 결론에 의하면, "인간만큼 고유의 차이점에 의해서만 통합되는 수많은 파편으로 사실상 분리되어 있는 존재도 없다." '중첩'이나 '간섭'은 형이상학적 비유의―후속적인 이해의―차원에서만 일어나는 것이 아니라 무엇보다도 지극히 현실적인 차원에서, 삶의 현장에서, 너무 가까

워서 보이지 않는 '접촉'이 이루어지는 곳에서 일어난다. 이 곳에서 생물학적 면역은 보편적 면역과 닮기만 한 것이 아니라, 몸과 마음이 하나가 되듯, 조금도 다를 바 없는 것이 되어버린다. 살과 몸이―붙어 있으면서도―만나는 곳, 소유의 요구와 공유의 필요성이, '나의' 것과 '모두의' 것이, 생물학적 메커니즘과 이를 보호해야 할 사회학적 메커니즘이 만나고 접촉하는 곳에서―긍정적으로든 부정적으로든―전염과 면역이 이루어진다. 에스포지토가 법적 권리의 제도화를 인류 최초의 면역화 시도로 간주하는 것도 이 때문이다. 인간은 생명 보호의 차원을 뛰어넘어 생존을 위해 항상 무언가를―재산, 토지, 명예, 권리, 기술, 지식 등을―지켜야 하고 이를 위해 일련의 제도적 장치와 법적, 도덕적, 사회적, 문화적 규칙에 의존할 수밖에 없는 처지에 놓인다. 그 이유는 비교적 분명하다. 인간이 만약 타자에 의존하지 않고 사는 존재라면―물론 사실은 그가 이를 추구하기 때문이지만―그의 생존 전략은 방어벽을 쌓기만 하는 방향으로 기울어질 것이다. 그러나 인간은 언제나 어떤 공동체의 일원이며 공동체를 삶의 터전으로 이해한다. 따라서 공동체의 일원인 타자를 배척할 수 없는 그의 생존 전략은 동의의 성격을 지닌 어떤 장치나 규칙에 의존하는 방향으로 기울어지게 마련이다. 하지만 여기서 주목해야 할 것은 이 '동의'도 단순히 조화롭고 평화롭기만 한 형식이 아니라 기본적으로는 생존을 전제로만 활성화된다는 사실이다. 달리 말하자면 이 동의는 그리 아름다운 것이 아니다. 아름답지도, 절대적이지도, 엄밀히 말하자면 필연적이지도 않은 이 동의의 본질적인 기능은 다름 아닌 면역이다. 왜냐하면 이 동의가 결국에는 '나'의 소중한 것을 빼앗을 수도 있는 잠재적 탈취자의 직접적인 보호를—협약을 통해서든 대가를 치르든, 혹은 강제적으로든—약속받는 형태로, 좀 더 정확히 말하자면 '나'를 위해, '나'를 위협하는 것의 일부를 조건으로—그것이 불리하든 유리하든—받아들이면서 이루어지기 때문이다. 에스포지토가 원론적인 차원에서 면역을 사회 역학의 가장 보편적이고 핵심적인 패러다임으로 간주하는 것도 이 때문이다.

이와 동일한 맥락에서—사실은 우선적으로—면역의 영역인 동시에 울타리인 공동체의 개념을 재해석해야 할 필요성이 대두된다. 이는 면역이라는 이율배반적인 패러다임을 적용하려면, 면역 사회의 심층적이고 역학적인 구도에 어울리는 좀 더 유연한 형태의 공동체 개념이 요구되기 때문이다. 실제로 에스포지토가 먼저 분석을 시도했던 것도 공동체 개념이다. 간단히 요약하면 『코무니타스』에서 공동체 개념을 먼저 탈구축하며 열어젖힌 틈새 공간에 면역학적 관점을 도입한 뒤 『임무니타스』에서 이를 패러다임으로 체계화하고, 그런 식으로 삼부작의 세 번째 책인 『비오스』에서 면역성이 '생명'에, 공동체가 '정치'에 상응하는 구도를 바탕으로 '생명정치'의 체계를 재구성했다고 볼 수 있다. 에스포지토가 『코무니타스』에서 제시하는, 아니 탈-구축한 뒤 드러나도록 유도하는 공동체 개념은 한마디로 파격적이다. 상식을 무너트린다는 차원에서만 파격적인 것이 아니라, 기존의 개념을 완전히 전복시켜 본래의 의미를 복원할 뿐 아니라 낡은 개념과 권위적인 정설의 탈-구축 과정에서 파편처럼 떨어져나온 그릇된 해석의 단상들, 틈새들을 원래 있던 곳에 폐허인양 그대로 남겨둔다는 점에서 격식을 완벽하게 파괴한다. 전통적인 공동체 개념의 가장 중요한 특징이 공동체를 '실체'와 '주체'의 차원에서 고찰하는 성향이라면 에스포지토는 이러한 입장과 결별을 선언하고 정확하게 반대되는 방향으로 나아간다. '민족 공동체', '언어 공동체', '문화 공동체' 같은 표현들이 가리키는 것은 공동체의 내용이며 그것은 항상 누군가의一'나', '우리'의一것으로 귀결된다. 결과적으로 그 내용은 누군가에게 '고유한' 것을 가리키며 그의 정체를 구성하는 특징 가운데 하나로 간주된다. 하지만 공동체라는 표현의 본질적인 의미가 공통성이라는 점을 감안하면 이 용어를 정의할 때 이와 정반대되는 '고유한'이라는 형용사가 끼어드는 이유는 무엇인가? 또 이러한 문제점이 고스란히 노출된 상태로一등잔 밑에서一실재한다는 것은 어떻게 설명해야 하나? 이 질문에 대한 답변은 비교적 단순한 형태로 이미 마련되어 있다. 이는 고유화의 성향이 그만큼 불가항력적으로一숙명적으로一강하기 때문이다. 하지만 이 고유화가 면역화의 한 범주라는一면역화, 고유화, 소유화가 모두 동일한 기능을 수행하는 범주라는一저자의 의견에 주목하면, 면역화가 '공동체'에 대한 오해의 원인이라는 사실에 주목하지 않을 수 없다. 그리고 이는 공동체와 면역화, 코무니타스와 임무니타스의 이율배반적인 관계에서 비롯되는 어떤 결과에 가깝다. 조금 다른 각도에서 살펴보면, '실체'와 '주체'에만 주목하는 공동체 개념에는 '함께'라는 요소가 빠져 있다. 그런 식으로 '함께'는 본연의 의미를 잃은 상태에서 항상 어떤 정체나 특성으로만 이해된다. 『코무니타스』의 의미심장한 서문 제목 '공통점이라고는 조금도 없는 공동체'라는 표현이 암시하는 것도 바로 이러한 의미의 상실에 가깝다. 이 말은 우리가 공동체의 공통점으로 간주하는 요소들이 사실은 공통점이 아니라 오히려 허무에—명분, 이상, 추상적 가치나 목표에—가깝다는 것을 의미한다. 이러한 관점은 사실 이해하기가 그렇게 까다롭거나 전적으로 새로운 것이 아니다. 간단히 말하자면 사람들은 원하는 것이 있기 때문에 모인다. 원하는 것을 얻으려면 모일 수밖에 없지만 모이는 이유는 근본적으로 원하는 것이 있기 때문이다. 에스포지토가 이처럼 양면적인 성격을 강조하는 이유는 '함께'의 의미가 아닌 내용에 주목했기 때문이다. 물론 에스포지토에 앞서 이 '함께'를 토대로 새로운 유형의 공동체 개념을 모색했던 장-뤽 낭시(『무위의 공동체』), 모리스 블랑쇼(『밝힐 수 없는 공동체』), 조르조 아감벤(『도래하는 공동체』)이 동의했던 부분도 사실은 공통적인 것을 고유한 것으로만 이해하는 폐쇄적인 공동체 개념이 어떤 식으로든 폐기되어야 한다는 점이었다. 이들의 입장에서도 공동체는 공통적인 실체가 아니라 공유하는 삶에 가깝다. 진정한 의미의 공동체는 공통성을 울부짖으며 이를 특수성과 뒤바꾸는 이들이 아니라 스스로를 타자에게 노출시킬 줄 아는 이들의 모임이다. 이러한 공동체는 실체적이지도, 주체적이지도, 보편적이지도, 객관적이지도, 특수하지도 않다. 하지만 이 철학자들이 이런 점을 강조하기 위해 '함께'의 의미에만, 즉 '관계'에만 주목했던 반면 에스포지토는—이들의 한계인 '관계'의 추상성을 극복하며—'함께'의 내용에 주목한다. 그리고 '함께' 한다면 함께하는 것은 무엇인가, 함께 나누는 것은 무엇인가라는 질문을 던진다. 에스포지토는 그것이 함께 나누어야 할 '허무'라는 결론에 도달한다. 그렇다면 이 허무가 앞서 언급한 관계의 추상성과 다른 점은 무엇인가? 차이는 이 허무가 무언가의 끝에 오거나 고정되어 있는 허무가 아니라 앞서 오는, 따라서 우리를 이끄는 유형의 허무라는 점에 있다. 에스포지토는 이 허무의 형상을 라틴어 코무니타스communitas와 임무니타스immunitas가 공유하는 무누스munus에서 발견했다. 에스포지토의 설명에 따르면, 상당히 복합적인 형태로 활용되는 이 무누스는 '의무'와 '선사'라는 이중적인 의미를 지닌다. '의무'이기도 하고 '선사'이기도 하지만 본질적인 의미는 '선사의 의무'로 귀결된다. 특이한 것은 이 '선사'가 받는 선물이 아니라 주는 선물만을 가리킨다는 점이다. 관건이 받지 않고 주기만 하는 선물인 만큼, '선사'는 일종의 의무로 간주된다. 그리고 이 의무 역시, 선사에서 유래하기 때문에, 선사의 형태로만 이행된다. 코무니타스는 바로 이러한 '의무'를 공유하는 이들의 공동체다. 의무만을 공유하기 때문에, 에스포지토의 코무니타스는 실체화, 고유화, 주체화에 의존하는 기존의 공동체 개념과 정반대되는 의미 영역을 구축한다. 코무니타스의 범주를 이런 식으로 정립할 때 드디어 분명해지는 것이 바로 개인의 생존을 추구하는 임무니타스와 그렇지 않은 코무니타스의 필연적인 대척 관계와 적대적인 공존 관계다.

선사의 의무를 조건으로만 성립되는 코무니타스는 무엇보다도 탈고유화의 의미를 지닌다. 탈고유화가 기본적으로 개인의 고유화 성향을 억제하고 관계의 조성에 기여할 뿐 아니라 공동체의 정치적 해석을 용이하게 하는 반면 고유화, 소유화, 주체화, 면역화는 정치적 해석을 오히려 방해하는 요소다. 코무니타스가 선사의 의무를 통해 공동체 구성원들을 결속하는 반면, 임무니타스는 반대로 이 의무에서 벗어나게 만든다. 전자가 개방적이고 보편적인 성격을 지닌다면, 후자는 모두의 공통적인 조건에서 제외되는 상황을 특징 내지 특권으로 내세운다. 우리가 앞서 살펴본 법적 면역화와 생물학적 면역화의 중첩 현상에 이러한 대립 관계를 적용하면 상황은 훨씬 더 복잡해진다. 법적 면역화가 코무니타스의 범주로, 생물학적 면역화가 임무니타스의 범주로 기울어져 있다는 점을 감안하면, 전자가 개인이 자신의 정체성을 보호하기 위해 쌓는 장벽임에도 불구하고 오히려 이 장벽의 붕괴를 결정지을 수 있는 요소라면, 후자는 이 장벽을 다시 방어적이거나 공격적인 형태로 재구성하는 기능이다. 단지 이를 위해, 막아야 할 위협 안으로 침투해 들어가야 할 뿐이다. 게다가 이러한 역설적인 상황은 개인에게만 국한되지 않고 특수한 공동체에도, 즉 관계나 소통보다는 특수성과 정체성이 더 중요하기 때문에 큰 규모의 개인으로 간주해야 할 공동체에도 적용된다. 바로 여기서 코무니타스와 임무니타스의 역학 속에 함축되어 있는 이율배반적인 성격이 그대로 노출된다. 면역화는 균형을 잃으면서까지 과도하게, 혹은 균형의 파괴를 인지하지 못한 상태에서 진행될 경우—생명의 보호에 필수적인 요소임에도 불구하고—한계점을 넘어서는 순간 생명/삶을 일종의 철장 안에 가두기 시작한다. 이는 우리가 팬데믹을 경험하면서—물론 원인은 면역의 폭발적인 요구 때문이었지만—뼈저리게 느꼈던 부분이기도 하다. 이 철장 안에서 우리는 자유를 잃을 뿐 아니라 존재가 스스로의 바깥을 향해 나아가는 움직임 또는 코무니타스라는 열림의 의미 자체를 상실한다. 여기서 우리는 한 가지 역학적 모순을 도출해낼 수 있다. 그것은 개인적, 사회적, 정치적 신체를 보호하는 동일한 요소가 동시에 발전을 방해하며, 한계점을 넘어설 때 신체를 오히려 파괴하기에 이른다는 모순이다. 면역화는—개인의 경우든 사회의 경우든—과도하게 적용될 경우 생명/삶을 생물학적인 물질, 벌거벗은 생명, 단순한 생존의 문제로 환원하며 모든 고귀한 삶을 희생시킨다. 에스포지토에 따르면, 코무니타스는 우리가 끊임없이 시도하고 실험하고 경험하는 면역화의 남용을 사실상 가로막는 장소에 가깝다. 반면에 임무니타스 혹은 면역화는 생존에 필요한 요소임에도 불구하고 우리를 소통이 불가능한 울타리 안에—다름 아닌 생존을 목적으로—가두는 기능에 가깝다. 코무니타스는 이러한 상황에 처한 우리를 어우르는 더 큰 울타리가 아니라 보호의 망상과 자기 연민으로부터 우리를 자유롭게 하는 일종의 창문에 가깝다.

그렇다면 이러한 이율배반적인 공존 관계가 현대 철학의 핵심 논제 가운데 하나인 생명정치에 어떻게 적용되고 어떤 변화를 가져왔는지에 대해서도 간략하게나마 살펴볼 필요가 있다. 사실은 이러한 변화 내지 차이가 이 특이한 공존 관계를 이해하는 데 어떻게 보면 철학적 차원에서 가장 실질적이고 유용한 관점을 제공한다. 패러다임으로 기능하는 임무니타스와 코무니타스의 대립/공존 구도는 현실적인 차원에서 동일한 메커니즘을 지닌 '소유'와 '공유', '생명'과 '정치'의 대립/공존 구도로 나타난다. 미셸 푸코가 제안한 '생명정치'의 계보와 구도가 에스포지토의 입장에서 중요한 의미를 지니는 것도 이 때문이다. 좀 더 특화된 영역에서 동일한 관계를 유지한다고 볼 수 있는 법적 면역화와 생물학적 면역화가 근대를 기점으로 중첩되기 시작하는 가운데 전개된 것이 바로 '생명정치'라는 점에 대해서는 푸코와 에스포지토의 의견이 어느 정도 일치한다고 볼 수 있다. 하지만 에스포지토가 푸코의 의견을 전폭적으로 수용하면서도 문제점으로 지적하는 부분은 우리가 앞서 살펴본 양극화 현상을 푸코가 어느 정도는 분명하게 인지하고 있었음에도 불구하고 이를 '생명정치'라는 단일한 용어의 개념적 틀 안에서만 해석했고 뒤늦게야 이를 구분해서 생각하는 방향으로 나아갔다는 것이다. 푸코의 '생명정치'에 대한 현대철학자들의 다양한 이견과 비판이 대부분 불합리할 뿐 아니라 지적하는 것과 동일한 오류를 범하는 이유는, 아울러 푸코에 대한 평가가 완전히 긍정적이거나 완전히 부정적인 방향으로 치우치는 이유도 사실은 이들의 연구가 '생명정치'의 긍정적인 측면과 부정적인 측면의 이론적인 구분 없이, 따라서 '생명'과 '정치'의 본질적인 변증 관계 내지 역학 관계에 대한 이해 없이 전개되었기 때문이다. 에스포지토에 따르면, '생명'과 '정치'가—근본적인 차원에서 임무니타스와 코무니타스가—'생명정치'라는 단일한 패러다임으로 융합될 수 있는 가능성은 존재하지 않는다. 이 두 영역은 평화적으로는 공존할 의향이 없어 보이는 두 종류의 패러다임으로만 실재한다. 달리 말하자면, 공존하더라도 "어느 하나가 다른 것을 폭력적으로 제압하는" 방식을 취한다. 생명이 권력층에 의해 벌거벗은 생명으로 추락하거나 생명의 충만함이 일종의 포화 상태에 달하면서 정치적 소통의 차원 자체를 무력화하는 현상이 일어나는 것도 이 때문이다. 이러한 극단적인 양분화 성향은 사라지지 않는다. 주목해야 할 것은 이러한 성향을 그대로 유지한 상태에서 생명과 정치의 연결 고리 역할을 하는 요소가 바로 면역화라는 점이다. 법적 면역화와 생물학적 면역화의 차별화된 조합이 정치와 생명의 조합으로 이어질 수 있는 이유는 관건이 면역화이기 때문이다. 다시 말하자면 면역화가 바로 법적인 동시에 생물학적인 이중적 성격을 지녔기 때문에, 의학과 제도의 조합에서 볼 수 있는 '생명'과 '정치'의 접촉이 가능해진다. 이 접촉을 좌우하는 것은 면역이다. 따라서 생명정치의 해석과 결과가 극단적인 형태로—부정적인 형태와 긍정적인 형태로—양분되는 현상은 어떤 단일한 패러다임의 상이한 해석이나 결과가 아니라 생명정치 안에 내재하는 본질적인 양면성의—긍정이자 부정, 보호이자 파괴인 성격의—비정상적인 표출 혹은 본질적인 이율배반성의 분명하게 인위적인 만연에 지나지 않는다. 따라서 문제의 핵심은 공통성과 면역성, 코무니타스와 임무니타스의 관계를 조율하는 데 있지 이 범주들의 조합 내지 충돌의 결과들 가운데 어느 하나를 선택하는 것이 아니다. 에스포지토에 따르면, "생명을 파괴하는 방향으로 나아가는 움직임에서—공통성을 매개로—면역 기능을 분리하려는" 노력이 필요하고, 이를 위해서는 면역체계가 단순히 어떤 "보호 장벽으로 머물지 않고 내부와 외부의 관계를 조절하는 일종의 여과기로" 기능한다는 점에 주목할 필요가 있다. 그래야 "부정적인 면역 장치들을 비활성화하고 공통적인 것의 공간을 새롭게 창출할" 수 있기 때문이다.

지금까지 살펴본 코무니타스와 임무니타스의 미묘한 관계

는 사실 어느 하나를 파악하는 데 다른 개념이 도움을 준다기보다는 오히려 한 개념의 이면을 파악하는 데 다른 개념이 요구된다는 차원에서 이해할 필요가 있다. 이러한 특징은 코무니타스와 임무니타스에 비유 혹은 유사 관계의 형태로 상응하는 여러 하부 개념들을 관찰할 때에도 똑같이 적용되고 무엇보다도 두 저서, 두 범주 전체를 대조할 때에도 적용되어야 할 일종의 구도에 가깝다. 코무니타스와 임무니타스는 서로에게 열쇠가 되는 개념이 아니라 서로의 본질적인 이면을 가장 가까운 곳에서 열어젖히는 일종의 공간과 기능이다. 에스포지토가 제시하는 코무니타스와 임무니타스의 개념은 원칙적이고 절대적인 차원의 공동체와 면역성에, 궁극적으로는 '공존'과 '생존'에 가깝지만 추상적이거나 형이상학적인 차원의 원칙으로 귀결되지 않고 오로지 현실 속에서만, 현실이라는 조건 속에서만 공간과 기능이라는 절대적이고 불가피한, 탈구축적인 범주로서의 의미를 지닌다. 이는 저자의 방법론적인 구도에서도 발견되는 특징이다. 『코무니타스』에서 에스포지토는 홉스에 대한 루소의 비판, 루소에 대한 칸트의, 칸트에 대한 하이데거의, 하이데거에 대한 바타유의 비판을 순차적으로 분석하며 전자의 오류가 후자에 의해 보완될 때 드러나는 본질적인 모순의 형상들을 조명하지만, 정작 그가 보여주려는 것은 이들이 범한 오류의 정체가 아니라 이들이 나름대로 옳았던 이유다. 다시 말해 여기서 드러나는 것은 이들이 옳았음에도 불구하고 틀린 이유, 혹은 틀렸음에도 불구하고 옳았던 이유다. 이 이유의 실체는 오류가 아니라 어떤 한계에, 따라서 어떤 관계에 가깝다. 이 시점에서 옳거나 틀린 이유는 틀리거나 옳은 이유와 크게 다르지 않다. 결과적으로 드러나는 것은 한계점들만의 관계다. 이 관계를 지배하는 메커니즘은 코무니타스와 임무니타스의 관계를 지배하는 메커니즘과 동종이며, 이 관계를 구축하는 오류와 모순들이 파편처럼 흩어진 상태에서 필연적인 부재의 형태로만 보여주는 것이 바로 '함께'라는 형태로만 실재하는 공동체라는 공간이다. 그렇다면, 이러한 '공존'의 해부와는 완전히 다른 방식으로 전개될 수밖에 없는 것이 '생존'의 해부, 즉 '면역'의 해부다.『임무니타스』의 결이 다른 이유는『코무니타스』에서 파편처럼 전시되는 모순들의 조합 내지 접촉을 심층적인 차원에서 가능하게 하는 지대와 기능적인 요소가 무엇인지 함께 열거하는 방식을 취하기 때문이다. 이 기능이 '면역'이라는 점은 분명하지만, 놀라운 것은 '면역화'가 법률, 신학, 인류학, 정치, 의학 분야에서, 한마디로 인간사회의 거의 모든 영역에서 동일한 메커니즘을 바탕으로 이루어진다는 점이다. 결국 우리가 진정한 의미에서 공유하는 것은 아이러니하게도 원칙적으로 공유가 불가능한 면역뿐이라는 결론을 내릴 수 있다. 달리 말하자면, 절대적인 '공존'의 관점에서는 모순, 맹점, 이견, 파편으로만 존재하는 요소들의 실질적인—언제나 부조리한 형태의—공존을 가능하게 하는 것은 절대적인 '생존'의 관점이다. 저자가 면역화를 현대사회의 패러다임으로 제시하는 것은 현대가 이처럼 필연적으로 이율배반적인 공존의 기술이 고도로 발달된 시대이기 때문이다.

윤병언

코무니타스

로베르토 에스포지토 지음
윤병언 옮김

초판 1쇄 발행 2022년 12월 1일

펴낸이	조수연
디자인	박수진
펴낸 곳	크리티카
전화	070 4571 5748
전자우편	criticapublisher@naver.com
블로그	blog.naver.com/criticapublisher
정가	24,000원
ISBN	979-11-980737-7-8 93100